집단미술치료의 이론과 실제

한영희 · 김병철

창지사

머리말

어느 무더운 한여름, 몇 년 만의 가뭄이 기승을 부릴 즈음 집단미술치료라는 책에 대한 갈급함이 논바닥 갈라지듯이 절실할 때에 집필에 대한 의지를 다졌으나, 시간이 지나며 차일피일, 이런저런 사정으로 미루다 이제야 내놓게 되었습니다.

처음 의기투합할 때는 미술치료 현장의 소리를 함께할 수 있는 동료 집단미술치료사와 각자의 영역에서 묵묵히 최선을 다하고 있는 집단미술치료사들에게 들려주고 싶은 마음으로 시작하였으나, 그리 녹록하지 않음을 실감하였습니다. 미술치료라는 것이 case by case라는 것이 분명하다 보니 이렇다 하게 제시하는 것이 사실 어려움이 많았습니다. 또한 작품에 대한 저작권과 초상권 등 다양한 윤리적인 제재가 있음을 실감하였습니다. 따라서 본 교재를 통해 부족함이 있더라도 넓은 마음으로 이해를 부탁드립니다.

미술치료가 1990년대에 국내에 소개되면서 집단미술치료라는 것이 함께 활성화되었으나, 이렇다 할 교재가 없었습니다. 다행히 미술치료라는 개론 서적은 많이 출판되었으나, 집단미술치료라는 교재는 상대적으로 빈약하였습니다. 이는 집단미술치료에 대한 임상적 요구는 많으나, 집단미술치료사들의 경험을 한데 모으는 작업들이 그만큼 부족했다고 할 수 있습니다. 먼저 미술치료라는 것을 임상현장에서 실천하고 있는 선임자 중 한 명인 저의 불찰이라 해도 과언이 아닙니다. 괴테의 『색채론』이 국내에 번역되어 출판된 지 꽤 오랜 시간이 지난 지금 집단미술치료라는 교재가 절실함에도 미술치료 개론보다 상대적으로 빈약함에 송구스러운 마음이 먼저 듭니다.

미술치료가 임상현장에서는 보건복지부와 지방자치단체의 지원으로 바우처제도가 활성화되며 자리매김하는 동안 집단미술치료는 교육기관에서 예방적 차원의 접근을 요구하며 자리 잡고 있습니다. 하지만, 이것도 집단미술치료 프로그램이 줄어드는 과정이라 한국의 미술치료가 점점 더 윤리적인 문제로 접근하고 있다는 긍정적인 의도로 여겨집니다.

그럼에도 초·중등학교에서 방과 후 집단미술치료를 의뢰하는 경우는 문제개선보다는 참여하는 집단구성원의 예방적 차원의 접근을 목표로 프로그램을 의뢰하는 것이 대부분입니다. 또한 대학생 집단의 경우도 취업, 진로와 관련된 집단 프로그램으로 단기 프로그램을 의뢰하는 경우가 많습니다. 처음 미술치료가 국내에 소개되며 자연스럽게 정신과병동의 폐쇄병동에 이상심리가 있는 성인들을 대상으로 장기 프로그램의 진행이 주를 이루었으나, 현재는 노인요양원의 노인 미술치료가 상대적으로 많이 급증하여 국내의 인구연령의 변화에 따른 사회현상으로 노인사회에 대한 결과로 보여집니다.

'예술치료 NGO 마음길'이라는 비영리민간단체를 만들어 사회 전반적인 소외계층의 취약한 부분에 심리 지원을 하기 위해 실시한 프로그램이 집단미술치료의 단기 접근이었습니다. 집단 프로그램에 참여한 대상자들의 만족도가 상당히 높게 나왔으며, 구성된 대상자에 따른 다양한 프로그램의 기획과 진행으로 효과성은 극대화되었습니다. 하지만 함께한 집단미술치료사들의 동의를 받는 것이 쉽지 않아 집단미술치료에서 소개되지 못함이 못내 아쉽습니다. 하지만 다양한 대상에게 함께 고민한 프로그램을 실시한 긍정적인 결과가 또 다른 집단미술치료를 기획하고 진행하는 데 상당히 도움이 되었습니다.

본 교재는 제1부에 집단미술치료의 이론을 정리하여 제시하였으며, 이는 집단미술치료사들이 다양한 대상을 접하는 과정에 이론적 배경을 세세하게 다루지 못하는 아쉬움을 함께 고민하고 공부하고자 하였습니다. 제2부에는 집단미술치료의 대상자별로 그 대상에 대한 특징과 일어날 수 있는 역동에 대해 학습하며 함께 모색해보고자 제시하였습니다. 제3부는 각 대상자들에 대해 접근할 수 있는 프로그램에 대해 예시로 제시하였습니다. 이는 다양한 대상에게 치료사가 소정의 목표에 도달하는 데 도움이 되는, 현장에서 실제 진행하는 프로그램을 구체적으로 제시해 보았습니다.

끝으로 집단미술치료를 기꺼이 출판하는 데 허락해주신 창지사 대표님께 감사드리며, 원고가 나오기까지 세심한 배려와 지지를 보내주신 나기영 부대표님과 마지막 탈고까지 독자의 입장에서 본 교재를 정독하시며 내용 정리에 큰 힘을 보태어주신 이윤미 편집장님께도 감사를 드립니다. 현장에서 실제 필요로 하는 집단미술치료의 교재 방향성을 지지하고 독려해주신 박선희 교수에게도 감사드리며, 자료정리를 하는 데 도움을 준 마음길 이사님들께도 감사드립니다. 집필하는 과정에 곁에서 지지와 격려를 아끼지 않은 경산 마음길의 박정민 사무국장과 익산 마음길의 오희정 사무국장에게도 감사를 전합니다. 또한 집단미술치료 프로그램에 참여하고 활동사진에 도움을 준 김지영, 라혜빈, 아낌없이 주는 나무 연구회 선생님들과 오재은 선생님께도 고마움을 전합니다.

2018. 5

현재의 수도 서울과 신라의 수도 경주에서

한영희, 김병철

온라인으로 의기투합하다…

차례

PART I 집단미술치료의 이론

Chapter 1

집단치료의 역사적 배경

심리치료의 하위영역에 미술치료가 있으며, 다양한 매개물의 치료가 존재한다. 이러한 다양한 매개물에 따라 음악치료, 미술치료, 놀이치료, 동작치료 등등으로 일컫는다. 이러한 하위영역의 치료에 앞서 상위영역에 해당하는 심리치료에 대해 개괄적으로 살펴본 후 집단미술치료에 대해 알아보고자 한다.

먼저 심리치료는 크게 두 가지로 나뉘며, 이는 대상자의 참여 인원수에 따라 나눌 수 있다. 즉, 치료사와 내담자가 1:1일 경우 개인 심리치료라 일컬으며, 치료사와 내담자의 수가 1:1을 벗어날 경우 집단치료라 한다.

현재 진행되고 있는 개인심리치료의 시간과 회기 방식의 틀은 Alfred Adler의 개인심리학(individual psychology)의 영향이 크다. 이전의 개인심리치료라 할 수 있는 것은 마주 보는 것이 아니라 장의자(카우치)에 누워 있으면, 치료사는 내담자의 머리 뒤편에서 질문과 답을 경청하며 진행한 반면, Adler는 대상자와 마주 보며 주 1회 50분 내외로 진행하였다. 이러한 개인심리치료에서 집단치료가 형성되기까지는 다양한 시행착오가 있었으며, 활성화가 잘된 미국을 중심으로 집단치료의 역사를 살펴보면, 먼저 1905년에 미국의 내과의사인 Joseph H. Pratt가 결핵환자를 대상으로 집단치료를 처음 실시하였다. 이후 1921년 정신과 의사인 Edward Lazell이 정신분열병 환자를 대상으로 정신분석의 연장선상에서 교육과 집단토론(group discussion)을 최초로 시행하였고, 1925년 Trigant Burrow는 외래환자를 대상으로 토론집단(discussion group)에 '집단분석(group analysis)'이라는 용어를 고안하여 시행하였으며, 1931년 L. Cody Marsh는 집단적 접근(group approach)을 개발하여 입원환자를 대상으로 격려와 충고 위주로 진행하였다. 또한 1930년에서 1940년대 미국에서는 Alexander Wolf, Fritz Redle, Louis Wender, Paul Schilder, Samuel R. Slavson 등에 의해 정신분석적 집단치료(psychoanalytic group therapy)에 개인정신분석 이론을 적용시켜 진행하였으며, Wender는 Freud의 이론을 구체적으로 집단치료에 도입하였고, Schilder는 집단에서 자유연상을 강조하며 전이와 꿈을 해석하여 분석적 집단치료의 선구자로 발돋움하였으며, Wolf는 성인을 대상으로 정신분석적 집단치료를 개발하였다. 1930년대 중반에 Slavson은 아동을 대상으로 활동집단치료(activity group therapy)를 발전시켰으며, 1938년 Kurt Lewin은 집단압력(group pressure)과 집단역동(group dynamics)이라는 용어를 처음 사용하며 전체는 단순히 부분을 합한 것이 아니라며 집단을 바라보는 관점이 다르다는 장 이론(filed theory)을 소개하였다. 1942년에 Redle은 진단받은 아동들의 집단(diagnostic children's group)을 소개한 후 입원환경의 아동, 청소년을 치료하기 위한 집단적인 접근을 시작하였다. 이후 1946년에 처음으로 훈련집단(T-group)을 시행하였다.

한편 집단치료의 한 종류인 사이코드라마는 Jacob Moreno에 의해 발전되었다. 1910년부터 Moreno는 집단심리학의 중요한 주제인 자발성과 역할연기, 사회측정학을 다루었으며, 20세기 초 1918년에 유럽 문명의 위기와 1921년에 비엔나 사회를 치료하려는 목적으로 사회극(socialdrama)을 시도하였다. 그 후 즉흥극(stegreiftheater)의 시도로 효과를 본 후 즉흥극을 사이코드라마(psychodrama)로 발전시켰다. Moreno는 1932년 미국정신의학회에 연구 결과를 발표하며 집단정신치료라는 용어를 최초로 사용하였다. 1936년 그는 비콘(Beacon)에 정신병원을 설립하여 정신병 환자를 위한 사이코드라마를 본격적으로 시행하였고 1974년 사망할 때까지 계속 발전시켰다.

집단정신치료가 발전하게 된 결정적인 계기는 제2차 세계대전이다. 이는 정신과 수요가 증가하여 정신과를 전공한 군의관들이 집단치료를 사용할 수밖에 없었던 것이다. 그 결과 미국과 영국의 군 병원은 Slavson에 의해 창립된 미국 집단정신치료학회(American Group Psychotherapy Association)와 Moreno에 의해 창립된 미국 집단정신치료 사이코드라마협회(American Society of Group Psychotherapy and Psychodrama)가 제2차 세계대전 중에 창립되었으며 전쟁 이후 십여 년간 급성장하였다.

1950년대에 접어들면서 정신의학계는 경쟁적 학파 간의 싸움과 주도권 다툼이 있었고 집단정신치료도 영향을 많이 받았다. 초기에는 정신분석적 경향인 프로이트학파(Freudian), 아들러학파(Adlerian), 신프로이트학파인 프롬학파(Frommian)가 서로 경쟁하였으며, 1960년대에는 새로운 치료학파인 교류분석(Transactional analysis), 인간중심치료(Person centered therapy) 등이 가세하였다. 1950년대 논문들은 집단치료의 적용기관들이 종합병원과 정신병원, 개인의원, 재활 프로그램과 교정기관으로 광범위하게 확대되었고, 적용대상도 다양한 정신장애로 고통받고 있던 아동, 청소년에서 성인까지 광범위하게 확대되었다.

1960년대 미국의 Kennedy 대통령 시절, 「지역사회 정신보건센터 건립법」의 제정으로 많은 정신보건센터가 생겨났고, 모든 센터는 집단치료를 크게 활용하게 되었으나 훈련된 집단치료 전문가의 부족으로 다양한 문제가 야기되었다. 또한 집단정신치료의 이론을 공고히 하려는 시도가 계속되었다. 즉, 미국에서는 Slavson 등이 저술한 많은 책이 출판되었으며, 영국에서는 Foulkes와 Bion 등이 책을 출간하였다. 1960년대의 만남집단운동(Encounter group movement)은 대중의 인기를 많이 받았고 베스트셀러를 만들어 내기도 하였지만, 집단치료 영역의 전문가들을 당황하게 하는 일도 자주 벌어져 집단정신치료의 발전에 나쁜 영향을 끼치기도 하였다. 따라서 만남집단을 후원했던 사람들의 해결과제 요구로는 시행하기 전에 참여자를 선별하여 집단정신치료를 진행할 것, 참여자의 동의서를 받을 것, 무엇보다 훈련된 집단정신치료사가 집단을 이끌 것과 같은 안전장치가 있어야 한다고 주장하였다.

1970년대에 집단정신치료 영역은 급성장하였다. Robert Dies의 보고에 따르면 1977년부터 1981년까지 5년 동안 집단정신치료에 관련된 논문이 약 400편 출판되었다. 이 시기 미국에서는 대략 8개 논문집이 집단정신치료만을 취급하였다. 또한 입원환자 치료시설의 약 반 정도에서 집단정신치료가 시행되었으며, 집단치료가 모든 치료기관으로 확대되어 학교에서부터 종합병원, 지역사회에 있는 수천 개의 자조집단까지 범위가 확장되었다.

한편, 사이코드라마는 미국에서의 기반을 바탕으로 세계적인 조직이 결성되어 1964년부터 국제 사이코드라마 학회가 생겼다. 브라질, 아르헨티나, 스웨덴, 독일에서는 사이코드라마가 정신과의 주류에 통합되었으며, 프랑스, 호주, 이탈리아, 스페인, 멕시코, 일본, 그리스에서는 집단정신치료와 사이코드라마가 결합되어 사용되고 있다.

결과적으로, 집단치료는 심리치료 이론을 바탕으로 한 언어적 접근 방법을 갖고 있는 반면에 사이코드라마는 이러한 심리치료 이론에 드라마적 요소를 결합시켜 접근한 것이다. 이렇듯 심리치료 이론을 기반으로 다양한 접근방법에 따라 치료방법이 설정되었다.

치료레크리에이션은 제1차 세계대전 후 정신과 의사들이 레크리에이션의 치료적 가치를 인식하면서 크게 활성화되었고, 무용치료는 Marian Chase에 의해 병원에서 무용치료 프로그램을 진행하여 크게 발전하였으며, 미술치료는 진단적 중요성이 강조되며 심리를 파악하여 치료적 접근을 위한 많은 시도가 있었고, 음악치료는 음악의 치료 효과가 밝혀지면서 각 대학을 중심으로 음악치료 전공학과가 생겼다. 이러한 재활치료 프로그램의 경우, 많은 수의 정신질환자가 약물치료를 계속 받고 있음에도 지속되는 증상과 병의 잦은 재발로 고통받고 있는 것이 알려지면서, 미국을 비롯하여 전 세계적으로 활발하게 집단치료 방식을 도입한 접근에 대해 연구하며 많은 전문가가 배출되어 정신과 임상에 적용하고 있다.

미국의 미술치료 학회(America Art Therapy Association: AATA)의 미술치료에 한 정의를 살펴보면, 미술치료는 미술 창작의 치료이자 삶의 질 강화라는 의미를 내포하고 있다고 밝히고 있으며, 미술치료의 효과를 다음의 몇 가지로 요약하면 다음과 같다(Wadeson, 1980; 한국미술치료학회, 1994).

첫째, 미술은 하나의 상, 즉 심상을 표한다. 한 개인의 내적 경험이나 꿈, 환상 등을 나타내는데 미술치료에서는 언어 접근법보다 유리하다고 할 수 있다.

둘째, 심상과의 관련은 방어인데 미술은 비언어적 수단으로 통제를 적게 받는다. 즉, 언어보다 의식적 조장과 자아의 검열을 덜 받기 때문에 무의식적 내용과 갈등을 파악하는 데 용이하다.

셋째, 미술작업을 통해서 객관적인 자료를 구체적으로 얻을 수 있기 때문에 자기 객관화가 용이하다. 작품의 시각화로 객관화가 가능하여 치료시와 내담자를 하나의 다리로 연결해 줄 수 있다.

넷째, 미술작품의 보존에 따라 변하지 않고 사라지지 않으므로 작품을 만든 대상자가 시간이 흘러도 그 당시의 감정을 재경험할 수 있으며, 자신의 발전 과정을 알아차릴 수 있다.

다섯째, 미술은 공간성을 지닌다. 일차원적인 의사소통 방식이 언어라면, 문법이나 동사론 등의 언어규칙을 따를 필요가 없는 것이 미술표현이다. 이러한 공간성에서 연관성이 있다.

여섯째. 미술은 신체적 에너지로 창조성을 유발한다. 미술의 창조적 활동은 카타르시스나 승화 과정을 일으키며, 대상자에게 미술작업을 통해 환희와 즐거운 감정을 경험할 수 있게 한다.

또한 Malchiodi(2000)는 미술치료에서 내담자는 손으로 직접 무엇인가를 그리고 만들 수 있는 창조 과정을 경험하면서 억제된 공격성, 분노, 적대감 등을 사회적으로 수용될 수 있는 방법으로 해소함으로써 카타르시스를 경험하게 되고, 미술 작품의 완성 및 창의적인 과정이 자존감 및 개인적 성장을 촉진시켜 줄 뿐만 아니라 미술적 표현이 수치심이나 열등감의 근원을 없애는 좋은 매체가 되기 때문에 효과적이라고 하였다(김동연 외, 2010; 장선숙, 2005). 즉, 미술치료는 과정을 통해 자신의 문제를 바라보고 해결 또는 긍정적인 방향으로 이끌 수 있으며, 결과물을 통해 성취감을 경험하고, 그 결과물을 통해 생각과 느낌을 자유롭게 표현할 수 있으며, 창조적인 에너지의 발산에 효과적이다.

미술치료(art therapy)는 미술과 심리치료가 접목된 새로운 심리치료의 한 분야로 미술 활동을 통해 심신 상태를 진단·평가하고 증상의 개선을 도모하고 치료하는 데 목적이 있다(이은진·장선철, 2013).

미술치료는 개인의 갈등적인 정서상태나 심리상태를 창작형태로 결과물이 나타나며, 내면세계를 발현하게 하여 상태를 파악하고 조화롭게 해결하도록 돕고, 완화시키며 병리적인 정신구조를 재구성하는 역할을 담당한다(Malchiodi, 2003). Naumberg(1966)는 그림 매체를 이용한 미술 심리치료가 효과적이라고 하였으며, 주리애(2010)도 치료적으로 미술 활동을 사용하면 카타르시스와 감각 경험의 폭을 넓히는 것 이외에 결과물로 내적 갈등을 승화함으로써 좌절을 극복하고 궁극적으로 자아의 힘이 강화된다고 하였다. Freud(1923)도 인간의 시각적 개념이 언어적 표현능력보다 앞서기 때문에 미술이 무의식과 좀 더 근접해 있다고 하였다. 미술치료의 이론적 접근방법에 대한 견해는 세 분류로 나눌 수 있으며, 각 견해의 대표적인 사람은 Naumburg와 Kramer, Ulman이다. Naumburg는 치료에서의 미술(art in therapy)을 정신분석적 미술치료로 적용하였으며, 심리치료 과정에서 미술을 매개물로 이용하여 치료를 강조하였고, Kramer는 치료로서의 미술(art as therapy)을 주장하며 치료사의 역할을 내담자의 작품을 해석하는 것이 아닌 승화와 통합 과정을 도와주는 것이며, 작품을 제작하는 과정 자체에 치료가 된다고 하였다. 그러나 이후 Ulman은 Naumburg의 치료에서의 미술과 Kramer의 치료로서의 미술을 통합하는 견해를 취하였다. 그러나 어떠한 입장을 갖든 미술치료는 비언어적 커뮤니케이션 기법을 활용하여 상담 과정 중에 방어를 약화시키며, 미술 활동을 통해 개인의 내적 갈등을 조정하고 자기표현과 승화 작업으로 자아성장을 촉진시킬 수 있고, 자발적인 미술 활동으로 개인의 내·외적 세계와의 조화를 잘 이룰 수 있도록 도와준다(이근매·김은지·송호준, 2015).

미술치료를 세상에 소개한 Naumburg는 개인미술치료를 중심으로 시도하였고 Gonder, Dunn과 Semple도 아동과 청소년을 대상으로 한 집단 프로그램을 제시하여 집단미술치료의 효과를 검증하였다(최선남 외 2011). 이후 집단미술치료에서 사용되는 다양한 기법에 대해 책을 소개했고, 여러 학자의 연구에 의해 집단미술치료가 발전하게 되었다. 집단미술치료는 미술을 매개체로 하여 생활문제 해결에 필요한 태도와 자기 관리 능력을 습득하고 대인 관계 기술을 향상시켜주는 창조력, 자기 확신, 타인의 인식, 참여, 협동 등을 목표로 한다(Liebman, 2007). 또한 언어로 명료화하기 힘든 무의식적 사고를 시각화함으로써 무의식적 방어와 왜곡, 부정적 정서까지도 자유로이 드러내 인지적 재구성 과정을 거치는 것이 용이해진다(정현희, 2010). Liebman(2007)은 집단미술치료에서 모든 사람이 각자의 수준으로 동시에 참여할 수 있다고 하였다. 미술치료에서는 의사소통과 표현의 또 다른 중요한 통로가 미술이며, 이는 창조성을 용이하게 하고, 집단 내에서 즐거움을 공유하며, 미술작품으로 구체적 유형물이 남도록 하여 나중에 자신을 탐색할 수 있다. 즉, 집단미술치료는 내면세계를 조형물이나 그림으로 표현하여 흥미가 유발되며 이는 집단구성원 간에 함께 공유할 거리를 제공한다. 또한 집단작업을 통해 개인의 경험과 집단의 경험을 결합시켜 준다. 이은진과 장선철(2013)도 미술을 사용하여 각자의 이야기를 집단 내에서 그림으로 생각을 자유롭게 표현하여 명료화시킬 수 있으며 무의식을 다루는 데도 용이하여 개인치료에서 얻을 수 없던 새로운 잠재적 효과를 집단미술치료에서 거둘 수 있다고 하였다. 집단미술치료는 미술치료 과정에서 생각과 감정을 그대로 표출하고 그 과정에서 자아개념을 인식하고 강화하는 데 효과적이며, 작품을 창작하는 과정을 통해 희망과 성취감을 갖도록 하고 집단구성원 간의 의사소통과 상호작용을 통해 신뢰감과 사회성을 증진시키며, 원만한 대인 관계를 형성하게 해준다(김태희, 2015).

아직 정리되지 않았지만 미술치료에서 모호하게 통용되는 용어들이 있다. 그중에 통합예술치료라는 용어로, 이는 잘못된 표기법이라 할 수 있다. 그 이유는 예술에 대한 용어의 정의를 내리면, 기예와 학술을 아울러 이르는 말이다. 즉, 이는 특별한 재료와 기교, 양식 등으로 감상의 대상이 되는 것을 아름다움의 표현으로 나타내고자 하는 인간의 활동 및 그 작품을 일컫는 말이다. 따라서 예술에 해당하는 영역인 음악, 무용, 연극, 미술 등 공간 및 시각의 미를 표현하는 예술을 통칭하며 그림, 조각, 공예, 서예 등으로 공간예술과 조형예술로 불린다.

따라서 예술이라는 용어 안에 모든 것이 내포되어 있으므로 통합예술치료라는 용어보다는 예술치료라는 용어가 더 적합할 것이다. 만약, 동물 매개치료라든지, 보석치료, 안구운동 둔감화 재처리법(Eye Movement Desensitization and Reprocessing: EMDR) 등과 같이 예술의 영역을 벗어난 치료와 결합하였을 경우에는 통합예술치료라는 용어가 적당할 것이다.

따라서 예술치료 프로그램이라 명명하고자 한다면, 예를 들어, 12회기 프로그램의 구성이 각 회기마다 예술 영역에 해당하는 활동(음악, 동작, 무용, 연극, 미술 등)으로 프로그램을 구성하였다면 이는 예술치료 프로그램이 될 것이다.

통합예술치료라는 용어처럼 많은 치료사들을 혼란스럽게 하는 것이 통합미술치료일 것이다. 미술의 정의는 넓은 의미에서 미술(fine arts)은 시각으로 파악할 수 있는 미적 표현 일체를 뜻하며, 좁은 의미의 미술은 시각적 미술(visual arts)로서 관례상 보통 건축과 회화, 조각과 공예 등과 같은 분야를 포함한다. 따라서 미술은 예술에 포함되는 개념이라 할 수 있다.

통합미술치료라 할 수 있는 것은 각 회기의 진행에 있어서 미술의 영역을 벗어난 활동과 함께 진행하게 되면 명명되는 것이다. 예를 들어, 12회기의 프로그램 중 매 회기 시작 전에 웜업(warm up)으로 활동하고 미술치료를 진행한다면 이는 통합미술치료라 할 수 있다. 또한 음악을 듣고 미술로 표현하기와 같은 진행도 통합미술치료라 할 수 있다. 따라서 미술이라는 영역과 더불어 한 회기 안에 다른 영역의 활동을 함께 진행하게 되면 이를 통합미술치료라 할 수 있다. 따라서 통합미술치료는 예술치료의 개념 안에 포함되는 것이다. 이 용어를 굳이 정의하며 나누는 이유 중는 본 작업이 미술이라는 영역에서 벗어나지 말아야 하기 때문이다. 즉, 본 작업이 음악으로 진행된다면 이를 두고 통합미술치료라 하기보다 통합음악치료라 명명하는 것이 더 바람직할 것이다.

결론적으로 통합미술치료라는 용어는 미술이라는 영역이 주체가 되며 그 주체의 역할을 다하기 위하여 보조적인 역할로 다른 예술영역의 활동을 조금 빌려 사용하는 것을 말한다.

Chapter 2

집단미술치료의 필요성과 효과

1. 집단미술치료의 개념

집단미술치료에서의 집단은 일반적으로 공통의 관심사와 목적을 갖고 있는 구성원에게 기능과 역할의 규범 안에서 미술을 매체로 역동적이며 상호의존적, 정서적 결속으로 소속감을 지니는 두 사람 이상의 집합체를 말한다.

집단의 규칙에 따르고 시간의 흐름에 따라 구성원이 스스로 성장할 수 있는 능력을 가질 수 있도록 안내될 때, 집단으로서의 속성을 갖추었다고 할 수 있다. 이러한 집단의 정의를 치료집단과 연관시키려면, 최소한 집단구성원들이 집단에서 공동목표를 가지고 있어야 하며 지속적이고 적극적인 참여와 역동적인 상호 작용이 있어야 한다. 집단구성원 간의 상호교류를 통한 변화는 집단치료에 도움이 된다고 여기며 이런 상호작용은 지지, 보살핌, 직면 등 개인치료에서는 다소 약한 특성을 제공받는다. 집단치료를 할 때는 다양한 방법이 사용되는데, 생애 초기 경험으로 접근하는 방법, 무의식적 역동을 다루는 방법으로 과거의 상황을 재경험하도록 하여 집단구성원들이 카타르시스를 느끼게 한다.

현재의 단기적인 문제들의 해결에 치중하고 의식적인 문제를 다루거나 성격 변화를 목표로 삼지 않으며, 심각한 심리·행동적 장애의 치료에는 관심을 두지 않는 집단상담과 집단미술치료는 다르다. 또한 집단상담은 성장 지향적이라는 특징을 가지고 있으며 개인의 내적 자원에서 힘을 발견하고 최적의 발달을 가로막는 장애를 소거하는 것을 말한다.

집단미술치료는 집단심리치료에 미술을 도입한 것으로 미술치료의 특성을 개인이 아닌 집단에 적용한 것이다. 집단미술치료에서 상담과 매개체가 되는 미술로써 집단구성원 각자 내면의 감정을 자연스럽게 드러내고, 언어로 표현할 때 느끼는 감정의 위기를 완화시키며, 카타르시스 효과와 함께 감정 교류의 조정 역할을 한다.

집단미술치료는 집단 속에서 자신에 대한 인식과 수용의 기회를 제공하고 집단구성원과의 관계를 통하여 사회참여의 기회 및 대인 관계 기술을 습득하게 한다.

Wadeson(1987)은 집단미술치료의 과정을, 이미지로 만드는 과정(image-making)과 집단구성원 각자가 만든 이미지에 대한 느낌과 생각을 나누는 과정(sharing of image)으로 나누었다.

이에 집단미술치료는 미술 매체를 통해 개인이 가지고 있는 갈등을 표현하고 동시에 자기표현과 승화 작업을 획득하여 자아성장에 도움이 된다. 또한 자발성과 창의적 조형 활동을 통해 개인이 가지고 있는 내·외적 세계를 연결하여 조화로운 발달을 돕는다. 집단미술치료는 집단구성원이 동시에 작업에 참여할 수 있으며 미술치료사도 경우에 따라서 미술 활동과 토론에 적절히 개입하고 자연스럽게 개방적인 분위기를 형성할 수 있다.

그러나 집단미술치료에서 주의하여야 할 점은, 미술이라는 완충제가 언어적 표현에 익숙한 집단구성원에게는 언어를 통한 명확한 자기표현의 필요성이 약화될 수 있다는 것이다. 또한 이미지를 통한 내면적 표현에 대한 지적이나 분석은 내담자를 혼란시킬 수 있으므로 주의가 필요하다(최선남·김갑숙·전종국, 2007).

집단미술치료사는 다양한 역할을 통해 미술치료의 효용성을 극대화시켜야 한다. 집단미술치료가 진행되려면 먼저 집단미술치료사는 깊은 이해와 공감형성을 토대로 집단구성원의 능동적이고 자발적인 집단참여를 유도하며 자유로운 표현을 촉진하여야 한다. 또한 작품의 결과보다는 과정에 초점을 두어 지나친 해석이나 평가보다는 수용적인 태도로 진행 과정 및 변화에 유의하고 집단의 역동을 예측하고 대처함으로써 집단 내의 건전한 대인 관계와 심리적 환경을 조성할 수 있어야 한다. 집단미술치료는 대상자의 치료목적에 따라서 자기성찰과 성장을 위한 집단, 예방적 차원의 집단과 치료적 차원의 집단으로 분류할 수 있다(정여주, 2003).

Yalom(1995)은 집단치료 장면에서 집단구성원은 자신과 유사한 문제를 가진 다른 집단구성원의 치료과정을 관찰함으로써 대리적 또는 관계적 치료 경험을 하게 된다고 하였다. 집단미술치료는 내면으로부터의 창작과정을 통해 초기 가족의 교정적인 재현을 체험할 수 있고(Yalom, 1995), 사회화 기술의 발달과 대인 관계를 학습할 수 있는 상호작용의 효과와 관련지어 볼 수 있다. 그러므로 집단미술치료는 집단구성원들에게 의사소통기술의 통로를 제공하며 성공적인 대인 관계를 형성하고 유지할 수 있도록 교육적, 예방적 차원에서 효과적인 접근방식이라 할 수 있다.

2. 집단미술치료의 필요성 및 효과

1) 집단미술치료의 필요성

사람은 누구나 태어나면서 원가족에서 시작하여 일생동안 많은 사람과 관계를 맺으며 다양한 집단에 소속된다. 이렇게 소속된 집단이나 개인에 의해 형성된 집단의 상호작용으로 개인 삶의 내적 성장과 사회적 발달이 형성된다. 이러한 대인 관계에서 얻어지는 정서적 공감과 지지는 삶의 질에 많은 영향을 미치며, 이 부분이 결여되거나 축소될 경우 그 개인은 심리적 위축이나 정서불안, 지나친 외로움 등을 겪게 된다. 이렇게 나타나는 정서적 어려움이 개인의 몫으로 남게 되면 자아존중감과 존재감에 대해 큰 타격을 받기 때문에 치료적 개입을 통해 문제해결의 가능성을 높여야 한다. 집단치료의 현장에서 형성되는 집단은 내담자로 하여금 새로운 사회관계를 형성하게 하고, 치료 과정에서 미술이라는 매개체를 통해 구성원 간 상호작용을 함으로써 자유로운 의사소통이 이루어진다. 이러한 경험이 집단 구성원들의 지지를 통해 자신의 문제나 감정에 대해 공감을 받으며 자연스럽게 자기표현이 가능해지도록 돕는다. 또한 자신과 비슷하거나 다른 문제를 함께 인식하고 표현하면서 나와 타인을 수용할 수 있게 되고 자기통찰의 경험을 하게 된다.

집단미술치료 회기는 일반적으로 구조화된 집단에 연구 목적을 갖고 진행하는 경우가 많다. 따라서 국내에 소개된 논문의 경우 구조화된 집단미술치료의 연구가 대부분이며, 양적 연구를 위한 설계 모형을 갖고 있다.

이러한 양적 연구는 내담자 중심이기보다는 치료사들의 연구 목적에 내담자들을 모으는 형태이나, 집단으로 구성된 집단원이 호소하는 문제인 주 호소 문제와 같다. 따라서 그 효과는 심리적 장애를 치료한다는 관점에서 집단심리치료는 개인상담만큼이나 효과가 있다(Burlingame, Fuhriman, & Johmson, 2004a, 2004b; Burlingame & Fuhriman, 1999; Markus & King, 2003; Piper & Ogrodniczuk, 2004). 집단미술치료라는 것은 사람들의 변화를 돕기 위한 부차적인 접근이 아니라 스스로 선택할 수 있는 최상의 치료 접근법이다.

또한 집단미술치료는 내담자들이 살아가고 있는 비인간적인 문화적 환경에서 해독제가 될 수 있는 공동체 의식을 심어주며 사회적 기술 탐색 및 훈련이 가능하다. 각자의 살아가는 방법을 집단 안에서 상호작용하며 얻어진 정보를 일상생활에 적용할 수 있고, 집단 안에서 일상 생활 속의 다양한 변형을 미리 경험함으로써 예측 능력을 향상시킬 수 있고 집단구성원의 각 개인적인 삶의 배경 및 일상생활의 모습을 재창조하도록 한다.

집단미술치료를 통해 개인적 성장도 가능하며 감정적인 친밀감과 보살핌의 경험을 얻을 수 있으며 각 개인 스스로 집단 안에서 미해결 문제를 간접 해결하기 위한 노력도 가능하다. 또한 개인이 다른 사람들에게 어떻게 영향을 주는지 깨달을 수 있는 기회가 제공되는 장점이 있다. 독창성을 나타낼 수 있는 집단미술치료는, 창조적이고 자발적인 경험과 정서적인 유쾌함을 주고, 심리적 불편감을 표현하는 결과물을 통해 자신의 문제를 객관적인 새로운 눈으로 볼 수 있게 된다.

2) 집단미술치료의 효과

집단미술치료는 미술치료의 정서적 치료 속성을 그대로 반영하며, 집단이라는 힘이 더해져 집단장면이 다른 집단구성원에게 감정이입과 공감을 주고, 받는 경험을 제공하여 스스로 실천할 수 있는 장을 제공해 준다. 미술과 미술적 표현의 잠재적 치료 가능성을 통해 내담자들이 정서를 탐구하도록 격려한다면 다른 사람의 감정손실에 대해 공감적 이해가 가능하다는(Moreetal, 2002) 주장들은 공감 향상을 위한 집단미술치료의 정당성을 뒷받침한다고 볼 수 있다.

집단미술치료는 개인미술치료와 비교해 볼 때 집단이 주는 장점과 미술이 주는 장점을 동시에 활용할 수 있다. 집단미술치료에서의 집단은, 상호작용을 통해 변화를 추구하는 역동적인 집단으로, 여러 사람이 집단에 동시에 참여하여 하나의 대인 관계가 형성되어 개인치료에서는 기대할 수 없는 잠재적인 치료 효과를 거둘 수 있다는 것이다(전미향, 1997).

따라서 집단은, 안전하고 수용적인 분위기에서 집단구성원의 새로운 행동을 연습하고 행동에 대한 지지를 제공하며, 긍정적 태도나 사회적 가치와 행동을 위한 역할 모델을 제공한다. 집단구성원과 함께 작업한다는 것이 얼마나 중요한지를 경험할 수 있으며 서로 도움을 주고받는 모델을 제공한다. 또한 집단을 통하여 집단구성원은 타인을 관용하고 나와 다른 그들의 차이를 존중하며 타인과 함께 그 차이의 중요성을 강조하는 것을 학습할 수 있으며, 서로 신뢰하는 태도, 사고 및 감정을 솔직하게 서로 공유하는 것을 배운다(Morganett, 1994).

집단치료(group therapy)는 각 구성원의 부적응적인 문제를 해결하기 위해 구성원 사이의 상호관계를 이용하는 방법이라 정의할 수 있다. 또한, 집단정신치료(group psychotherapy)는 집단 내에서 언어적, 비언어적 의사소통을 통해 정신장애가 있는 사람을 치료하는 집단치료의 한 가지 방법으로 정의할 수 있다.

집단미술치료는 집단상담에 미술 활동을 결합한 것으로 심리적 불편감을 갖고 있는 사람을 대상으로 내적 갈등과 감정을 자연스럽게 표현하도록 하여 감정을 정화시키며 그들의 심리를 진단하고 치료하는 것을 의미한다. 즉, 미술 매체와 기법을 통해 정서적 감성과 의식을 한번에 알아차리게 하여 언어적 접근중심의 전통적 상담의 한계를 보완할 수 있으며, 사전평가에서 종결까지 치료 과정의 고통을 최소화할 수 있고, 각 단계에서 감각적·운동적 즐거움 이상의 경험으로 집단구성원의 신뢰감과 자존감을 강화시켜줄 수 있다. 특히, 아동·청소년에게는 집단 안에서 또래들과 의사소통하는 방법을 배우고, 안전한 분위기에서 솔직하고 개방적인 만남으로 새로운 행동을 시연해 봄으로써 성숙한 성인으로 성장할 수 있는 기반을 마련한다. 따라서 집단미술치료 과정은 미술 매체와 기법으로 아동·청소년의 개인 내면에 있는 감정 및 언어적, 비언어적 표현을 쉽게 해주고 내재된 불안이나 긴장을 완화시켜주며 미술 활동이 줄 수 있는 성취감으로 자신감과 자기 표출을 향상시킨다. 또한 집단구성원 간의 다양한 의사소통과 집단의 역동성을 고취시켜 상호작용을 원활하게 하며, 자기표출을 못하거나 위협으로 느껴져 집단을 회피하려는 집단구성원에게 방어를 줄여주고, 나아가 타인과의 관계에도 긍정적 변화를 가져와 인격을 통합하도록 도와준다.

따라서 집단미술치료에서의 집단은 개인의 단순한 집합체가 아니라 상호작용으로 변화를 추구하는 역동적 집단이며, 또한 개인치료에서는 기대할 수 없던 새로운 잠재적 치료 효과를 거둘 수 있다. 미술 활동에서 내담자가 그림을 표현하는 과정에 참여하여 억압된 정서를 자연스럽게 표현하고 나눌 수 있으며 동일한 주제를 가지고 작업함으로써 공동체 의식을 갖게 한다. 결국 내담자 개인의 고립감과 외로움이 감소되며, 집단의 규칙과 상호관계의 양식을 학습, 재연할 수 있으며, 동료에 대해 더욱 민감하게 관찰하여 서로에게 적절한 피드백을 주고받을 수 있다.

Pratt에 의하면 집단치료는 정신분석, 심리학, 사회학, 철학, 연극, 예술 등의 영향을 받으며 최초로 실시되며 다양한 양식으로 광범위한 분야에서 적용되어 왔기에 집단정신치료를 포함하여 정의하는 것이 바람직하다고 하였다.

이와 같이 집단상담에 있어 미술이라는 도구, 즉 매체와 기법을 활용한 집단미술치료는 상담의 과정에 언어적, 비언어적 소통의 과정을 유발하고 결과물을 얻을 수 있다는 장점이 있다.

이에 집단미술치료에서 효과적으로 나타난 5가지의 장점은 다음과 같다.

첫째, 미술치료에서는 다른 사람을 의식할 필요 없이 자신이 선택한 미술재료에 감정을 표현하도록 하기 때문에, 자기표출이 불편하여 집단을 회피하는 사람에게 유용하다.

둘째, 작품 자체가 의미 있는 결과물이므로 언어적 표현에 불편감이 있는 사람에게도 자기표현의 기회가 된다.

셋째, 공동 작업을 하면서 개인적 경험과 집단적 경험을 동시에 체험할 수 있다.

넷째, 미술치료의 결과물은 상호작용을 쉽게 유발하며, 의식의 검열을 줄여 주기 때문에 문제행동 양식이 빨리 지각되어 집단미술치료의 진행 과정을 촉진시킬 수 있다.

다섯째, 집단구성원은 그림이나 작품을 보면서 이야기하므로 이야기를 조리 있게 할 수 있으며 이야기 주제에서 벗어나는 것을 막을 수 있다(전미향, 1997).

집단미술치료는 열린 눈을 가지고 대상자의 세계를 보거나 배우도록 도우며 두려움 없이 환경에 적응하도록 한다. 그리고 경험을 지각적으로 또는 언어로 표현할 수 있도록 돕고, 미술이나 자연세계에 대해서 심미적인 자각을 확장하여 생활을 풍요롭게 하거나 삶의 질을 높인다. 또한 집단구성원에게 창의적이고 발산적으로 사고하며 지각된 불편함에 대해 해결을 탐색하고 융통성 있는 방법으로 대응하도록 한다. 다른 사람의 활동을 관심 있게 보도록 하여 공유하는 방법을 배우고, 언어로 표현하기 어려운 감정을 다르게 표현하는 것을 배움으로써 타인이나 자신에게 긍정적인 태도를 향상시켜 사회적 환경에서 함께 살아가도록 돕는다.

Chapter 3

집단미술치료의 유형

집단미술치료는 집단구성원 간의 다양한 의사소통과 집단의 역동적 상호작용으로 또 다른 의사소통기법을 활용함으로써 자기표현이 서투른 내담자에게 효과적이다. 이는 매체와 기법으로 구성원 간의 의사소통을 더 편하게 해 주고 언어·시각적 이미지로 세계관을 재발견할 수 있도록 도와주기 때문이다.

집단미술치료는 미술치료를 집단치료에 적용한 것으로 이는 집단치료가 갖고 있는 관계성으로부터 촉진되는 치료적 힘과 미술작업을 통한 이미지 창조 작업이 가지는 치료적 힘의 집합체이다. 이는 집단에 참여한 각 개인을 돕고자 하는 활동이며, 또한 비언어적 의사소통기법과 창조적 과정에 중점을 둠으로써 집단구성원의 강한 정서를 표현할 수 있게 하고, 안전한 환경을 바탕으로 잠재된 긴장과 불안을 완화시키는 데 도움이 된다. 미술치료에 집단치료를 결합한 집단미술치료는 활동과 상담이라는 두 가지 유용한 방법으로 결합되어 사용되고 있다. 그중 집단상담 작업을 하는 이유로 다음의 10가지를 나열하고 있다(최외선, 2002).

첫째, 집단 안에서도 사회학습의 많은 부분이 이루어지고 있으므로 집단작업은 연습하기에 적절한 상황을 마련해 준다.

둘째, 서로를 지지하고 서로의 문제를 해결하도록 비슷한 욕구를 가진 사람들이 도울 수 있다.

셋째, 집단구성원은 다른 구성원의 피드백을 통해 배울 수 있다.

넷째, 집단구성원은 다른 사람이 어떻게 반응하는지를 관찰함으로써 새로운 역할을 시도해 볼 수 있고, 또한 그 과정을 지지받고 강화받을 수 있다.

다섯째, 초기의 가족 역동을 불러일으킬 경우가 많으므로 그것을 살펴보고 집단 작업으로 다룰 수 있다.

여섯째, 집단은 잠재적인 자원과 능력을 증폭시키는 기폭제가 될 수 있다.

일곱째, 개인 작업에서 나타나는 친밀감이 너무 강한 사람들에게는 집단미술치료가 더 적합하다.

여덟째, 힘과 책임을 공유하기 때문에 집단미술치료가 더 민주적일 수 있다.

아홉째, 개인작업보다 집단작업에서 어떤 치료사는 만족감을 더 많이 느낀다.

열째, 전문 지식을 활용하여 동시에 여러 사람을 돕는 경제적인 방법이 집단작업이 될 수 있다.

결국, 집단이란 공통된 목적을 성취하기 위하여 구성원 간에 대면적 의사소통 방식으로 상호작용하며 서로의 존재를 인식할 수 있는 정도의 인원수가 충족되어야 한다고 하였다.

집단상담과는 다르게 집단미술치료의 미술활용의 이유는 다음과 같다.

첫째, 하나의 활동을 제공하여 모든 사람이 참여할 수 있다.

둘째, 동등하게 참여하는 방법을 집단에서 제공한다.

셋째, 언어적 집단보다 다양한 범위의 사람들을 더 포함할 수 있다.

넷째, 참가자들은 언어만 사용하는 집단과는 다른 요소로 다른 사람의 작품을 보게 된다.

다섯째, 집단미술 활동으로 상호작용할 수 있다.

여섯째, 집단의 변화와 역동을 촉진시키는 많은 자료가 미술을 활용하여 만들어진다.

집단미술치료는 심신의 어려움을 겪고 있는 집단구성원을 대상으로 심리·정서적 갈등을 완화시켜 삶을 원활하고 긍정적으로 살아갈 수 있도록 도와주는 상담치료이다. 즉, 내담자의 집단미술치료 활동은 언어적으로 표현이 힘든 부분을 미술 활동이라는 매체와 기법을 통해 의사소통함으로써 방어가 줄고 원만한 상호관계를 학습할 수 있다. 또한 부모 자녀 간의 의사소통에 불편감을 호소하는 대상자에게 집단미술치료 활동 과정에서 표현하게 하여 가족구성원과 치료사와의 상호작용을 통해 더욱 명료하게 문제를 알아차림으로써 긍정적, 발전적인 방향으로 성장을 촉진시킬 수 있다. 집단미술치료에는 여러 사람이 집단에 참여하게 되어 구성원 간에 동등함을 가질 수 있고, 상호관계가 형성되어 불편감을 표현하기가 용이하고, 구성원 상호 간의 상담자 역할로 다양하고 풍부한 경험을 할 수 있도록 도와준다. 집단미술치료 과정에서 치료적 요인은 치료사를 포함한 집단구성원의 다양한 상호교류로 서로 도움을 주고받고, 가치 있는 삶의 의미를 일깨우고, 나아가 사회에 적응할 수 있도록 하는 것이다.

이에 집단미술치료의 장점은 다음과 같다.

첫째, 집단초기 집단구성원 간의 친밀한 관계가 형성되기 전에 개인에게 편안한 미술재료 각 이미 친숙한 것이기 때문에 쉽게 경험을 표현할 수 있게 한다.

둘째, 집단원에게 자기를 표현하는 것을 주저하거나 회피하려는 사람에게 감정을 부담없이 표현하는 데 유용하다.

셋째, 결과물이 집단 안에서 개인에게 상징적 의미를 줄 수 있어서 자기표현이 가능하다.

넷째, 개인적 경험과 집단 경험을 함께한다.

다섯째, 상호작용을 쉽게 할 수 있는 미술활동은, 심리적 불편감의 발현이 쉽고, 집단 진행 과정을 촉진시킨다.

따라서 집단미술치료는 미술이라는 매체와 기법을 사용하기 때문에 언어적 표현이 어려운 내담자에게 자신을 표현할 수 있는 활동을 제공하며, 집단 내에서 협동작업으로 집단구성원의 경험을 공유하며 대인 관계 및 사회성 능력을 향상시킬 수 있다는 장점을 가지고 있다.

미술치료적 접근의 미술치료를 진행하는 기술로는 집단을 촉진시키기 위한 집단상담사의 언어적 개입방법이 있다. 언어적 개입을 하는 이유는 구체적인 것에 초점을 잡기 위한 목적으로 집단구성원들에게 집단상담사가 확실하고 직접적으로 요구하는 것, 정서에 대해 논의하고 강조하는 것, 행동을 연습하는 것, 통찰을 구체화시키는 것 등을 언급하기 위해서이다.

집단구성원을 격려하여 다른 사람을 변화시키려 노력하기보다는 자신이 생각하고 느끼며 행동하는 것에 초점을 맞추는 것을 권한다. 실제 임상 장면에서 보면 타인의 변화를 요구하는 것보다 자신의 변화를 통해 대상자가 바뀌는 것이 더 빠르다는 것을 경험하게 될 것이다. 집단을 이끌 때 치료사는 집단구성원이 어떤 생각을 하고, 무엇을 느끼고, 어떻게 행동하는지에 주의를 기울여야 하며, 또한 이것은 인지적, 정서적, 행동적인 영역이 수반되어야 한다.

감정, 사고, 행동에 관한 통합적 접근방법의 밑바탕에는 실존 철학적 접근으로 기우는 경향이 있는데 이 접근방법은 치료 과정에서 선택과 책임의 역할을 강조한다.

인지적 영역은 생각과 사고의 과정에 중점을 두는 것이다. 집단구성원이 초기 결정을 할 때 자신에 대해서 진지하게 생각하도록 격려하며 도전할 수 있게 한다.

정서적 영역은 집단구성원의 느낌에 중점을 둔다. 집단을 이끌어 갈 때, 집단구성원의 감정을 알아내고 이것을 표현하도록 도와준다.

행동적인 영역은 행동이나 성격의 변화를 목표로 삼는다면 반드시 행동하는 일이 필요하다. 집단작업의 초점이 행동에 맞춰 있으면 집단구성원이 사고와 감정을 변화시킬 수 있는 기회가 더 많아진다. 현재의 행동에 초점을 맞추고, 실제 상황의 느낌과 생각을 적용함으로써 행동변화를 이끌어 내는 것이다.

다양한 유형의 집단에 언어적 상호 관계를 중심으로 한 미술치료적 접근을 집단미술치료라 할 수 있다.

1. 다양한 유형의 집단

치료적 집단의 광범위한 목표는, 자신과 타인에 대해서 좀 더 깊이 알고, 살아가는 동안에 무엇을 가장 절실하게 바꾸고 싶은지를 명확하게 알도록 도와주는 것이며, 이러한 변화에 성공할 수 있도록 집단구성원에게 필요한 도구를 제공하는 것이다.

1) 과제실행집단

과제실행집단은 특별 전문위원회나 위원회, 계획입안집단, 관리개발집단, 치료를 위한 회의, 공동체 조직, 사회활동집단, 토의집단, 공부집단, 학습집단 등 다른 유사한 집단을 포함한 조직이나 국가기관에서 많이 실시한다.

과제실행집단의 집단상담사는 조직의 평가, 훈련, 프로그램 개발, 자문, 프로그램에 대한 평가와 같은 기술적인 개발을 해야 한다. 과제실행집단의 강점(Hulse-Killacky, Diana Donigian, & Jeremiah, 1999)으로는 분명한 집단목표를 갖고 있다는 것이며, 과정과 내용에 있어서 균형을 유지한다. 그리고 서로의 차이에 대해서 인식하고 이해하는 문화가 존재한다. 반면, 갈등이 생기면 갈등에 대해서도 논의가 가능하며, 이러한 피드백이 분명하고 즉각적인 방법으로 나타난다. 또한 지금-여기의 문제가 집단에서 논의될 수 있으며, 집단구성원은 적극적으로 참여하게 된다. 끝으로 집단구성원의 작업에 대해서 숙고할 충분한 시간이 주어진다.

2) 심리교육집단

심리교육집단은 집단구성원의 인지적, 감정적, 행동적인 기술을 집단의 만남 안에서 구조화된 절차를 통해서 개발하는 데 중점을 두고, 일련의 교육적 결핍과 심리적 장애를 예방하는 것을 목표로 한다. 정부기관, 학교, 대학 상담소에서 점점 더 많이 활용되고 있다.

심리교육집단을 위한 전문가 훈련에는 지역사회심리, 건강증진, 판매, 자문, 집단훈련 방법 및 교과과정 계획이라는 광범위한 분야에서의 교육과정이 포함된다.

3) 집단상담

집단상담은 의식적인 사고, 감정, 행동을 강조하는 대인 관계의 과정과 문제해결 전략에 초점을 두고, 인간발달과 관계된 문제들을 집단구성원이 잘 다루고 생활하도록 돕는 데 목표를 둔다.

집단상담사는 집단구성원이 지금, 여기에 초점을 맞추어 집단에 방향을 제시해 줄 개인적 목표를 수립하도록 교육시키는 역할을 수행한다. 이러한 집단상담의 공통 목표는 보다 긍정적인 태도와 개선된 대인 관계 기술을 갖도록 하는 것과 행동변화를 촉진하는 방식으로 집단 과정을 이용한다는 것이다. 이렇게 습득한 새로운 기술과 배운 행동을 실생활에 응용하도록 돕는다.

4) 심리치료집단

심리치료집단은 심리장애의 심도와 범위가 중요하기 때문에 성격의 주요 차원을 재구성하는 데 있어 개개인을 돕는 것이 목표이다. 현재의 행동과 과거를 함께 탐색하고 개인 상호 간의 관계와 개인의 내적인 상호관계를 평가, 진단, 해석함으로써 과거의 기록과 현재를 연결한다.

심리치료집단을 위한 전문가 훈련은 장애가 심한 집단을 대상으로 작업할 수 있는 능력을 갖추기 위해 심리학, 정신병리학, 진단평가의 과목에 중점을 둔다.

5) 단기집단

단기집단치료는 시간적 제한이 있고 구조화되고 2~3달 지속되며, 일주일에 한 번 하는 집단으로 8~12주의 회기로 진행되는 집단을 말한다. 단기집단치료의 장점은 비용 면에서 효율적일 뿐 아니라, 장기집단 접근법과 비교해서 광범위한 내담자의 문제가 단기집단에서 효과성과 적용 가능성이 연구를 통해 증명되었다는 것이다. 그러나 단기집단치료는 의학적인 효과가 분명함에도 불구하고, 지속적인 성격변화를 만들어내는 수단이 아니라는 한계가 있다.

2. 구조화, 반구조화 집단미술치료

1) 구조화된 집단

구조화된 집단은 특정한 주제에 초점을 맞추어 구성된 집단들로 정부기관, 학교, 대학상담소에서 많이 활용되고 있다. 일반적으로 볼 때, 상담기간은 매주 정해진 요일에 약 2시간, 4~15주 정도 진행되며, 집단에 따라서 소요되는 시간이 30~45분 정도로 짧은 경우도 있는데, 특히 어린이를 대상으로 하거나 주의를 기울일 수 있는 시간이 짧은 내담자인 경우에 그렇다. 장애를 가진 아동이나 ADHD의 진단을 가진 성인과 아동·청소년의 상담은 같은 상담 시간이라도 나누어서 상담을 진행하는 것이 도움이 된다.

이런 구조화된 집단의 초기에는 보통 문제시되는 영역에 대한 질문지를 완성하도록 하며 구조화된 연습문제, 읽을거리, 숙제, 약속을 이용한다. 미술치료에서는 초기에 약속, 즉 치료적 동맹을 이루어 문제 발생을 줄이는 규칙을 미리 정하고 시작하는 경우도 있다. 구조화된 집단은 집단구성원들이 갑자기 들어오거나 나가지 않기 때문에 혼란스럽거나 집단이 분열되지 않은 채로 집단의 성장 과정을 이끌어나가고 평가할 수 있는 장점이 있다.

또한 구조화된 집단 초기에는 서로의 신뢰감을 쌓아가는 시간이 필요하다. 따라서 새로운 구성원이 안정되어 있는 집단에 꼭 들어와야 한다면 몇 주 전에 기존의 집단구성원들에게 미리 알려 주고 심리적으로 새 구성원을 받아들일 수 있는 마음의 준비를 하도록 하는 것이 필요하다.

2) 반구조화된 집단

반구조화된 집단(semi-unstructured groups)을 또 다른 표현으로는 개방적 집단이라고도 한다. 반구조화된 집단미술치료의 경우에는 특정한 시간과 장소에 국한되지 않고 1회기로 진행되는 경우도 있으며, 집단구성원이 수시로 바뀌면서 진행되는 경우도 있다.

반구조화 집단의 특성은 구조화 집단의 형태를 토대로 운영하되, 필요할 때마다 구조화 집단에서 활용되는 활동을 이용하는 식으로 혼합된 형태로 운영된다는 점이다. 기능적인 측면에서는 반구조화 상태로 진행하기 때문에, 구조화 집단의 기능과 같다고 볼 수 있지만, 만일 상담 중간 과정에서 집단구성원의 저항과 갈등이 발생할 때는 언제든지 구조화된 활동을 도입한다는 점에서 구조화 집단의 기능도 포괄한다고 볼 수 있다.

앞서 구조화된 집단미술치료의 경우 짜여진 프로그램으로 매 회기 같은 매체와 기법을 획일적으로 처방하여 진행한다면, 반구조화 집단미술치료에서는 구조화 집단미술치료와 같이 짜여진 프로그램으로 진행하지만 참여자가 매 회기 바뀔 수 있음을 시사한다.

3. 지시적, 비지시적 집단미술치료

미술 활동은 그 자체가 심리치료 과정에서 요구되는 공감적인 형태와 양육적 치료 환경을 가능하게 하여 모든 사람에게 적용할 수 있다. 다양한 상황과 유아, 청소년, 성인, 노인 계층에게 심리적 방법과 치료사의 주제와 재료를 제시하여 진행하는 방법이다. 이러한 방법은 집단구성원의 인원수와 치료 기간, 그리고 참여자의 성향과 치료의 진행단계에 따라 다르게 적용하는데, 대체로 치료 기간이 장기적이고 집단구성원의 자아 능력을 신뢰할 수 있으면 비지시적인 방법이 적합하다.

지시적인 방법은 치료 기간이 단기적이거나 집단 구성원의 자아 능력이 미성숙할 때, 또 치료 초기에 진행하기 어려움이 있을 때, 그리고 미술 결과물에 대해 두려워하거나 집착할 때 적합하다. 그러나 지시적인 방법을 내담자의 수준에 적합하지 않은 프로그램으로 적용하거나 혹은 그 단계에 감당하지 못할 프로그램을 적용하면 그 단계가 집단구성원에게는 어렵고 힘든 느낌을 갖게 하기 때문에 집단미술치료사는 프로그램을 적절하고 신중하게 선택해야 한다. 대체로 임상현장에서는 어느 한 가지 방법으로 집단미술치료를 구성하기보다는 지시적 방법과 비지시적 방법을 함께 고려하여 구성하는 경우가 많다.

주 호소 문제에 맞게 기획되고 계획된 프로그램대로 진행될 경우 이를 지시적 미술치료 프로그램이라 한다. 또한 개인이 아니라 집단일 경우에는 지시적 집단미술치료라 한다. 반면, 비지시적 미술치료의 가장 대표적인 접근 방법의 이론이 Carl Rogers의 인간중심 이론이다.

한 부모 가정 아동들을 대상으로 한 비지시적 집단미술치료인 경우, 또래 관계를 통해서 의견을 검증하는 기회를 갖게 되며 자기중심적인 경향에서 벗어나 타인의 관점을 이해하는 시각을 갖게 된다. 이는 주어진 다양한 재료와 시간대 속에서 자신만의 독특하고 창의적인 표현 방법으로 결과물을 만들고, 그 결과물을 통해 언어적으로 상호관계성을 가지며 경험하게 된다.

비지시적 집단미술치료의 경우, 집단을 형성하고 있지만, 구성원 각 개인에게 집중되어 있는 주제에 맞게 재료를 선택하고 표현한다. 따라서 집단 안에서 작업하고 있는 모습들을 보면 원하는 재료를 갖고 현재 심리적 불편감을 중심으로 매체와 기법을 활용하고, 원하는 매체와 기법을 중심으로 구성원의 욕구대로 작업을 하며 집단구성원은 각각의 작업으로 같은 공간에서 집단을 형성하여 진행한다.

Chapter 4

집단미술치료 준비기

1. 집단미술치료 준비하기

집단미술치료를 진행하기 위해 먼저 집단의 구성 및 치료사의 역할과 집단발달 단계의 과정내용을 살펴보고자 한다.

집단의 크기를 결정하기 위해서 초기면담 및 사전상담을 갖는 것이 좋다. 치료사에게는 내담자가 집단에 잘 적응하고 참여준비가 되어 있는지를 확인할 수 있고 내담자에게는 집단이 자신에게 맞는지를 검토할 수 있기 때문이다.

1) 집단의 크기

집단미술치료 활동에서 집단의 크기는 다른 집단구성원과 시각·언어적 접촉을 유지하면서 집단역동을 일으키기에 충분한 인원으로 구성되어야 한다. 집단미술치료의 경우 대략 4~12명 정도가 적당하나 행동통제가 어려운 경우에는 4명 정도로 구성할 수도 있다. 이렇듯 집단을 형성할 때 인원수에 집중할 것이 아니라 구성되는 구성원들의 특성에 맞게 집단을 형성할 필요성이 있다.

일반적으로 구성 인원수가 4명보다 적으면 집단 활동 중 사고의 범위가 대화가 제한되고 집단구성원 간의 상호작용을 통한 치료적 효과를 기대하기 어렵다. 또한 인원수가 15명이 넘을 경우 몇몇 구성원은 참여와 관여를 제대로 할 수 없거나 회피할 수 있으므로 이때에는 보조치료사와 협동으로 미술치료를 진행하는 것이 좋다. 집단구성원이 많을 경우에는 6명을 하나의 소그룹으로 나누어 진행하는 것이 집단응집력을 촉진시켜 준다.

2) 집단미술치료 회기 및 환경

집단미술치료의 회기는 일반적으로 1주일에 1회 진행한다. 1회당 진행시간은 1~2시간 이내가 적당한데 2시간을 진행하는 경우는 중간에 10분 정도의 휴식 시간을 갖는다.

유·아동의 경우 학교 수업시간이 40분 내외로 설정되어 있고, 중·고등학생의 경우 50분 내외로 설정되어 있는 것처럼, 주어진 시간 안에 집중할 수 있는 대상자들의 집중 시간이 상이하다. 이에 회기진행의 주제가 있는 집단미술치료의 일반적 구성은 다음과 같다(Liebmann, 1979: 51-52).

① 도입과 주제안내: 10~30분

② 미술작업: 20~45분

③ 이미지에 대한 토론: 30~45분

④ 종결: 5~10분

치료 공간은 치료사가 보통 정해진 자리에 앉고 집단구성원은 자유롭게 좌석을 선택하지만 이것은 집단의 특성에 따라 다르게 적용될 수 있다. 집단미술치료의 환경은 집단구성원의 수와 특성에 따라 공간의 크기나 분위기도 다르게 적용되어야 한다.

집단미술치료를 하기 위해서는 5~6명을 한 모둠으로 하고, 작업할 수 있는 큰 책상과 너무 크지 않고 외부환경적으로는 집단구성원이 서로 잘 보이고 잘 들을 수 있는 면적의 공간이면 된다. 충분한 채광, 기본적인 미술 도구 등을 갖추면 좋고 원형으로 앉는 것이 효과적이며, 의자는 내담자가 자유롭게 골라 앉도록 하는 것이 좋다.

3) 집단미술치료사의 역할

집단미술치료에서 치료사의 역할은 치료사의 자질과 프로그램을 진행하는 기술 등이 치료사의 지도성이라고 할 수 있다.

미술치료사의 역할은 집단구성원의 성향과 집단구성원의 인원수, 목표와 치료 기간 등에 의해 결정하지만 크게 정서적 지지자와 기술적 보조자, 또한 공동 지도자의 역할로 나눠 볼 수 있다.

(1) 정서적 지지자

집단구성원이 문제에 직면했을 때 수용적 태도와 통찰능력을 갖고 집단구성원에게 반영과 문제를 명료화시켜 주는 집단의 집단치료사를 말한다. 정서적 지지자의 치료사가 필요한 집단은 일반적으로 청소년 집단이며 청소년 집단은 느리게 진행된다. 이때 치료사는 집단이 미리 생각했던 시간 내에 가능할 것이라고 기대하지 않아야 한다.

치료사가 집단을 너무 일찍 이끌거나 청소년 집단구성원이 내면을 너무 일찍 노출하기를 기대해서는 안 된다. 정서적 지지자는 집단구성원의 고통스러운 상황, 너무 절망적인 것에서 벗어나고자 자신을 즉시 개방하거나, 가족의 비밀을 표현하는 미술작품에서 내면의 상처에 대한 자세한 부분 묘사가 나타날 때까지 기다리는 시간이 필요하며 집단구성원을 수용해 주기 위해 많은 노력을 해야 한다.

내담자의 감정이나 행동을 순차 없이 받아주는 언어적 표현을 수용이라 말한다. 청소년기의 무례함에 대하여서 도덕적 판단이나 비난을 하지 않고 경청하고 공감하는 태도로 집단구성원을 받아들이는 것이다. 즉, 미술치료의 장면에서는 집단구성원이 매체와 기법의 사용에 대해 어떠한 방법으로 활용하든지 창의적인 표현에 대해 지지와 격려를 해 주는 것을 수용이라 할 수 있다. 언어로 수용하는 것과 미술치료에서의 매체와 기법으로 수용하는 것에 대해 사용하는 도구가 다를 뿐 심리치료적 접근은 같은 맥락이라 할 수 있다. 따라서 미술작업을 한 이후에 나타난 결과물로 집단원과 상호작용하며 언어적 표현으로 충분히 지지와 격려를 통해 수용에 이를 수 있음을 시사한다.

이러한 치료사의 태도는 집단미술치료에서 구성원이 자신을 표현하는 것에 대한 거부감을 줄여주며, 자신이 존중받는다는 경험을 제공하고 타인과의 사회적인 관계를 맺는 기술적인 면에서 좋은 본보기가 된다.

(2) 기술적 보조자

기술적 보조자는 집단구성원이 미술 매체와 기법을 사용할 때 기술적으로 좌절하지 않도록 도와주는 역할을 한다. 따라서 집단미술치료사는 미술 매체에 대한 지식과 감각, 사용기술 등이 필요하다. 치료사는 집단구성원이 기술적 능력이 부족한 상황인지, 아니면 집단미술치료사에게 습관적으로 의존하는 상태인지를 정확하게 파악해야 한다.

미술치료사는 집단구성원이 다른 사람의 그림과 그 그림에 표현되는 감정에 대해 계속 관심을 갖고 감정표현을 압박해서는 안 된다.

치료사의 비중은 미술치료가 진행될수록 작아지고 집단구성원 간 상호역할이 커질 수 있도록 노력해야 한다. 집단미술치료사는 진행 과정 및 변화에 유의하며 집단구성원의 작품을 따로 보관하고, 집단의 역동과 움직임을 예측하고 대처할 수 있어야 한다.

집단구성원은 집단미술치료사의 모범적인 행동을 관찰하며 배우지만 치료사의 행동이 그들에게 도움이 될 정도로 완벽하지 않아도 된다. 치료사가 개인적 경험이나 문제를 드러내는 적절한 자기 노출은 집단구성원과 치료사가 친밀한 관계를 잘 맺는 데 도움이 되기도 한다. 결과적으로, 치료사의 역할이 줄고, 집단구성원의 목적과 해결하려는 의도성이 분명해지면서 그것의 결과물에 대해 지지자의 역할이 집단구성원 안에서 나타나게 되면 위로와 긍정적 자아상을 형성하게 된다.

(3) 공동지도자

집단미술치료에서 공동지도자가 필요한 이유는 집단원에서 야기되는 문제나, 작업과정에서 반응에 민감하게 관계해야 하므로 공동의 지도가 필요한 경우가 있다.

집단에서 갈등이 발생하면 공동지도자들은 서로 많은 대화를 나누어 객관적이고 직접적인 방법으로 해결해야 한다. 공동지도자는 기꺼이 마음을 열고 나눌 준비가 되어 있으며, 다른 관점에 대해 이해하고, 논의하여 해결하는 것이 건강한 집단을 이루기 위해 가장 중요한 요소라 한다.

집단에서 공동지도자가 있듯이 집단미술치료뿐만 아니라 개인미술치료에서도 주 치료사와 보조치료사, 관찰치료사가 각자의 역할에 충실히 임하고 있다. 따라서 공동 집단상담사의 요소, 항목과 같이 주 치료사와 보조치료사, 관찰치료사에게 각각 같은 요소 항목으로 접근하면 된다.

공동지도자는 함께 일함으로써 신체적, 정서적으로 소진되는 가능성을 줄 일 수 있다. 공동지도자들이 섬세하고 조화롭게 한 팀으로 일한다면 집단구성원을 연결시키고, 집단구성원 간의 상호작용을 촉진하며, 집단의 흐름을 결집할 수 있는 수많은 가능성이 존재한다.

공동지도자는 두 명의 치료사를 말하는데, 개인적인 이유로 치료사 한 명이 불참할 경우 다른 치료사가 집단을 진행하여 치료의 진행을 이어서 할 수 있다. 치료사 중 한 명이 한 상담시간에 집단구성원으로부터 상처를 받았을 때 회기 종료 후 공동치료사와 함께 심리적 불편감을 자세히 탐색할 수 있다. 이를 통하여 미해결된 과제도 탐색하며, 전이와 역전이에 대해 객관적으로 알아차릴 수 있다. 한 치료사가 집단 구성원의 한 명과 역전이가 일어났을 경우 다른 치료사가 집단구성원의 반응과 애착에 대해 이야기하고 해결할 때까지 매우 유용한 보조진행자가 될 수 있다.

공동지도자가 회기 진행 시간 이외에 서로 만날 시간이 없을 경우 집단 프로그램을 진행하면서 문제가 발생할 수 있다. 이는 일치성의 결여로 나타나 공통 목표로 향하지 못하고 상반된 목표로 진행될 수 있다. 공동지도자 간 경쟁과 적대감은 집단에게 부정적인 영향을 끼친다.

공동지도자들은 서로에 대해 신뢰와 존중에 기초한 관계를 맺어야 하며 서로의 능력을 존중하였을 때 서로의 개입을 믿을 수 있게 된다. 한 치료사가 다른 치료사에 대항해서 집단구성원의 편을 들 수 있다. 이는 집단구성원으로 하여금 누가 옳고 그른지에 대해 편을 들게 함으로써 집단을 분열시킬 수도 있다. 또한 공동지도자 간의 서로 친밀한 관계를 유지하기 위해, 또는 서로의 관계의 갈등을 해결하기 위해 상담시간을 이용하려고 할 경우 문제가 될 수 있다.

공동지도자가 진행할 경우, 집단치료사는 치료사로서의 자질이나 자기문제의 해소, 언어적 반응, 치료의 지향성 등이 고려되어야 한다. 치료사는 자기 분석과정과 슈퍼비전 과정을 통해 성숙된 자질을 갖추는 것이 매우 중요하며, 집단의 철학이나 목표에 대한 공동의 추구가 필요하다.

2. 발달단계에 따른 준비하기

모든 발달과정에는 점진적으로 나타나는 단계와 집단 내의 여러 요인에 의해 집단구성원들이 연속적, 역동적, 목표지향적인 움직임이 있다고 볼 수 있다.

인간의 삶은 다양하고 역동적인 창조성을 가지며 발달단계를 거치면서 성장을 도모하고 심리 내적과 외부환경의 갈등을 경험하면서 성숙해 나간다.

집단미술치료를 진행하기에 앞서 치료사는 심리 검사를 실시할 때 가장 먼저 내담자의 인지, 정서, 행동을 관찰해야 한다. 유·아동의 경우 아직 인지, 정서, 행동의 영역들이 제 역할을 하지 못하므로 치료사는 정상적인 발달심리에 대해 인지하여 치료적 개입을 할 수 있다.

1) 인지 발달

Piaget의 인지발달 이론에서 기본이 되는 주요 개념은 도식과 동화, 조절과 평형이다. 인지발달 이론에서 도식(scheme)이란, 유기체가 갖고 있는 '이해의 틀'을 말한다. 이 도식(또는 구조)은 유기체가 태어나면서 갖고 있는 생리적인 것이 아니라 유기체가 환경과 접촉에서 반복되는 행동과 경험에서 형성되는 것이다.

Piaget는 동화와 조절(assimilation, accommodation)을 통해 환경과 끊임없는 상호 작용으로 이루어지는 적응 과정을 인간의 인지발달로 보았으며, 두 개의 기제가 상호 유기적으로 작용하는 것으로 동화와 조절을 이야기한다. 여기서 동화는 이미 갖고 있는 도식 또는 체계에 새로운 대상이나 사건을 해석하고 이해하는 인지 과정이고, 조절은 기존의 인지 구조로 새로운 대상을 받아들일 수 없는 경우에 기존의 구조를 변형시키는 과정을 말한다. 또한 새로운 상황에서 일관성과 안전성을 이루려는 시도를 평형(equilibrium)이라 말하며, 이러한 평형은 계속적인 동화와 조절의 과정으로 이루어진다.

Piaget는 인간의 적응과 발달의 인지적 측면에 대해 연구하여 가장 영향력 있는 인지발달 이론을 제시하였다. 즉, Piaget는 인간의 인지발달은 자연적인 성숙과 환경의 상호 작용에 의해 발달한다고 보며, 그 과정을 4단계의 질적 다른 순서를 거친다고 보았으며, 그 속도는 아동마다 약간의 차이가 있으나 거의 문화적 보편성을 갖고 있다고 하였다.

Piaget의 인지발달 이론을 이해하기에 중요한 기본 가정과 원리는 다음과 같다. 인간의 발달을 적응 과정으로 보았다. 즉, 적응은 동화와 조절의 두 작용에 의해 평형을 이루어가는 과정이다. 따라서 인간의 지적 발달도 동화와 조절에 의해 인지적 균형을 이루어가는 과정이며 이는 새로운 지적 구조를 조직해 가는 원천이 된다. 여기서의 지적 발달이란 인지 구조의 변화를 의미하고 지적 기능은 적응과 조건이라는 불변 요소이다. 인간의 지적 발달은 계속적으로 이루어지는 발달의 계속성과 관련이 있으며, 인지 구조는 질적으로 명확하게 구분되는 발달단계로 변화한다. 한 단계의 인지 구조는 항상 전 단계의 인지 구조에 기초를 두고 이루어지며 이는 발달의 기초성과 관련이 있다.

개인의 경험과 문화 차이로 인해 발달이 성취되는 연령에는 차이가 있지만 위계적 순서는 변하지 않는다. 즉, 발달의 문화적 보편성과 계열성이 있다.

발달을 내적 성숙이나 외적 교육에 의한 것이 아니라 아동의 능동적인 행동으로 더 분화되고 포괄적 인지 구조를 만들어가는 능동적인 구성 과정으로 본다.

2) 유아기 인지발달의 단계적 특성

(1) 감각 운동기(Sensorimotor Period, 0~2세)

감각 운동기 단계(출생~2세)는 언어의 이전단계로, 영아가 손가락을 입에 넣고 빠는 등의 운동을 통해서 감각으로 주변 세계를 탐색한다. 이 시기 감각을 사용하여 새로운 정보를 얻고 새로운 경험을 얻기 위해 운동능력을 사용하고자 애쓰는 시기이다. 그 결과 반사활동부터 제법 잘 조직된 활동을 하기까지 간단한 지각능력과 운동능력이 발달한다.

① 1단계(반사기): 출생에서 처음 한 달 동안의 시기

이 시기의 영아 활동은 주로 빨기, 울기 등 미발달된 운동과 같은 반사활동들이다. 영아는 빨기 도식을 연습하고자 여러 가지 물체를 입에 닿는 대로 빨고, 물체에 대한 정보를 동화시키고자 노력한다. 한편, 행동 수정, 조절 과정을 거치며 젖을 빨기 위해 고개를 드는 등 음식을 획득하기 위해 노력한다.

② 2단계(1차 순환반응): 1~4개월의 연령에 해당하는 시기

기본적이고 유전적 도식의 정교화가 시작된다. 예를 들어, 유전적 도식인 빨기 도식을 이용해서 손가락이나 숟가락 등을 입으로 가져가서 계속 빨기를 함으로써 빨기 도식이 더욱 정교화된다. 따라서 빨기를 계속함으로써 습관을 형성한다. 또한 의도적인 보기와 듣기도 시작된다.

③ 3단계(2차 순환반응): 4~10개월에 해당하는 시기

딸랑이를 흔들면 소리가 나는 쪽으로 눈을 움직이기 시작하며, 물체를 따라 시선이 옮겨지고, 물체가 시야 밖으로 사라지면 더 이상 찾지 않는다. 즉, 인과관계의 법칙을 발견하는 시기이다. 여기에서 발견되는 중요한 원리는 경험을 많이 하게 되면 인지가 더욱 발달한다는 뜻이다.

④ 4단계(2차 도식의 협응): 10~12개월에 해당하는 시기

전 단계에서 영아가 물체를 보며 눈을 움직이다가 물체가 보이지 않으면 더 이상 관심을 두지 않았으나 이 시기에는 더 이상 보이지 않는 물체를 찾게 된다. 즉, 대상 영속성 개념의 획득이다. 이것은 물체가 눈에 보이지 않아도 물체가 존재한다는 개념의 획득이 있기 때문이다. 예를 들면, 공을 가지고 놀다가 영아가 보는 앞에서 이불 속으로 공을 숨기면 이불을 들치고 공을 찾아낼 수 있게 된다.

⑤ 5단계(3차 순환반응): 12~18개월에 해당하는 시기

평상시 가지고 놀던 인형, 공, 블록 등의 장난감을 다른 방법을 사용하여 놀이를 시작하고, 남의 흉내를 내기 시작한다. 즉, 조직 활동이 활발하고, 새로운 것들에 관심이 끌리는 시기이다.

⑥ 6단계(사고의 시작): 18~24개월에 해당하는 시기

이 시기에는 다른 사람과 분리시켜 자신을 조금씩 알게 된다. 즉, 현존하지 않는 사람이나 대상에 대해 정신적 이미지를 형성하기 시작하며 사고가 시작된다.

(2) 전조작기(Preperational Period, 2~7세)

전조작기(2~7세)에는 논리적 조작이 가능하지 않다. 조작이란 과거에 일어났던 사건을 내면화시켜 논리적인 관계를 지을 수 있는 것을 뜻한다. 전조작기를 세분화하여 살펴보면 다음과 같다.

2~4세 사이를 전개념적 사고단계라 한다. 이는 내재화된 표상을 여러 가지 형태의 기호 또는 상징으로 표현하는 기호적 기능(가상놀이, 그림, 언어 등)이 주축을 이루는 시기이다. 이 시기의 특징은 상징적 사고이다. 가상놀이는 혼자서 가상적인 사물이나 실제 사물을 상황으로 상징화하는 놀이이다. 이때 자기중심적 사고(유아가 이기적인 것이 아니라 단지 다른 사람의 관점을 이해하지 못하는 것을 의미), 물활론적 사고(생명이 없는 대상에 생명과 감정을 부여하는 것-예를 들어, 가위로 종이를 자르면 종이가 아플 것이라고 생각하는 것), 인공론적 사고(물활론적 사고와 관련 있는 현상-세상의 모든 사물이나 자연현상이 사람의 필요에 의해서 목적에 맞도록 쓰려고 만들어진 것이라 믿는다. 즉, 하늘이 파랗게 보이는 것은 누가 파란색 물감으로 하늘을 칠했기 때문으로 생각), 전환적 추론(유아가 전개념적 사고의 한계 때문에 나타나는 특징으로 유아는 독특한 인과개념인 전인과성을 나타낸다-동생을 미워한다는 사실과 동생이 아프다는 두 가지 사실을 자기가 동생을 미워해서 동생이 아프다는 인과관계로 연결시킨다)을 갖고 있다.

5~7세 사이는 직관적 사고단계이다. 이 시기의 특징은 대상이나 상황이 갖는 단 한 가지의 가장 현저한 속성에 의해 그 대상이나 상황의 성격을 판단하는 중심화가 특징이다. 이때의 사고는 보존개념(어떤 대상의 모습이 바뀌어도 그 양적 속성이나 실체는 바뀌지 않는다는 것이다–처음에 모양이 같은 두 개의 잔에 같은 양의 물을 부은 다음 어느 잔의 물이 많은지 유아에게 물어보면 물의 양이 같다고 한다. 그러나 한 잔의 물을 밑면적이 넓고 낮은 잔에 옮긴 후 어느 잔의 물이 많은지 물어보면 대개 길고 밑면적이 좁은 잔의 물이 더 많다고 함), 유목개념(여러 사물과 현상들을 그 속성의 유사성에 따라 분류하여 공통적인 범주를 찾아내는 것, Piaget는 2~5세 아동을 대상으로 한 연구에서는 분류를 제대로 하지 못하여 유목개념이 형성되지 않았으나 5~7세 사이의 유아는 네모꼴과 세모꼴을 구분하고 동물인형과 사람인형을 분류하여 유목개념이 나타났다. 또 유아는 전체를 그 전체의 한 부분과 동시에 추리하지 못한다–나무로 된 갈색 구슬 18개와 흰색 구슬 2개로 된 20개의 구슬을 보여주고, 갈색 구슬이 많은지 나무구슬이 많은지 물어보면 대개 갈색 구슬이 많다고 대답한다), 서열개념(어느 것이 더 크다거나 작다라는 관계의 논리에서 출발하는 개념으로 서로 다른 크기를 가진 물건들을 주로 차례대로 배열해 보도록 하면 4~5세 유아들은 크기의 순서대로 배열하지 못하지만 5~6세의 아동들은 때로는 순서대로 배열한다. Piaget에 의하면 7세 이후에 안정된 서열개념을 획득한다)을 갖고 있다.

3) 신체·정서 발달

유아기는 영아기가 끝나는 만 2세부터 초등학교에 입학하기 전까지이며, 이 시기는 영아기에 이어서 여러 발달 측면이 계속적인 발달로 나타난다. 신체 성장과 함께 운동기능의 발달이 일어나 점차 세분화되어 신변처리를 스스로 할 수 있게 된다. 인지발달도 확연하게 증가하여 표상적 사고를 하며, 영아기에 비해 기억능력도 크게 향상된다. 특히 언어발달이 급속하게 발달하여 사용하는 단어의 수가 증가하며 여러 단어를 연결하여 문장도 만든다. 또한 문법과 의사소통기술이 발달하여 정서의 표현이 다양해지고, 놀이를 통해 또래 관계가 형성되어 사회성도 발달한다. 자아를 인식하게 되고 자기통제가 가능해지며 도덕성과 성역할도 발달한다.

(1) 신체적 성장

영아기까지 급속한 신체적 성장을 보이다가 유아기가 되면 성장속도도 다소 감소한다. 즉, 신장은 2세부터는 해마다 5~7cm 증가하며, 5세 유아의 경우 출생 시 약 두 배가 된다. 체중 2.3kg/Y, 신장 7.5cm/Y씩 증가하고 신체윤곽의 변화로 팔다리가 길어지면서 날씬해지고 머리는 작아진다.

시력은 성인 수준의 시력을 가지며, 항체 수준도 증가하여 감염에 대항하는 능력이 발달된다. 3세까지 20개의 유치를 가지며, 근육과 뼈의 성장이 계속된다. 또한 장과 방광의 조절능력이 발달하여 대소변 가리기도 가능해진다.

(2) 운동기능의 발달

성장에 수반되는 기본운동에서 학습에 의해 발달하는 미세운동으로 세분화되며, 힘의 방향, 속도, 정확성, 조화성을 가진 협응운동 발달이 나타난다. 대·소근육이 발달하면서 아동의 독립심, 성취감, 표현력을 증가시킨다. 활동의 범위도 가정 안에서 가정 밖으로 활동장소가 확대되어 나타난다. 따라서 3세가 되면 세발자전거 타기, 양발 번갈아 계단 오르기, 9~10개의 블록 쌓기, 동그라미 따라 그리기, 혼자 옷 갈아입기가 가능하며, 4세에는 한 발로 깡충 뛰기, 두 손으로 공 잡기, 양발 번갈아 계단 오르내리기, 가위질하기, 신발끈 매기, 단추 끼우기, 다각형 따라 그리기가 가능하다. 5세가 되면 양발 번갈아 깡충 뛰기, 공 던지기, 가위, 연필 사용이 능숙해진다.

결과적으로 신체성장과 발달을 종합하면, 만 2~3세가 되면 신체를 다루는 기술이 발달하여 혼자 할 수 있는 것이 많아진다. 대근육의 발달로 계단을 잘 오르내리고, 한 걸음에 한 계단씩 오르거나 내릴 수 있고, 발끝으로 서고 걷을 수 있다. 또한 몇 초간 한 발로 서 있을 수 있고, 뛰는 것이 능숙하여 음악이나 리듬에 맞춰 무릎을 굽히고 흔들 수 있으며, 미끄럼을 타고 미끄러져 내릴 수 있다. 뛰어오르고 땅에 내릴 때 양쪽 발을 따로따로 움직이거나 한쪽 발을 다른 쪽 발보다 먼저 내려올 수 있다. 앞으로 점프도 할 수 있다.

소근육인 손가락 근육의 발달로 그리기와 블록 쌓기, 큰 구슬 꿰기와 가위질하기 등이 가능해지고 눈-손과의 협응력 발달로 선을 따라 그릴 수 있다.

신체를 스스로 조절하는 기술이 발달하여, 숟가락과 컵을 능숙하게 사용하며 혼자서 음식을 먹을 수 있다. 미숙하지만 칫솔질이 가능하며, 간단한 옷이나 모자를 혼자서 입고 벗을 수 있다.

배변 훈련이 이루어져서 대소변을 거의 가릴 수 있으며, 치아는 2세 반이 되면 유치 20개가 전부 나온다.

만 3~4세 미만의 신체발달은 성장률이 완만해지면서 식욕도 감소한다. 신체의 움직임은 더욱 안정되어 유연하고 능숙하게 속도를 조절하여 걷거나 뛸 수 있다. 두 발을 모아 점프하기, 균형 잡기, 세발자전거 타기 등이 능숙해진다. 숟가락 사용이 능숙해지고 젓가락은 서툴게 잡기 시작하며, 소근육 조절 능력이 발달하여 그림 그리기와 쌓기 놀이가 비교적 능숙하다. 기본적 생활을 위해 신체적 기술이 증진되지만 신발의 왼쪽과 오른쪽을 구별하지 못하고, 옷을 벗을 수는 있지만 바르게 입는 것은 어렵다(앞뒤, 위아래 혼동). 양손을 사용한 신체적 기술이 증진되어 단추 끼우기, 가위질하기 등이 능숙해진다.

① 유아의 소근육 발달단계

● 유아의 그리기 과정

단계	특성
제1단계(1세 반~2세) 긁적거리기 단계	뚜렷한 형태가 없는 점이나 선을 그린다. 조기에는 직선을 반복하여 그리나 곧 이것은 곡선과 나선형으로 변하여 원 모양으로 발달한다.
제2단계(2~3세) 단순한 형태 단계	원, 삼각형, 사각형 등의 단순한 형태의 기하학적 형태를 그리기 시작한다.
제3단계(3~4세) 무늬 단계	직선이나 곡선, 단순한 형태를 합하여 무늬를 그린다. 원 안에 X를 그려넣거나 큰 원 안에 작은 원을 그려 넣는다.
제4단계(5~7세) 실제 사물 단계	실제 사물을 그리기 시작하는 단계. 사람, 동물, 자동차, 나무, 집 등 실제 사물을 그리고, 사람의 세부적인 부분도 자세히 묘사한다.

출처: 정현주(2005)

● 유아기 소근육 발달의 예

3~4세	4~5세	5~6세
• 비슷하게 원 그리기 • 종이 자르기 • 칠하기 • 블록 쌓기 • 탑 만들기 • 단순한 모양 그리기 • 인형 옷 입히기 • 흘리지 않고 컵에 물 따르기	• 신발끈 묶기 • 선 따라 자르기 • 구슬 엮기 • 옷핀 잠그기 • 높은 탑 만들기 • 여러 모양의 그릇에서 물 따르기 • 이름 쓰기	• 종이 접기 • 다양한 도형 그리기 • 종이 안의 모양 도려내기 • 크레파스를 제대로 사용하기 • 점토 만들기 • 글자 보고 따라 적기

출처: 정현주(2005)

② 유아의 대근육 운동기능의 발달

연령	걷기	달리기	뛰기	페달 밟기	오르기	던지기
2~3세	• 율동적으로 잘 걷는다.	• 몸을 뻣뻣하게 세우고 달린다. 방향을 바꾸거나 갑자기 멈추는 것이 어렵다.	• 두 발로 깡충 뛴다.	• 장난감 자동차에 올라타고 두 발로 민다.	• 계단을 오를 때 한쪽 발을 먼저 올려놓고 그 다음 다른 쪽 발을 그 옆에 놓는다. • 높은 곳에 올라갈 수 있지만 내려오지는 못한다.	• 목표물을 향해 공을 던지는 데 두 팔을 사용한다. • 발이나 몸은 움직이지 못한다.
3~4세	• 팔을 앞으로 흔들며 걷는다. 직선 위를 잘 걷는다.	• 유연하게 잘 달리고 출발과 정지를 잘한다.	• 두 발로 높이 뛰어오른다. • 한 발로 장애물을 뛰어넘는다.	• 세발자전거를 탈 수 있다.	• 계단을 오를 때는 한 발로 차례차례 오르지만 내려올 때는 두 발을 모아서 내려온다.	• 몸을 앞뒤로 흔들며 한쪽 팔로 공을 던진다.
4~5세	• 곡선 위를 걷는다. • 평균대 위를 걷는다.	• 빨리 잘 달리고 달리면서 방향을 바꿀 수 있다.	• 깡충깡충 뛰면서 앞으로 나아간다.	• 세발자전거를 빠르고 유연하게 잘 탄다.	• 발을 번갈아 가면서 계단을 오르내린다. • 사다리, 정글짐, 미끄럼틀, 나무 등을 타고 오르내린다.	• 팔꿈치를 사용해서 공을 던진다.
5~6세	• 성인처럼 걷는다.	• 속력을 내어 잘 달린다.	• 높이뛰기와 멀리뛰기를 할 수 있다. • 줄넘기를 한다.	• 두발자전거를 탈 수도 있다.	• 성인처럼 오르고 내린다.	• 발을 앞으로 내밀고 팔을 쭉 뻗어 공을 던진다.

출처: Kinfants(2016)

4) 정서·사회성 발달

운동발달이 잘된 유아는 또래집단이나 사회집단에서 사회적인 지위에 영향을 미치게 된다. 즉, 정서적인 표현과 창의성, 사회적 적응을 잘할 수 있게 된다.

2~6세는 사회적, 도덕적인 지식이 급격하게 발달하는 시기로, 유아는 길러주고 반응해 주는 모든 사람과 사회적인 조직망을 형성한다. 유아가 아주 어렸을 때 형성된 부모-자녀의 관계는 최초의 대인 관계이며 밀접한 사회적 관계이기 때문에 유아의 정서, 성격발달에 중요한 영향을 미친다.

(1) 유아의 정서발달

학령전기의 유아는 사랑과 분노, 공포와 좌절감 등 여러 가지 감정을 적절한 방식으로 표현하며, 충동이나 사회적 요구 간에 균형을 유지하는 방법을 배우게 된다. 이 시기 유아는 모든 현상에 대해 많은 호기심을 갖고 있으며 이때 호기심을 강하게 제지하면 죄책감이 형성된다.

유아기의 정서 표현의 특징으로는 불안, 수치, 실망, 부러움, 기대, 희망 등과 같은 다양한 감정을 표현한다. '내꺼, 싫어'라는 말을 많이 하는데, 이는 3~5세경에 주도성이 발달하기 때문이다. 또한 정서가 불안정하여 정서 표현의 변화가 매우 급격하게 나타나는데, 울다가도 금방 기분이 좋아져 잘 노는 것을 볼 수 있다.

호기심이 많아지지만 정서 표현에 있어서 진짜 느끼는 정서와 표현되는 정서를 구별하지는 못한다. 유아는 아직 사물의 실제 모습과 겉으로 보이는 모습의 차이를 이해하지 못하기 때문에 행복한 얼굴 표정과 슬픈 얼굴 표정을 구별할 수는 있지만, 슬픔을 느끼는 사람이 행복한 표정을 짓고 있거나, 기쁜 상황에서 기쁜 표정을 짓지 않으면 유아는 혼란을 느낀다.

(2) 정서의 유형

① 기쁨

2세경까지는 기쁨을 웃음이나 동작으로 표현하지만, 3세경부터는 언어가 발달함에 따라 언어로 표현한다. 영아기에는 생리적, 감각적, 운동적인 원인에 의해 기쁨을 느끼지만 유아가 되면 사회적인 인간관계에 의해 기쁨을 느낀다.

② 분노

자신이 하는 일을 방해받거나 하고 싶은 것을 할 수 없을 때, 요구가 거절되거나 무엇인가 빼앗겼을 때 분노를 표현한다. 분노정서가 발생하면 유아는 떼 쓰기 형태로 분노를 표현하고, 나이가 어릴 때는 직접적이고 표면적인 공격행동으로 나타나지만 연령이 증가함에 따라 점차적으로 간접적이고 언어적인 공격으로 나타난다.

2~3세 된 유아가 자기 활동이나 자기 소유에 대해 간섭받거나 자기가 하고 싶은 행동이 저지당했을 때 화를 내며, 손가락을 빠는 것으로 나타나기도 한다.

4~5세가 되면 어떤 문제를 해결하기 위해 언어를 많이 사용하고 남의 험담을 하고, 자랑을 하기도 하며, 야유하고 흉내 내는 등 여러 가지 행동을 한다. 특히 화가 나면 협박적인 수단을 사용한다. 전형적인 분노는 3~4세경에 절정에 도달한다.

③ 공포

3세 이후 다양한 자극에 의해 공포를 경험한다. 3세 말경이 되면 유아는 개나 고양이 같은 특정 대상을 두려워하는데 이는 시각적인 것에 공포를 느끼기 때문이다. 4세경에는 공포가 심해져 이유 없는 공포심이 생겨난다. 이 시기 공포심은 꿈으로 나타나 악몽을 꾸기도 한다. 5세경이 되면 눈에 보이는 구체적이고 직접적 사물이나 대상뿐 아니라 눈에 보이지 않는 추상적, 상상적인 내용에 대해서도 공포를 느낀다. 따라서 귀신이나 도깨비처럼 존재하지 않는 대상에 공포심을 가진다.

④ 질투

질투는 1세 반경이 되면 보이기 시작하는데 동생이 생겼을 때, 유아는 질투와 경쟁 또는 분노의 감정을 느끼며, 이러한 질투의 표현은 정상적인 유아의 행동 결과이다. 질투가 심해지면 퇴행행동으로 손가락 빨기와 오줌 싸기, 애기처럼 소리 내기와 젖병 빨기 등의 행동을 보인다.

3~4세경에는 질투가 매우 심해져서 울음으로 질투를 표현하지만, 5~6세경에는 유치원에서 선생님이 다른 아이에게 관심을 보이면 심한 질투를 보이기도 한다.

⑤ 애정

영아기에는 돌보아 주는 양육자에게 주로 애정을 보이지만 3세경이 되면 또래 간에도 애정을 갖기 시작한다.

(3) 유아의 사회성 발달

유아기에는 독립심이 형성되며 사회적 행동이 시작된다. 더불어 자아 개념이 발달하고 성 정체감이 생긴다. 자율성 발달로 유아는 2세가 되면 능숙하게 걷고 신체를 조절할 수 있으며 무엇이든 스스로 하려고 한다. 그래서 주변 어른의 도움을 거부하며, 스스로 하려고 고집하며 '싫어', '안 돼', '내가' 등의 표현을 자주 사용한다. 3~4세가 되면 개체화가 이루어지는데 이 시기 유아는 주도성이 강해지면서 점차 독립심과 자신감을 얻는다. 또한 관심의 대상이 가족에서 또래로 옮겨간다.

2~5세경 유아는 타인과 자신의 성별과 나이 등의 범주에 따라 구분하며 자신을 이해하고, 신체 특징과 같은 외현적 특성을 중심으로 자신을 진술하며 자아 인식이 등장한다. 또한 이 시기 언어능력이 급속하게 발달하면서 자신의 특성을 언어로 표현할 수 있다.

유아의 2~3세에는 본격적인 자기통제가 보이며, 이 시기 유아는 부모의 지시나 금지가 없어도 해야 할 것과 하지 말아야 할 것에 대해 스스로의 행동을 통제할 수 있는 자기통제가 생성된다. 따라서 이 시기 유아는 친구들과 함께 사이좋게 놀거나 싸움을 하면서 다른 사람들과 더불어 살아가는 데 필요한 사회적 능력을 학습하게 된다. 이 시기 아동은 규칙과 신념에 대해 이해할 수 있으며 그것에 항상 복종해야만 한다고 받아들인다. 따라서 도덕적 판단의 기준을 부모와 같은 권위자에게서 받아들인다. 즉, 유아기에는 초보적인 양심이 발달하기 시작하며, 타율적 도덕성(4~7세)이 발달하며 행위의 의도보다 결과에 근거한 판단을 하게 된다.

또한 이 시기의 유아는 성역할을 인식하여 여아는 여자다운 것을, 남아는 남자다운 것을 선택하고 그에 따라 행동한다.

이렇게 유·아동의 발달에 대해 살펴보는 가장 큰 이유는 정상발달에 대한 충분한 이해와 숙지가 되지 않으면 안 되기 때문이다. 즉, 정상발달의 범주에서 벗어난 발달을 이상발달이라 하며, 치료사는 그러한 정상발달의 범주에서 벗어난 대상자를 정상의 범주에 들어올 수 있도록 조력의 역할을 하여야 하기 때문이다. 이때 치료사가 익숙한 방법을 활용한 처치가 있어야 한다. 언어적 접근에 유용한 치료사는 언어를 이용하여 치료적 접근을 할 것이고, 매체와 기법에 익숙한 치료사는 내담자에게 매체와 기법을 처방하여 불편감을 최소화할 수 있도록 접근할 것이다.

3. 집단미술치료 몰두하기

집단미술치료에서 프로그램의 선택은 집단구성원의 성격과 상황에 따라 다르게 적용된다. 집단미술치료의 전체 회기는 시간의 경과에 따른 집단발달의 과정으로, 일반적으로 초기, 중기, 후기, 종결단계로 나눌 수 있다.

한 회기 내에서의 집단미술치료의 과정은 도입, 활동, 토론의 순서로 진행된다.

1) 진행단계

① 초기: 초기에 각자의 작업을 통해 집단 안의 자신을 소개하는 것으로 서로에 대해 알아가는 것이 중요하다. 치료사는 집단구성원으로서 느낄 수 있도록 관심과 반응을 지속적으로 주도록 한다. 초기단계에는 서로 소개하는 프로그램, 미술재료 탐색과 매체를 다루는 프로그램이나 긴장감을 완화하는 프로그램을 활용하여 자기표현을 활발히 하여 친밀감이 형성될 수 있도록 한다. 또한, 이 단계에서는 모든 것을 시작하는 데에 집단원이 치료사에게 의지하는 경향이 있다.

② 중기: 중기단계에는 집단에서 각자의 위치 확보를 위해 경쟁적 관계가 보인다. 따라서 이 시기에는 상호작용하며 알아 갈 수 있는 프로그램으로 한다. 작업에 익숙해지고 인식하지 못하던 심리적 불편감을 알아간다.

③ 후기: 후기에는 집단의 성격에 따라 좀 더 협동심과 조직력이 필요한 프로그램으로 십난의식을 키울 수 있고, 자신을 전체적으로 바라보고 정리하는 자아개념 프로그램을 가지도록 한다.

④ 종결: 종결기에는 실생활과 연결될 수 있는 프로그램으로, 전체 과정을 돌아보는 시간을 가지고 긍정적 자아개념이나 대인 관계 기술 향상 등 미래지향적인 프로그램을 제시한다.

2) 진행과정

① 도입: 도입은 서로 친밀하고 편안한 분위기가 형성되도록 조성하는 것이 중

요하다. 이 시기에는 치료목표를 집단구성원과 조율하며 설정하고 프로그램에 대한 전반적 설명과 규칙을 정할 수 있다.

② 활동: 활동 시간에는 활동 자체에 몰입하여 자기에게 집중하는 경험을 할 수 있도록 불필요한 대화를 하지 않고, 집단구성원의 시각적 표현을 언어적으로 반영해 주는 게 적합하다. 또한 작품을 진행하는 것과 개인적인 시간차가 있는 것을 고려하면서 집단구성원 간의 상호작용을 위하여 시간제한을 치료사가 언급하여 집단구성원이 스스로 시간을 조절할 수 있게 할 필요가 있다.

③ 토론: 먼저 자신의 작품을 다시 살펴보도록 하는 과정이 필요하다. 토론의 내용으로는 재료를 다룰 때의 느낌이나 작업 과정에서의 감정의 변화와 작품을 완성한 후의 느낌을 서로 이야기하는데, 집단구성원의 성향과 수준에 따라 조절될 수 있다. 이 과정에서 치료사와 집단구성원, 집단구성원과 집단구성원, 집단구성원과 작품 사이에 상호작용이 일어난다.

3) 활동과정

미술치료는 두 가지의 방법으로 진행할 수 있다. 첫 번째 방법은 토론 후의 그림 작업과 두 번째 방법은 주된 활동으로써의 그림 작업으로 나뉜다.

첫 번째, 토론 후의 그림 작업은 집단미술치료에서 토론에 많은 시간을 할애하는데 그 자체로 하나의 활동으로 인식할 수 있다. 미술작업을 하는 것에 시간이 많이 걸리는 집단에게 알맞다. 토론 내용의 미술작업에 착수할 수 있으며 집단구성원들은 자신들의 그림을 다른 사람들에게 보여 주는 것으로 마지막 집단토론은 짧게 마칠 수 있다.

그림에 대한 나누기를 하지 않는 경우에는 다음 회기로 남겨두기로 하는데, 이것은 회기 진행의 흐름에 치료적인 이유가 있어야 한다. 또한, 그림이 회기의 토론에 근거가 되어 회기진행에 주체를 돌출해 내야 한다.

두 번째, 주된 활동으로써의 그림 작업은 언어적 소통이 어려운 학습 장애나 아동집단에 주로 미술활동을 하는 것이 주가 되고 토론은 그리 중요하게 여기지 않는다. 미술이 가진 치료적인 비언어적 의사소통이 더 강한 의사소통의 수단으로 제공된다.

작업 단계에서 활동과정과 관련된 세 가지의 변수인 응집력, 자아개방, 피드백이 집단 활동을 결정하는 데 중요한 역할을 갖는다.

(1) 응집력

응집력의 특징은 여러 형태로 정의될 수 있지만 공통적 특질에는 다음과 같은 사항이 있다. 지지하는 분위기, 결속력, 흥미, 경험의 공유, 집단 내의 상호관계, 집단구성원을 단결시키는 일체감, 소속감, 포근함과 친밀감, 관심과 이해 등이 있다. 응집력은 집단미술치료가 성공을 거두는 데 매우 중요한 요소로 집단구성원들이 서로의 느낌과 생각을 표현하게 해주며 의미 있는 자아탐색을 가능하게 하고 타인과의 관계를 보다 깊게 한다. 초기에는 집단의 지지와 이해를 높이는 치료적 요인으로 작용하고 후기에는 집단원들의 사람 간 이해의 중대한 역할을 한다.

Yalom(1995)은 응집력이 높은 집단은 그렇지 못한 집단에 비해 다음과 같은 특징이 있다고 지적했다.

- 다른 집단구성원에게 영향력을 행사하는 일에 관심이 있다.
- 다른 집단구성원의 영향에 보다 개방적이다.
- 다른 사람의 말을 경청하며 그 심정을 이해하려 한다.
- 집단 내에서 편안함을 느낀다.
- 집단 활동에 마음껏, 활동적으로 참여한다.

- 자아개방을 많이 한다.
- 집단의 규범을 준수하며 규칙을 지키지 않는 다른 집단구성원을 나무란다.
- 한 집단구성원이 탈퇴해도 집단은 무너지지 않는다.

Yalom(1995)은 현재 상황에 벌어지고 있는 일에 초점을 맞추는 집단은 대부분 생기가 넘치며 단합되어 있지만, 그와 반대로 과거에 있었던 일을 이야기하는 데 많은 시간을 할애하는 집단은 응집력이 떨어진다고 하였다. 응집력이 높으면 상대에 대한 이해나 친밀도가 높아지고 응집력은 갈등을 인식시켜 해소하도록 한다.

(2) 자아개방

집단미술치료에서의 자아개방은 개방 정도와 다른 요소들, 예를 들어 집단과 집단구성원의 타입, 개방 수준, 그리고 타이밍 간의 복잡하고 다중적인 상호작용을 보여준다. 그러나 자아개방과 피드백으로 인한 부작용을 염려하는 집단구성원은 좀처럼 모험을 시도하지 않는다. 그런 집단구성원에게는 그러한 부작용에 대해 이야기할 기회를 주면 개방에 대한 그들의 부정적 태도는 줄어들고 그들도 보다 쉽게 마음의 문을 열 수 있게 된다.

Yalom(1983, 1995)은, 치료사의 자아개방은 집단원들이 목적을 달성하는 수단이 되어야 하며, 치료사는 집단원들에게 이해와 지지, 격려를 줄 수 있는 차원에서 선별적인 자아개방을 해야 한다고 했다. 현재 벌어지고 있는 일에 대한 자신의 느낌을 말하는 치료사가 집단활동을 더욱 촉진시킬 수 있다.

(3) 피드백

집단구성원들 간에 피드백을 주고받는 것은 인간관계의 학습을 촉진시키는 핵심 요소이다. '긍정적' 피드백과 '부정적' 피드백이 조화를 이룰 때 집단구성원은 감당하기 힘든 피드백도 받아들이기 수월하다. 피드백은 관찰 가능한 행동에 초점을 맞출 때 가장 쉽게 받아들여지며 특정적이고 구체적인 상황에 관련된 것이어야 한다.

또한 상호 간에 신뢰가 확립된 후에 주어져야 하며 듣는 사람을 평가하고 판단하는 것이 아니라 말하는 사람의 감정을 표현하는 것이어야 한다. 또한 부정적인 말을 할 때는 그 전에 긍정적인 이야기를 먼저 하는 것이 훨씬 효과적인 것으로 밝혀졌다.

집단미술치료를 진행하다 보면 다양한 증상을 갖고 있는 내담자들로 구성된 경우가 있다. 그러한 증상의 대상자를 집단으로 하여 미술치료를 진행할 경우 참가하는 대상자들의 증상에 대한 이해가 필요하다.

많은 이상 심리를 갖고 있는 대상자가 집단을 형성하여 집단미술치료를 의뢰하여 진행할 경우가 많다. 이러한 진행에 앞서 프로그램을 기획할 때 그 대상자에 대한 사전 교육이 되어 있어야 하며, 치료적 성과를 어떻게, 무엇으로 가늠할 것인지 치료사는 예측하고 준비하여야 한다.

4. 집단미술치료의 이해와 치료적 요소

집단상담과 집단미술치료의 가장 큰 차이점은 결과물이 있고 없음의 차이이다. 상담은 언어로 시작하여 언어로 끝나는 경우가 대부분이지만, 집단미술치료는 미술이라는 매체의 효과를 볼 수 있다.

집단미술치료 이전에 집단상담의 장면에서 일반적으로 느끼는 선입견이나 오해를 보면 다음과 같다.

첫째, '집단상담은 모든 사람을 위한 것이다.'

집단상담은 모든 사람을 위할 수 없는 불가능한 요소도 있음을 고려해야 한다. 또한 집단에서 해결된 문제가 자신의 삶에서 해결될 것이라는 기대로 인해 저항과 적대감에 부딪힐 가능성이 있고 그에 따른 절망감도 검토해야 한다.

둘째, '집단상담의 목표는 모든 사람에게 친밀하고 애정을 갖도록 하는 것이다.'

집단을 구조화하여 시작할 때 치료사는 집단구성원에게 집단 안에서 각자의 정해진 역할을 요구한다. 즉, 노력하지 않는 집단 경험은 그 자체로서의 목적이 아님을 기억하는 것이 중요하다.

셋째, '집단상담에서 사람들이 자신을 공격하더라도 자신을 방어하지 않는 곳이다.'

꼭 필요한 방어에 대해서는 존중해 주어야 하며 치료사는 그것을 제지해 버려서는 안 된다. 이를 제지해 버리면 늘 하던 방어기제를 하지 못하여 그 집단 구성원은 집단에서 탈락하는 경우가 생긴다.

넷째, '집단구성원들이 어떻게 해야 할지 알려준다.'

오히려 집단상담을 통해 해답을 스스로 찾는 능력을 키울 수 있다.

다섯째, '집단의 압력은 집단구성원에게 정체성을 상실하도록 강요한다.'

이는 갈등에 직면하여 스스로 해결하도록 하는 추진력으로 볼 수 있다.

여섯째, '집단상담에 참여하는 사람들이 정서적으로 불안한 사람들이다.'

집단구성원 중에는 건강한 사람들을 대상으로 하는 경우와 치료적 목적뿐만 아니라 예방의 목적으로 운영되기도 한다.

일곱째, '집단상담은 인위적이며 비현실적이다.'

일상생활의 상호작용에서 나타나는 많은 가식적인 면들을 집단 안에서는 벗어던질 수 있게 하여 좀 더 자연스럽고, 현실적인 경험이 될 수 있게 한다.

1) 집단미술치료에서 집단상담 치료 요소

집단 내의 다양한 요소는 치유 효과가 있거나 또는 치료에 도움이 되며 상호 연관되어 있다. 이러한 효과성을 극대화하기 위하여 집단미술치료에서는 미술이라는 매체와 기법을 활용하지만, 정작 언어를 중심으로 하는 상호 관계적 접근에서 언어에 중점을 둔다.

따라서 집단미술치료를 진행하며 집단 구성원과 언어로 소통하는 집단의 치료사가 사용하는 상담의 치료 요소들을 살펴보면 다음과 같다.

- 자아 개방: 개방 자체가 중요한 것은 아니지만 개방은 집단 내의 대화를 터주는 수단이다. 개방으로 인해 집단구성원과 더 깊은 자아인식을 하게 되며 보다 상세하고 통합된 자아상을 발전시키며 자신이 집단구성원에게 미치는 영향력을 인식한다.

  따라서 집단구성원의 적절한 자아 개방을 위한 지침으로, 개방은 집단상담의 목적 및 목표와 관계가 있어야 한다. 만약 집단구성원이 어떤 사람에 대해 계속 같은 반응을 보인다면 그 문제를 공개적으로 다루도록 유도하고, 어디까지 자기 개방을 할 것인지 결정해야 한다.

  자기 개방을 하기 위해서는 어느 정도 위험을 감수해야 한다. 개방이 원활하지 않으면 집단구성원 간의 상호작용은 지루함을 느낄 수 있다. 집단의 치료사와 집단구성원은 집단상담의 발전단계에 따라 자기 개방 정도를 조절하여야 하며 상담 초기에는 조금 지나치다 싶을 정도로 개방하는 것이 적절하다.

  자기 개방에 있어서 치료사 또한 집단구성원에게 자신을 언제, 어느 정도 개방해할 것인가 하는 문제가 있다. 이는 자신을 드러내지 않고 집단구성원과 개인적 교류를 최소화하여 이론에 치우친 권위적인 치료사인지, 감정을 투사하는 전이가 나타나는 치료사인지의 문제와도 같다.

따라서 치료사가 개인적인 면을 드러내지 않는 또 다른 이유는 자신들의 전문가적인 이미지를 잃고 싶지 않다는 것과 불편해지고 싶지 않아서이다.

이와 반대로 경험이 많지 않은 치료사 역시 지나치게 감성적이거나 자신의 경험을 너무 열심히 증명하려는 경향이 있다. 이런 유형의 치료사는 집단 분위기에 이끌려 치료사라기보다는 집단구성원과 같다.

- 직면: 효과적인 직면은 활발한 집단 활동의 기본적인 요소이다. 도움이 되는 직면을 통해 집단구성원은 각자의 말과 행동이 다르다는 것을 스스로 느끼게 되고 잠재력을 인식하게 되며 이후 깨달음을 행동으로 옮기는 방법을 터득하게 된다.

- 피드백: 진심에서 우러나 상대를 배려하는 피드백은 집단구성원으로 하여금 자신들이 타인에게 미치는 영향력을 이해하고 대인 관계에서 무엇을 바꾸고 싶은지 결정하게 한다. 모호한 언어적 표현보다는 분명하고 직접적인 언어로 하는 간결한 피드백이 효과적이며, 반드시 적절한 때에 비판적이지 않은 방식으로 해주어야 한다. 가장 의미 있는 피드백은 주는 사람과 받는 사람의 관계에 관한 피드백이다(Rothke, 1986).

- 응집력과 보편성: 작업단계에서의 가장 큰 특징은 집단의 응집력으로 집단구성원이 자진하여 자신을 다른 집단구성원에게 알리려는 데서 비롯된다. 초기 단계의 갈등을 극복하고 나면 집단구성원 간에는 깊은 신뢰감이 싹트게 된다. 따라서 집단구성원이 서로의 공통점을 알 수 있게 되며, 자신들이 알고 있는 문젯거리가 아닌 연대감으로 집단이 앞으로 나아갈 수 있는 원동력으로 표출된다.

- 희망: 희망은 변화할 수 있다는 믿음이다. 희망은 그 자체로 치유의 힘이 있어

집단구성원에게 지금까지와는 다른 것을 선택할 힘이 있다는 자신감을 준다.

- 모험과 신뢰: 상처받을지도 모르는 상황에서 자신을 개방하는 것은 모험일 수 있지만 한편으로는 변화하기 위해 적극적으로 행동하는 것을 뜻하기도 한다. 만약 집단구성원이 새로운 시도를 하려 하지 않고 편안한 상태에 머무르려고만 한다면 집단상담에서 얻게 되는 것이 별로 없다. 현재의 느낌을 과감히 밝힘으로써 집단구성원은 활발히 신뢰감을 형성하며 보다 깊은 수준의 자기탐구가 가능하게 된다.

- 관심과 이해: 관심은 집단구성원의 말을 들어주고 공감하는 것이다. 또한 친절과 연민, 지지를 포함하며 심지어 반박도 관심의 또 다른 형태이다. 관심을 나타내는 방법 중의 하나는 누군가가 받아들이기 어려운 이야기로 정곡을 찌르는 피드백을 받았을 때 집단구성원의 곁에 함께 있어 주는 것이다. 관심과 이해는 타인의 괴로움을 진정으로 이해하는 공감으로 발전한다. 또한 집단에 나타난 공통성은 집단구성원을 하나로 묶어준다. 외로움, 이해받고 싶은 욕구, 거절당하는 것에 대한 두려움, 가까워지는 것에 대한 두려움, 과거 경험에서 받은 상처 등 모두가 이런 문제를 안고 있다는 것을 깨닫게 되면 심리적 불편감은 줄어든다.

- 힘: 내면에 아직 개발되지 않은 자발성과 창의력, 용기 그리고 근력을 힘이라 말한다. 여기서 말하는 힘은 다른 사람에 대한 지배력이 아니라 인생의 진로를 결정하는 데 필요한 힘이 자신에게 있다는 깨달음이다. 지금보다 더 나은 삶을 모색하기 위해 앞으로 나아갈 수 있다는 깨달음을 얻을 때 그것을 치료의 장면에서는 힘을 갖게 되었다고 한다.

- 정화: 억압된 감정 표출은 그것만으로도 치료 효과가 있다. 이는 위협적인 감

정을 억누르는 데 쓰던 에너지가 분출하여 나타나기 때문이다. 감정의 정화를 경험하는 것은 기분 좋은 일이지만 그렇다고 해서 일상생활에서도 억눌렸던 감정을 배출하라고 부추길 수 없는 노릇이다. 감정 표출은 집단상담에서 매우 중요한 역할을 하며 감정 표현은 신뢰와 응집력을 촉진시킨다. 그 방법 중의 하나는 가장 강한 감정을 말로 표현하여 그것을 이해하려고 시도하는 것이다.

- 인지적 요소: 정화가 일어난 후, 올라오는 그 감정을 계속 작업하는 것이 매우 중요하다. 또한 그러한 경험이 갖는 의미를 올바르게 이해하고 그 이해를 바탕으로 좀 더 나은 결정을 해야 한다. 인지적 요소에는 설명과 명백화, 해석, 사고의 정립, 그리고 문제를 새로운 시각으로 볼 수 있게 하는 인지적 구조의 제공 등이 포함된다.

- 변하겠다는 의지: 집단구성원이 집단 활동에 활발히 참여하겠다고 마음먹었으면 일단 변화의 기반은 마련된 셈이지만 진정한 변화를 가져오기 위해서는 일상생활에서 실천이 가능한 행동 계획과 전략을 세워야 한다. 집단구성원은 반드시 계획을 따르겠다는 결의를 다져야 하고, 집단상담사는 집단구성원에게 그 결심을 따르겠다는 동기부여를 지지해주어야 한다.

- 마음껏 실험해 보기: 집단상담 시간에 일상생활에서 종종 숨기고 있었던 또 다른 면모를 얼마든지 보일 수 있다. 집단의 너그러운 분위기 속에서라면 수줍은 집단구성원도 즉흥적으로 행동하고 외향적으로 변할 수 있다.

- 유머: 집단에서 행해지는 모든 작업이 무겁고 심각해야만 하는 것은 아니다. 유머 있는 피드백이 때때로 효과가 있기도 하다. 유머는 종종 문제를 새로운 시각으로 보게 하며 작업도 즐겁게 행할 수 있다는 것을 의미한다. 또한 변형적 요소가 강해 내담자에게 또 다른 시각으로 상황에 휘말리지 않고

스스로 통제할 수 있도록 해 준다. 유머의 가장 중요한 특질은 내담자가 자기 문제에 대해 웃을 수 있도록 만든다는 것이다.

이상 집단상담에서 사용하는 언어적 방법에 대해 알아보았으며, 이러한 방법으로 집단미술치료에서도 결과물을 모아두고 집단구성원과 함께 서로의 작품에 대해 느낀점을 이야기한다든지, 자신의 결과물을 보여주며 작업의 과정에서 올라오는 생각과 느낌을 집단구성원과 공유한다. 또한 결과물의 제목에 대해 이야기하며 결과물이 이야기하고자 하는 것을 집단구성원에게 설명하며 서로 공유하고 자신과 서로에 대해 알아가는 시간을 갖는다.

이렇듯 집단미술치료에서 모아두기는 결과물을 완성하기 위한 집단활동을 하지만 각자 작업한 후, 집단구성원이 모여 각자의 결과물을 설명하며 공유하는 것을 말하며, 경우에 따라서는 한 결과물을 완성하기 위해 각자가 작업한 결과물을 한 곳에 모으며 하나의 결과물로 완성한 후에 각자의 결과물이 전체의 결과물에서 나타나는 효과에 대해 느낌과 생각을 서로 공유하는 것을 말한다.

Chapter 5

집단미술치료 마무리

집단미술치료의 집단구성원들이 서로 다른 속도로 작업하기 때문에 결과물이 생성되는 시간이 다르고, 작품의 표현방식 또한 서로 다르다. 집단미술치료를 실시하고 난 뒤, 치료사는 구성원들과 함께 각자의 작품에 대하여 이야기하는 시간을 미리 예고해야 한다. 또한 작업이 끝난 구성원들에게 치료사는 오늘의 날짜, 제목, 이름을 기입해야 함을 알려야 한다. 구성원들이 제목을 기입할 때 자신들의 결과물들을 돌이켜보게 된다. 이때 경우에 따라서 제목을 정하는 것을 힘들어하는 구성원들도 있고, 쉽게 제목을 정하는 구성원들도 있다.

제목을 정하는 과정은 작품 내면의 의미를 부여하는 작업과 같다. 의미를 부여하지 않은 구성원은 제목이 없거나, 주어진 주제를 통한 획일적으로 정하는 경우가 많다. 예를 들어, 집단에 참여하기 위해 이동하면서 보았던 나무나 기억 속에 있는 나무, 꿈꿨던 나무를 표현하도록 지시했다면 제목은 다양하게 등장할 수 있는데, 무제, 제목 없음이라고 하거나 정하지 못하는 구성원이 있고, 지시어인 나무 그리기, 소나무, 배나무 등 주어진 주제를 통해 획일적으로 정하는 구성원이 있다. 무제라고 제목을 정하는 내담자는 상당한 방어적 의미를 제목으로 표현한 것이므로 그러한 방어를 치료사는 존중해 주어야 한다.

반면 주제를 획일적으로 정하여 적절한 방어를 취하고 있는 구성원에게는 치료사의 적절한 접근이 도움될 수 있다. 작품 내면의 의미를 부여하는 구성원이 치료사에게는 가장 쉬운 분류 중 하나이다. 구성원이 작품에 대해 간단하게 질문하거나 설명을 요구하면, 작업하면서 느낀 점과 그림을 그리게 된 배경, 무엇을 나타내기 위해 이렇게 표현되었고, 적절하게 표현되었는지 등 자세하게 설명한다. 이때 치료사는 최소한의 개입으로도 충분하며, 치료적 효과도 극대화된다.

이제 작품의 제목과 이름, 날짜를 기입했으면, 선택한 재료를 다시 제자리에 정리하도록 한다. 누군가의 도움으로 재료를 받은 구성원은 재료를 어디서 가지고 왔는지 모르기 때문에 상당히 수동적으로 행동한다. 반면, 가지고 온 재료의 위치를 인지하고 있는 구성원은 재료를 제 위치에 다시 갖다 놓는다. 직접 가지고 온 재료임에도 불구하고 재료의 원위치를 기억하지 못하는 구성원의 경우 간단한 도움으로 재료를 제 위치에 다시 갖다 놓을 수 있도록 개입하고 이러한 개입을 치료일지에 구성원이 재료를 제 위치에 스스로 갖다 놓을 수 있는지 항목으로 기록해야 한다.

집단미술치료에서 작품의 결과를 가지고 구성원들과 이야기하는 시간은 상당히 중요하다. 작품을 치료사가 들고 다른 구성원들에게 보여줄 경우, 치료사는 그 구성원에게 치료사는 그 구성원에게 치료사가 잠시 구성원의 작품을 들고 게시해도 될 것인지 허락을 받고 다른 집단구성원에게 보여준다. 가능하면 작품은 구성원이 직접 들고 다른 집단구성원에게 설명하는 것이 좋으나, 그렇지 않을 경우 치료사는 구성원의 신체를 다루듯, 조심스럽게 작품을 대해야 한다. 또한 작품을 돌려줄 때에도 충분히 잘 보았음을 언급하며 감사함을 표현하여야 한다.

집단미술치료의 마무리 단계로 작품 전시를 할 수 있다. 작품 전시는 집단구성원들로 하여금 적극적인 참여와 응집력을 향상시키며, 성취감 향상에 도움을 준다.

PART II 집단미술치료의 실제적용을 위한 이론

Chapter 6

대상자별 집단미술치료

1. 유·아동 집단미술치료

Erikson의 심리사회적 발달단계에서 유아에 해당하는 단계는 1, 2, 3단계이다. 즉, 1단계에서 신뢰감을 성취한 유아는 긍정적 자아감을 가지게 되고, 2단계에서는 자율성을 성취하게 되며, 3단계에서 주도성을 성취한 유아는 호기심을 갖고 자유롭게 세상을 살아가게 된다(홍명희, 2012). 그러므로 이 단계는 유아에게 있어서 자신감 있는 자아상을 발달시킴은 물론 정서를 효과적으로 조절하고, 도덕성에 대한 개념을 형성하며, 새로운 사회적 기술을 획득하는 시기라고 할 수 있다(김향미·김덕선, 2015).

유아는 영아보다는 신체적 성장 속도가 둔화되지만 꾸준히 성장한다. 신체의 크기나 모습에서 뚜렷한 변화가 나타나 아기에서 아동의 외모로 바뀌기 시작한다. 손홍숙(2011)은 "유아기는 영아기에 비교하면 몸무게의 성장 속도는 느린 편이지만 꾸준한 성장을 보인다."고 하였다. 유아기의 신체발달에는 유전, 영양, 정서상태, 수면, 질병과 사고 등이 영향을 미치게 된다. 또한, 유아기에는 대근육과 소근육이 발달하는 동시에 신경계통이 점차 성숙해짐으로써 몸을 움직이는 이동운동과 조작기능의 발달을 가져오게 된다(김향미·김덕선, 2015).

신명희(2013)에 의하면, 유아기에는 뼈와 근육이 단단해지고 폐 기능이 발달함으로써 뛰기, 달리기, 공 던지기, 기어오르기, 자전거 타기, 긴 계단 내려가기 등의 대근육 운동이 가능해진다. 유아는 영아기 때보다 빠르게 달리고 높이 뛰는 등 활발하게 움직인다.

지각과 근육의 협응 능력이 발달하면서 보다 정교하고 세밀한 활동이 가능해진다. 옷의 단추를 채우거나 크레파스로 그림을 그리는 등 눈과 손의 협응이 필요한 미세근육 운동도 할 수 있다.

결론적으로 신체발달은 신체기관이 커지고 신체구조가 정밀해지며 신체기능이 능률적으로 변화되어 가는 과정이다. 인간은 일생에 걸친 변화 과정을 통하여 환경의 조절과 욕구를 충족하며 바람직한 사회인으로서의 삶을 이어가게 된다. 이러한 변화 과정에서 나타나는 운동능력 발달은 유아의 신체적 발달뿐만 아니라 인지적, 사회적 발달을 촉진하게 된다(김향미·김덕선, 2015).

따라서 언어로 의사소통하는 표현 능력이 낮은 전반적 발달장애 유·아동에게 미술치료는 비언어적인 자기표현의 중요한 수단이 된다. 미술치료의 활동과 결과물로 자신을 나타낼 수 있고 드러내기 때문에 미술치료는 전반적 발달장애 유·아동을 이해하는 데 도움이 된다. 적극적인 자기표현으로 전개되는 미술 활동은 환경을 즐겁게 경험할 수 있고, 감각 능력을 발달시킴으로써 개인생활을 보다 풍부하게 할 수 있다. 또한 다양한 방법으로 창의적인 문제 해결도 할 수 있다. 바로 여기에 전반적 발달장애 유·아동 미술치료의 중요한 목적과 가치가 있다(이미옥, 2010). 전반적 발달장애 유·아동의 미술 활동과 결과물이 갖는 자기 표현적 기능은 외부세계와 또 다른 의사소통의 통로이므로 이러한 소통을 할 수 있도록 도와야 한다. 또 자기 인지가 부족하므로 신체를 이용한 미술 활동으로 '나'라는 존재에 대해 인지할 수 있도록 해야 한다. 억제된 감정과 느낌을 원하는 방법으로 표현하여 자아개념을 강화하는 프로그램으로 정서적 기능을 도와야 한다. 또한 인지발달을 위해 대상에 대한 관찰과 표현 능력을 갖게 하고, 상호 작용을 자극함으로써 사물보다는 사람에게 관심을 갖도록 유도해야 한다(방명애, 1998). 미술치료 과정에서의 다양한 재료의 사용은 변화에 대한 적응력을 습득하게 함으로써 변화에 대한 저항이 매우 심한 자폐성 장애에 매우 유리하다(이인영, 2005). 따라서 전반적 발달장애 유아의 미술치료를 크게 두 가지 방향으로 설정할 수 있다. 첫째는 다양한 미술 활동으로 유아의 지체된 발달을 촉진시키는 것이다. 이는 육적 의미가 더 강하다. 둘째는 장애 특성으로 인한 심리·정서적 문제로 다양한 부적응 행동이 나타나게 되는데, 이러한 부적응 행동 소거를 목표로 미술치료를 진행하는 것이다.

전반적 발달장애 유아에게 미술치료 활동이 가지는 구체적인 역할은 다음과 같다(이상미, 1998).

첫째, 미술 활동의 표현적 기능은 언어장애에 의한 외부세계와의 단절을 회복시킨다. 이는 새로운 의사소통의 수단이 되어 도움을 주며 이를 통해 자유로운 자기표현의 기회를 갖게 된다.

둘째, 미술 활동을 통하여 근육 조절하는 것을 배우며 소근육 운동을 발달시킨다. 이는 유아의 특성과 기능에 적합한 미술 활동으로 성취감을 맛보고 자신감을 갖게 하며 자아개념을 강화한다.

셋째, 미술 활동을 통하여 사물을 지각하고, 지각한 사물 간의 유사성과 차이를 변별하여 일반화하는 인지발달을 돕는다.

넷째, 전반적 발달장애 유아는 대인 관계의 회피행동으로 상대방의 눈이나 사물에 눈을 맞추지 않으므로 미술 활동을 통해 표현의 과정을 시각화하여 보도록 지도하며 눈과 손의 협응력을 발달시킨다.

다섯째, 미술치료의 다양한 재료 사용과 새로운 방법의 미술 활동은 새로운 변화에 대한 저항감을 줄일 수 있다.

여섯째, 미술 활동을 통해 다른 사람과의 신뢰감을 형성하는 기회를 맛보며 새로운 경험을 나누고 받아들임으로써 긍정적인 대인 관계 형성 및 사회성에 도움을 준다(박윤지, 2008).

전반적 발달장애 유아를 위한 집단미술치료사는 장애의 유형과 특성, 적절한 치료형태를 적용할 수 있어야 한다. 즉, 장애의 유형과 특성을 먼저 파악하고, 인간학적, 심리적, 사회적, 환경적 이해가 전제되어야 하며, 발달심리학적 관점에서 비장애유아와 장애유아의 미술적 발달단계를 구별할 수 있어야 한다. 그리고 감각발달 및 신경생리학적 관점을 고찰하고 장려하며 다른 치료와 연계되어 단계적이며 구체적이고도 지속적으로 이루어질 수 있어야 한다(한영희, 2003).

발달장애아동의 사회성은 만 5세가 지나면서 어느 정도 향상된다는 보고가 있지만(Ruttet & Garmezy, 1983), 사회적 발달의 질적인 결함은 지속적으로 나타나는 것으로 알려져 있다. 대부분의 발달장애아동은 생애 초기부터 상호 주시 행동의 발달이 실패하거나 생후 1개월 내에 사회적 미소를 습득하지 못한다(Volkmar, 1987). 다른 사람의 얼굴이나 사회적 상호작용에는 무관심하며, 행동에 있어서도 일탈된 상동 행동과 함께 언어 발달에 있어서도 지체를 보이는 등 전반적인 사회성 결핍이 있거나 양적으로 결핍된 무관심(social aloofness)으로 특징을 이룬다(방명애, 1999).

발달장애아동의 공통된 사회적 행동으로 협동 놀이의 결여, 의례적인 행동의 고집성, 개인적으로 우정을 맺지 못하는 것, 다른 사람의 감정과 반응에 무관심과 조화되지 않는 사회적 행동을 보인다(이상복·홍강의·정보인, 1999; Rutter, 1984). 이러한 행동은 발달장애아동의 연령과 상관없이 또래와 상호교류하고 놀 수 있는 친구 관계를 형성하지 못한다는 것을 의미한다.

발달장애아동의 주요 결함 중 하나는 발달 과정에서 성취되어야 하는 사회성 발달이 발현되지 못하는 기능적 결함이 있다. 지능이 높은 아동일지라도 기초적인 사회적 행동을 유지하지 못하고(Volkmar & Cohen, 1985), 단조롭고, 의식적이며, 사회적인 약속에서 벗어난 놀이의 특성을 지닌다. 발달장애아동은 일반 아동처럼 놀이를 통해서 배울 수 있는 사회적 행동을 학습하지 못하게 된다. 사회적 상호 작용의 결여는 적절한 사회적 적응행동을 방해할 뿐만 아니라 언어, 인지, 학업 기술 등 발달 영역 전반에 부정적 영향을 줄 수 있다(Rutter, 1978; Wing,

1976).

발달장애아동은 같은 또래의 비장애아동들과 비교하면 체력적 측면에서 매우 낮은 발달 정도의 특징을 보인다. 일반적으로 체력적인 면에서 비장애아동보다 낮은 수준을 보이고 특히, 순발력과 민첩성, 심폐지구력과 평형성 등에서 비장애아동보다 2~4년까지 뒤처지는 현상을 보인다(김경숙, 1995). 또한 균형 보행과 협응력 외에 소근육의 운동 결함도 있어서 많은 연구가는 이를 위해 신체활동이 발달장애아동에게 있어서 매우 중요하고 필요하다고 하였다.

발달장애아동은 장애 정도에 따라 차이는 다양하게 있지만 대부분의 발달장애아동은 정서적으로 매우 불안함을 갖고 있으며, 사소한 일에도 쉽게 화를 내거나 신체활동을 쉽게 포기하거나 시작도 안 하려는 경향이 있다. 또한 집중력이 약하여 복합적이고 어려운 동작을 잘하지 못한다. 이들은 비장애아동에 비해 5~15% 정도 더 높은 발병률을 갖고 있으며, 감정 기복이 심해 충동적이고, 스스로 조절하지 못한다.

발달장애아동의 학습에서 가장 우선시하는 것은 장애 상태 개선에 필요한 기초 지식과 기능을 반복, 습득하게 하여 심신의 조화로운 발달을 도모하고, 재활의지를 향상하게 하는 데 있다. 이러한 능력을 갖추기 위해서는 발달장애아의 운동장애에 대한 지도가 필수적이다. 이에 대해서는 Kephart(1971)는 지각-운동 이론에서, Ayres(1985)는 감각통합 이론에서 각각 아동은 감각운동 능력의 발달을 통하여 신체조절과 환경 통제에 필요한 기능과 의식을 향상시키고 나아가 삶의 기쁨과 행복감을 증진시키기 때문에, 아동에게 있어 감각-운동의 훈련은 아동의 인지능력 발달뿐만 아니라 정서적 성숙 및 사회성의 발달을 촉진시켜주는 중요한 지도 요소의 하나가 된다고 지적하고 있다.

발달지연이란 영유아가 특정 연령이 되어도 그 연령에 기대되는 언어, 인지, 운동, 사회성 등 발달적 성취 정도를 나타내는 발달지표에 미치지 못하는 것을 말하며, 특정 장애로 진단을 내리기에는 너무 어리므로 진단명을 가지지 않는 것이 일반적이다(윤지현 외, 2005). 또한 발달지연과 발달지체는 동일한 사전적 의미 'developmental delay'이므로 발달지체와 발달지연은 동일 선상으로 정의될 수 있다. Mack(2008)은 하나의 영역에서 40% 이상의 지연을 보이거나 두 개 이상의 영역에서 25% 이상의 지연을 보일 때 발달지연이라 정의하였으며 최근 20년간 발달지연을 보이는 영유아들이 지속해서 증가하고 있는 추세라 하였다.

발달지연을 보이는 영유아의 발달지연 정도를 파악하고 정상발달에서 이탈 정도를 파악하는 것은 매우 중요하다. 즉, 발달평가는 영유아의 발달 수준을 파악하는 것뿐만 아니라 발달적 지연을 조기에 발견하여 중재하기 위해서 필수적으로 요구된다. 그러나 문제행동을 보이는 영유아는 비연속적인 발달 과정상의 특성이 있고, 다른 발달 영역과 분리되어 독립적으로 이루어지는 것이 아니라 상호의존적인 형태로 이루어지기 때문에 영유아기 발달 평가는 신중하게 이루어져야 한다(Cohen, 2003).

발달에 있어서 신체, 언어, 인지, 사회·정서적 영역의 발달은 서로 독립된 것이 아니라 통합되어 이루어지기 때문에(이은화·조은진, 1995), 발달지연 영유아는 일반 영유아와는 다른 발달 특성을 보인다. 이영례(2003)는 발달지연 유아들이 미숙한 대근육 및 소근육 운동 때문에 빈번하게 넘어지고 물건을 잘 떨어뜨리며 주변의 청각과 시각적 자극에 의해 쉽게 산만해지기 때문에 짧은 주의력을 보인다고 하였다. 이러한 주의집중의 어려움은 학업 전반적인 기능을 학습하는 데에도 영향을 미친다. 또한 발달지연 유아의 운동 기능의 특성은 앞뒤와 좌우의 움직임, 뛰기, 받기, 던지기 등과 같은 기본적인 운동기능에서도 일반 유아보다 지연을 보이며 적응행동을 순간적으로 하기 어렵고 유연성이 떨어지고 방향 및 위치 감각이 부족하다(김영희, 2005; Holland, 1987). 대근육 운동 발달이 소근육 발달에 비해 정상범위가 훨씬 넓기 때문에 대근육 발달에 심각한 지연이 의심될 경우에는 소근육 발달에도 지연이 있는지 확인해 보아야 한다(Illingworth, 1987). 정희정(2004)은 12개월 이전 영아기에 대근육 발달이 가장 확연하게 진행되므로 가장 눈에 띄는 발달영역은 운동발달이라 하였다.

발달지연을 보이는 아동은 자폐성 장애유아처럼 근본적인 결함이 있는 것이 아님에도 타인의 감정을 읽고 그에 따라 적절하게 반응하기 어려울 뿐만 아니라 자신의 반응이 타인에게 미칠 영향에 대해 추론하는 인지기능 또한 지체되어 있다. 따라서 인지적 기능의 지체된 정도에 따라 낮은 사회적 기술과 연관된다. 즉, 생애 초기부터 상호주의 행동 발달에 실패하거나 사회적 미소를 습득하기에 어려움이 있는 등 전반적 사회성에 결핍이 나타난다(Volkmar, 1997; Sodian & Frith, 1992). 또한 Hoing과 Mccarron(1988)의 연구에서는 같은 연령의 일반 유아와 발달지연 유아를 비교하였을 때, 일반 유아가 발달지연 유아보다 두 배 더 많은 친사회적 행동을 보이는 것이 확인되었다. 뿐만 아니라 일반 유아에 비해 상호작용할 때 놀잇감을 망가트리거나 빼앗는 공격적인 행동을 보이는 등 부정적인 면이 일반 유아에 비해 더 많이 나타난다고 하였다(Baker, Brom, & Kopp, 1992). 발달지연 유아의 사회성에 대한 국내 연구에는 정희정(2004)의 언어 발달이 지연됨에 따라 다른 사람과 의사소통이 되지 않거나 눈을 맞추지 않는 등 사회성 문제도 함께 나타난다는 보고가 있다.

발달이 지체된 유아들의 대부분은 생활 속에서 겪는 많은 좌절감과 위축 때문에 발달이 더욱 늦어질 수 있으므로, 유아의 현재 능력을 파악하고 유아의 발달 수준에 맞는 미술 활동 프로그램을 제공하여 유아에게 만족감과 성취감, 긍정적인 자아상을 형성하도록 하는 것이 중요하다(김병철·박정민, 2015).

인간은 태어나서 일 년 이내에 초기 사회성의 발달이 이루어지는 데 어머니의 긍정적인 정서와 발달적으로 적절한 자극과 교수는 자녀의 인지적, 사회적 성취에 중요한 영향을 미치게 된다. 사회성 발달은 표현 행동이 나타나는 영아기에서부터 시작된다. 이러한 표현행동에는 울기, 응시하기, 미소 짓기, 옹알이, 모방하기 등이 있다. 이러한 행동은 6개월쯤 되면 주위사람과 애착 관계를 형성하거나 혹은 사람으로부터 이탈하여 어떤 특수한 패턴으로 분화된다. 그러다가 2세경이 되면 외부 세계에 대한 전반적인 태도로 통합되어 간다(유안진, 1992).

아동발달단계를 연구한 Lowenfeld의 발달단계에 따르면, 만 5세 유아는 전도식기(Preschematic Stage: 4~7세)로서 아동화를 통해 관심에 따라 선택과 강조, 삭 제하고 간단한 원과 선으로 도형을 그리기도 하며 주제가 있는 그림을 그리며 창의력을 발달시킨다. 그림에 있어서 구도나 원근감이 무시된 채 표현되기도 하며 입체적인 그림보다는 나열식의 표현이 두드러지게 나타나는 자기중심적 표현의 시기라고 하였다(정유선, 2003). 따라서 이 시기 유아는 미술 활동으로 감정이나 생각을 표현하고, 또래와의 관계나 규칙을 준수하며 집단 활동이 가능하다. 따라서 기존의 이론을 바탕으로 만 5세 유아에게 집단미술치료 프로그램 적용이 가능할 것이다. 다음 표는 유아를 대상으로 한 집단미술치료 프로그램의 예시이다.

〈유아 발달 집단미술치료 프로그램〉

회기	프로그램	치료목표	활동방법
1	안녕 친구야	이완 촉진, 흥미 유발, 집단원 간 친밀감 형성	1. 원으로 둘러앉아 앞에 앉은 친구의 어깨를 마사지해 주기 2. 방향을 바꿔 마사지해 주기 3. 마사지 받던 친구의 표정을 그림으로 표현하기
2	비눗방울 그림그리기	이완 촉진, 흥미 유발	1. 비눗방울에 물감을 섞어 종이에 불어 보기 2. 서로 다른 색의 비눗방울들이 섞이는 모습을 관찰하고 느낌을 나누어보기
3	데칼코마니	이완 촉진, 흥미 유발, 감각자극, 자기탐색	1. 전지 크기의 아세테이트지에 각자 원하는 색의 물감을 원하는 만큼 뿌린 뒤 반 접어 보기 2. 물감이 번지는 모습을 관찰하며 밀리는 느낌 느껴 보기 3. 나타난 물감의 모양을 보며 떠오르는 것 그림으로 표현하기
4	간질간질 보들보들	감각 자극, 이완 촉진, 자기표현	1. 전분가루를 다양한 방법으로 탐색하기 2. 물과 물감을 섞어 손으로 만지며 감각 자극시켜 보기 3. 전분가루로 종이 위에 자유롭게 그림 그려 보기
5	온몸으로 그려요	감각 자극, 신체 탐색, 자기표현, 집단원 간 친밀감 형성	1. 물감을 손바닥에 묻혀 손바닥과 손가락, 손등 등 손 전체를 사용하여 종이에 자유롭게 표현해 보기 2. 물감을 발바닥에 묻혀 발바닥과 발가락, 발등 등 발 전체를 사용하여 종이에 자유롭게 표현해 보기 3. 완성된 작품을 보며 이야기 나누기

회기	프로그램	치료목표	활동방법
6	신문지 공 만들기	감각 자극, 자기표현, 집단원 간 친밀감 형성	1. 신문지를 자유롭게 찢어 보기 2. 찢은 신문지를 뿌리며 놀기 3. 신문지를 모아 각자 공을 만들기 4. 각자의 공을 시트지를 사용하여 예쁘게 꾸며 주기
7	난화 상상 그리기	자기표현, 상상력 촉진	1. 두 명씩 짝을 지어 각자 사인펜 또는 색연필을 하나씩 들고 난화 게임 2장 하기 2. 난화를 하나씩 나누어 가지고 연상되는 것 찾아보기 3. 연상되는 것을 덧그린 뒤 오려서 작업용지에 붙이기 4. 이야기를 만들어 글 칸에 적기 5. 만든 이야기를 발표해 보기
8	그림 동화책 만들기	자기표현, 상상력 촉진	1. 치료사가 읽어 주는 그림동화를 듣고 가장 기억에 남는 장면 그리기 2. 작품을 보며 이야기 나누기
9	우리만의 동화 만들기 1	자기표현, 상상력 촉진, 긍정적 자아상 확립, 집단원 간 친밀감 형성	1. 집단원 모두가 주인공으로 등장하는 이야기 만들기
10	우리만의 동화 만들기 2	자기표현, 상상력 촉진, 긍정적 자아상 확립, 집단원 간 친밀감 형성	1. 지난시간 만든 이야기를 토대로 그림 그리기 2. 작업물들을 모아 그림책 만들어 함께 읽어 보기

출처: 경산예술심리연구소 마음길의 유아집단미술치료 프로그램

〈아동 발달 집단미술치료 프로그램〉

회기	프로그램	치료목표	활동방법
1	니캉내캉 땅 따먹기	• 또래 간 관계성 향상 및 집단 라포형성	1. 전지 위에 각자 자신의 땅을 표시하기 2. 순서대로 지우개를 튕기며 땅 따먹기 놀이하기 3. 자신의 땅이 된 영역을 오려서 이어 나의 땅 만들기
2	인간 땅 따먹기 1	• 또래 간 관계성 향상 및 거리감 익히기	1. 지난 회기 만든 나의 땅으로 원하는 위치에 자리 잡기 2. 가위바위보를 해서 이긴 사람이 한 걸음 나아가고, 나아간 자리를 궤적 털실로 표시하기 3. 완성된 땅에서 사진 찍기
3	인간 땅 따먹기 2	• 또래 간 관계성 향상 및 자기표현하기 • 놀이를 통해 자효능감 향상하기	1. 지난 회기 땅이 넓었던 순서대로 소포지를 받아 자신의 땅을 꾸며 주기
4	내 나라 국기 만들기	• 자기표현을 통한 자아존중감 향상하기 • 작품 완성을 통한 자기효능감 향상하기	1. 자신의 땅을 나라로 선포하며 내 나라의 국기 그려 주기
5	내게 꼭 필요한 장소	• 자기표현을 통한 자아존중감 향상하기	1. 내 나라에 꼭 필요한 장소에 대해 생각해 보고 그림 또는 예술적으로 표현하기
6	네가 좋아하는 장소	• 자기표현 및 자기 되돌아보기	1. 내 나라에 있었으면 좋을 장소에 대해 생각해 보고 그림 또는 예술적으로 표현하기
7	자랑스러운 내 나라	• 자기표현을 통한 자아존중감 향상하기	1. 내 나라가 다른 친구들의 나라보다 좋은 점을 찾아보고 정리하여 관광책자 만들어 보기 2. 관광책자로 내 나라 홍보해 보기
8	작품집 만들기	• 작품집을 만들며 지난 회기 때 자신의 모습과 작품 돌아보기	1. 지난 회기들 동안 찍은 사진으로 작품집 만들기 2. 집단미술치료 프로그램에 참여하며 느낀 점 나누고 적기

출처: 경산예술심리연구소 마음길의 아동집단미술치료 프로그램

양육자의 부정적인 양육형태로 불안정 애착이 형성된 아동은 감정과 환상을 적절하게 언어적으로 표현하는 것이 매우 어렵기 때문에 비언어적인 미술치료가 적절한 치료 방법이라 할 수 있다. 실제로 미술치료 과정에서 불안정 애착아동은 애착 문제를 미술 재료의 조작과 집단미술치료사와의 치료적 관계에 초기 양육자와의 불안정 애착 관계를 명확하게 나타내기 때문이다(이미애, 2005). 이때 집단미술치료사는 지속적이며 일관적인 태도를 가지고 아동 작품을 통한 정서표현을 격려하고 수용하는 것이 아동과의 민감한 의사소통을 가능하게 한다. 즉, 양육자로부터 거부된 고통에 대한 감정이 반영되고 위로와 안락함을 제공받을 때 아동은 외부에 대한 인지적인 기능에 유연해지기 시작한다고 볼 수 있다. 아동의 작품을 바라볼 때 다양한 시각에서 볼 수 있도록 기회를 제공하고 많은 재료 탐색으로 아동의 고정된 시각의 변화와 다양한 환경에 대한 적응력의 발달을 격려해야 한다(이정현, 2008).

발달장애아동을 포함한 가족이 함께 교육을 실행하는 이유는 다음과 같다.

첫째, 비장애를 위한 환경에서 성공적으로 기능하는 자녀들을 통해 장애아동에 대한 긍정적 태도를 갖게 된다.

둘째, 장애아동의 성취를 특수한 사회가 아니라 현실 속에서 파악할 수 있다.

셋째, 비장애아동의 발달에 대한 지식을 얻게 된다.

넷째, 장애아동이 생활연령에 적절한 활동에 더 많이 참여하도록 격려한다.

다섯째, 부모의 자아인식이 증진되는 효과를 얻는다.

여섯째, 장애아동과 비장애아동의 부모 관계의 기회가 증가되어 사회적 고립감을 해소할 수 있다.

그리고 비장애아동의 부모들은 통합을 통해 다음과 같은 이점을 얻을 수 있다.

첫째, 장애아동을 더 잘 이해할 수 있다.

둘째, 장애아동 가족의 요구에 대한 관심이 증가한다.

셋째, 장애아동 부모와의 접촉을 통해 자녀 양육과 관련된 문제에 대처할 수 있는 자극을 얻는다.

이러한 연구 등에서 통합교육은 장애아동에게는 풍부한 자극과 사회적 상호작용의 기회, 그리고 나이에 적합한 사회적 행동을 모방하고 관찰할 수 있는 기회를 제공받아 사회적 통합을 위한 기초로서 중요한 의미를 가질 수 있고, 비장애아동에게는 장애아동에 대한 긍정적인 인식을 갖게 되고 다른 사람에 대한 배려 및 관심 수용으로 인해 자아개념 및 사회적 인식이 성숙해지는 것을 알 수 있다(손희경, 2011). 따라서 통합교육은 장애를 자연스럽게 받아들이는 어린 시기에 이루어질수록 장애아동에 대한 편견이나 거부감을 줄일 수 있고 장애인에 대한 더 큰 이해와 존중의 태도를 지니게 되어 더불어 사는 바람직한 형태의 사회를 만들어 가기 위한 기초적인 역할을 할 수 있도록 돕는다.

인간이 경험하는 긍정과 부정의 정서는 생존과 관련되어 타인과의 관계에서 적응을 돕는 중요한 요소가 된다. 부정적 정서를 반복적으로 표출하거나 적절한 방법으로 해소하지 못할 경우 심리적인 부적응과 정신병리로 발전될 수 있으므로 균형 있는 정서조절(emotion regulation)은 매우 중요하다(이지영, 2008). 정서조절이란 개개인이 그들의 목표를 달성시키기 위해 긍정적이고 부정적인 정서의 강도를 증진, 억제, 유지시키는 것을 말하는데(Izard, 1978), 이는 스스로 정서를 조절하는 것과 타인에 의해 정서가 조절되는 것까지 포함하고 있다(Thompson, 1994).

정신지체아동의 일상생활에서 나타나는 사회·정서적 특성을 살펴보면 다음과 같다(송민경, 2005).

첫째, 주의력이 결여되어 있고 집중시간이 짧다. 그리고 욕구의 좌절을 참아내는 힘이 약하여 성공을 위한 노력보다는 실패를 회피하려는 경향이 크다(Dunn, 1973; 신중재, 1997).

둘째, 남이 말하는 대로 하는 등 사고 과정이 결핍되어 있으며 다른 사람에게 의존하는 경향을 보인다.

셋째, 정서가 불안정하여 화가 나면 물건을 집어던지는 등의 충동적이거나 공격적인 경향이 있다(박경순, 1985; 신중재, 1997).

넷째, 멍하게 있거나 주위에 무관심하고 사람을 피하는 등 사회적 회피와 고립 행동을 보인다.

다섯째, 언어의 제약성으로 말의 앞뒤가 맞지 않는 등 타인과의 관계 형성에 어려움이 있다.

유·아동이 스케치하고, 색칠하며, 무엇인가를 만드는 미술 활동은 유·아동의 주변 환경에 대한 다양한 요소를 하나로 어울리게 하며 새롭고 의미 있는 전체로 표현하는 과정이다. 이러한 주변 환경의 요소들을 선택하고 해석하여 재구성하는 과정에서 유·아동은 그림이나 만들기 활동을 통해 자신의 일부를 보여준다. 즉, 유아는 그림이나 만들기로 생각과 느낌, 무엇을 보고 있는가 등을 표현한다. 그러므로 미술 활동은 유·아동에게 있어 역동적이고 통합적인 활동이다(서울대학교 미술교육연구회, 2011). 이처럼 유·아동에게 있어서 자기표현의 수단인 미술 활동은 자기를 이해하고, 심리적 만족감과 정서적 안정감을 가져다주는 자기 치유적 기능으로 유·아동을 세상 속에 존재하도록 도와준다.

Erikson(1950)의 심리사회적 발달단계의 4단계인 근면성 대 열등감은 6~11세로, 노력하여 성취하면 근면성이 생기고 노력한 결과에 비해 원하는 결과를 얻지 못하면 열등감이 형성되는 시기이다. 신체적으로는 복잡한 기술의 발달, 복잡한 운동기능의 완성을 이루는 시기이며, Piaget의 구체적 조작기에 들어가며 인지적으로는 논리적인 부분과 합리적인 것이 기억력으로 나타나 좋아지며 타인의 다른 시각을 인지하고 언어를 의사소통의 도구로 사용한다. 교육학자인 Piaget와 미술교육학자인 Lowenfeld는 아동의 성장과 발달은 낮은 단계를 거쳐 점차적으로 높은 단계로 진행하며 이에 따른 아동의 표현에 대한 재료와 표현 도구 또한 단계별 특성을 고려하여 연계성 있는 심화 과정으로 적절하게 제시되고 학습되어야 한다고 보고 있다(박주영, 2001).

집단미술치료는 특히 부정적 자아개념이 강한 아동의 문제나 감정 등을 언어가 아닌 형상과 색, 재료들을 활용해 표현하도록 한다는 점에서 문제행동을 보이는 아동을 진단하고 치료함에 있어 더 큰 효과를 나타낸다. 특히 자신과 타인을 수용하는 데 어려움을 겪고, 언어소통의 차단과 심리적인 억압으로 인해 표현에 미숙함을 나타내는 저소득층 아동에게 심리치료적 접근에 효과적이다.

2. 청소년기 집단미술치료

청소년기(adolescence)의 용어 의미는 '성장하다', '성숙에 이른다.'라는 뜻의 라틴어에서 유래한다. 모든 사회의 청소년기는 미성숙한 아동기로부터 성숙한 성인기로 옮겨가는 과도기로서 신체와 인지, 정서 변화와 더불어 사회 기능에서도 커다란 변화를 경험하는 생애발달 중에 가장 독특한 시기이다. 이 시기의 청소년에게 사회 적응에 특히 요구되는 것은 원만한 대인 관계를 형성할 수 있는 능력이다(정옥분, 2008). 대인 관계는 인간의 적응에 직결되는 것으로, 특히 청소년기가 중요시된다. 이는 이 기간 동안에 획득되고 형성되는 대인 관계가 청소년의 삶의 질에 영향을 미치며(이경남·김경호·류기형·문선화·홍봉선, 2000), 이후 개인의 사회 적응 양식에 기본이 되기 때문이다(Ryan & Patrick, 1996).

청소년기의 대인 관계는 부모의 의존 관계보다는 동등하고 상호적인 또래 관계에서 자아정체감을 형성하고 문제해결 능력과 삶의 여러 기능을 배워 나간다. 실제로 발달 과정상의 특성으로 다양한 고민을 겪는 청소년이 주로 고민을 나누는 대상은 부모나 교사가 아니라 또래 친구인 사실은 여러 연구결과에서 나타났다(구본용·구혜영·이명우, 1994). 이른바 청소년에게 있어 또래는 친구이며, 상담자이며, 역할모델이고 때로는 문제해결자의 역할을 하는 중요한 심리 자원이 되며 청소년기의 친구 관계, 즉 대인 관계는 청소년의 심리 건강에 지대한 영향을 준다. 대인 관계는 사람과 사람과의 심리 상호작용이며 의사소통이라는 매개체를 통해 형성되고 발달된다.

의사소통은 의도와 생각, 감정을 상대방에게 전달하고 그 내용을 전달받는 수단으로, 원만한 대인 관계를 형성하는 데 효과적인 의사소통은 반드시 필요한 매개체이다. 청소년의 따돌림 등 대인 관계와 관련된 연구 목적은 청소년의 기본적 특징 가운데 하나인 자기표현이나 타인과의 의사소통 기술이 부족한 것에서부터 비롯된다(김정원, 2000). 청소년의 의사소통기술 부족으로 인하여 또래 또는 주변인과 원만한 대인 관계를 형성하지 못할 경우에 청소년은 에너지를 건강한 자아발달에 집중하기보다 스트레스 해소를 위해 사용하며, 이차적으로는 정신병과 신경증, 비행 및 일탈 행동을 야기하게 된다. 특히 또래집단으로부터 배척과 거부를 경험한 청소년은 우울과 불안, 고독감 등의 심리 문제와 학교 부적응과 반사회적 행동, 공격 행동과 대인기피, 비행 등의 행동상의 문제를 동반하기 쉽다(최진희, 1999).

이러한 청소년에게 의사소통 기술과 적절한 개입 방법의 하나로 집단미술치료 프로그램을 들 수 있다. 이는 집단상담에 미술치료의 기법이나 원리를 적용한 것으로 시각 예술이라는 수단을 이용하여 인격의 통합 혹은 재통합을 이룰 수 있으며, 미술 활동을 통해 개인의 체험과 자기통찰을 경험하며, 생활 문제 해결에 필요한 태도와 자기관리 능력을 습득하고, 대인 관계 기술을 향상시키는 과정으로 나아가게 한다(한국미술치료학회, 2003). 따라서 집단미술치료는 발달 과정에 있는 청소년의 인격 형성에 중요한 가치를 지니며, 청소년이 속한 가정과 학교, 또래집단의 사회 속에서 원만한 관계를 형성하는 데 적절한 활동이다. 미술 활동은 개인과 집단을 연결하는 매개체이며 자신을 표현하는 데 불편감이 있는 청소년에게 언어 이외의 의사소통 방식을 제공하여 소속감을 갖도록 하고, 자기 이해와 자기 노출, 자기 개방과 긍정적 자아 개념이 이루어지면서 의사소통 기술과 대인 관계 향상에 긍정적 효과를 나타낸다. 집단미술치료의 이러한 효과성 때문에 집단미술치료에서 친구나 또래 관계를 다룬 연구(이미옥, 2007)들이 수행되어 대인 관계 증진에 긍정적인 결과를 보고하였다. 이러한 맥락에서 집단미술치료는 청소년의 대인 관계 문제에 대한 치료, 예방, 증진을 목표로 하는 상담 및 교육현장에서 효과적인 방법이라 할 수 있다(이황은, 2009).

집단미술치료에 있어 주제 제시 형식은 청소년에게 유용하다고 볼 수 있는데, 청소년기에 들어서 형식적 조작 능력을 획득함으로써 정서 인식이 정교화되고 비판적 사고가 가능해지는 것은(Piaget, 1965), 집단미술치료의 토론 및 대화 과정을 보다 활성화시킬 수 있는 요인이 되기 때문이다. 청소년은 형식적 조작기의 예비단계를 지나 형식적 조작이 완전히 이루어지는 단계로 진입하여 자기주장에 대해 자발적으로 보다 체계적인 근거를 제시할 수 있으므로, 집단구성원이 함께 추구할 수 있는 공통 주제에 중점을 둔 주제제시 형식의 집단미술치료는 공감을 향상시키는 데 적합하다.

학교생활 적응의 여부가 성인이 되었을 때 심리·사회적 적응에 미치는 영향을 고려할 때 이는 매우 중요하다. 학교생활 적응이라는 욕구를 실현하기 위해 환경을 적극적으로 활용하고 변화시킬 수 있는 심리적 자원이며, 현재 학생이 학교에 대처하고 있는 행동 또는 상태이다. 따라서 학교생활에 적응하지 못한 청소년은 건강한 성인의 삶을 영위하기 어려우며, 사회에 충분히 기여하지 못한다. Lober와 Farrington(1998)도 청소년의 부적응이 개인, 가정, 학교, 사회 등 매우 다양한 영역에 관련되어 복합적 성격을 지니기 때문에 여러 요인을 고려하여 그 갈등 요소를 감소시켜야 한다고 보았다. 이런 문제로 청소년의 학교생활 적응에 영향을 미치는 요인을 찾고 부적응 문제를 효과적으로 해결하기 위한 방안을 탐색하는 연구가 여러 각도에서 이루어져 왔다. 학교생활 적응에 영향을 미치는 요인은 크게 개인 요인과 사회·환경 요인, 그리고 심리·정신적 요인으로 나눌 수 있다(Bischof, Stith, & Wilson, 1992). 학교생활 적응과 관련된 개인 요인은 성별과 희망, 자아존중감과 자아탄력성, 자기효능감과 자아통제, 문제해결력과 심리적 안녕감 등이다. 이러한 연구 결과, 여학생이 남학생에 비해 학교 적응을 잘하며(주현정, 1998; 송운용, 2006), 희망 수준이 높으면 문제에 적극적으로 대처할 수 있는 학교 적응력이 높고(이재림·강혜영; 2008; 김수진·이정숙·양미화, 2004), 자아존중감과 자아탄력성, 자기효능감과 심리적 안녕감이 높을수록 부적응을 극복하고 학교 적응 수준이 높음(김상인, 2016; 정지이, 2015; 성선진, 2010)을 입증하였다. 사회·환경적 요인에는 학교생활 적응과 관련이 있는 것으로 가족구조와 기능, 부모의 애착과 양육태도, 의사소통과 친구·교사와의 관계, 사회적 지지 등이 있으며 부모 자녀 간의 애착 관계와 의사소통이 청소년이 학교생활에 적응하는 데 많은 영향을 미친다. 또한 교사와의 애착과 친구들과의 관계, 부모와 교사, 친구의 사회적 지지가 학교생활 적응의 유연성에 영향을 미친다.

우울과 불안, 강박관념, 자기통제, 인터넷 중독 등의 심리·정신적 요인은 학교생활 적응에 부정적인 영향을 미친다. 이와 같이 청소년의 학교생활 적응에 영향을 미치는 요인을 찾고 그 관계를 검증하는 연구와 청소년의 부적응 문제를 효과적으로 해결하기 위한 다양한 연구들이 있다. 연구 결과로 학교 부적응 청소년을 위한 다양한 상담과 원예, 레크리에이션, 음악, 멘토링 프로그램이 개발되었다. 여기에는 교류분석 프로그램(엄기란·조용선, 2015), 무드조절 음악치료(강경선, 2014), 원예치료(손미리, 2015), 음식 테라피 프로그램(김주영, 2013), 무용수업 프로그램(원세정, 2014), 동기강화 프로그램(손유림, 2015), 놀이중심 정서지능 프로그램(강지예, 2013), 영화코칭 프로그램(류승원, 2017), 선후배 간 생활지도 멘토링 프로그램(서인균·이연실·서태균, 2015) 등이 있는데, 이 연구들은 청소년의 학교생활 적응과 스트레스, 자아존중감, 자기효능감 향상과 관련하여 효과가 있음을 보고한다.

청소년의 학교 적응을 위한 연구와 관련하여 청소년의 부정적이고 취약한 측면에 초점을 두기보다는 발달의 긍정적 측면과 삶의 의미, 희망과 개인의 자원, 강점 등을 개발하고 역량을 증진시켜 청소년의 학교생활 적응을 보다 긍정적이며 적극적으로 도와야 한다는 방향으로 나아가고 있다. 즉, 긍정적 심리 자원과 환경적 특성의 다양한 측면을 탐색하여 이를 고취시킴으로써 청소년의 학교생활 적응 능력을 증진시키고자 하였다. 따라서 개인의 긍정적인 자원과 강점인 희망과 사회·환경적 요인인 사회적 지지를 학업 동기의 상실과 학업 스트레스, 우울과 불안을 완화시키고 역경을 극복할 수 있는 심리적 자원으로 활용하여 청소년의 학교생활 적응을 향상시키는 연구들이 발표되었다(김택호, 2004; 신혜진·유금란, 2014; Snyder, 1994; 2002). 희망은 특정 목표를 달성하기 위해 행동하게 하는 동기이며, 목표를 향해 움직이려는 인지적인 의지력이다(Snyder, 2002). 또한 청소년의 삶에 의미가 되는 보호요인이 희망이며 희망을 활용하여 우울과 불안, 스트레스와 역경 등을 적극적으로 극복하고 개인의 변화를 촉진시켜 심리·신체적 건강을 유지·증진시키는 긍정적 결과를 도출하는 주요 요인이 된다(김택호, 2004; Masten & Coatsworth, 1998). 진로와 학업, 대인 관계 등으로 스트레스를 많이 받는 청소년에게 희망은 목표 달성을 위한 긍정적 신념이며, 어려움을 극복하고 학교생활에 적응하도록 도와주는 힘이 된다(신혜진·유금란, 2014). Snyder(1994)에 따르면 희망은 경로 사고와 주도 사고로 구성되며 경로 사고는 목표 달성을 위해 계획이나 방법을 말하며, 주도 사고는 목표를 추구하는 과정에 여러 가지 방법을 모색하도록 하는 정신적 에너지이다. 또한 희망은 삶의 영역에서 학업 유능성(Snyder, Cheavens, & Sympson, 1997), 적응적 대처방식의 사용(Taylor & Armour, 1996), 유연한 긍정적 사고 및 긍정 정서(Snyder & Sympson, 1996) 등과 관련이 있다. 즉, 목표를 달성하고 어려움을 극복하며 문제행동을 예방하고 적응을 도울 수 있는 강력한 요인이 희망임을 알 수 있다. 따라서 희망은 청소년의 학교생활 적응에 중요한 영향을 미친다.

사회적 문제해결 능력과 환경적 요인인 사회적 지지는 청소년의 타인과의 의미 있는 상호작용 결과로 얻을 수 있는 모든 긍정적인 자원이다. 사회적 지지는 자신에 대한 믿음과 기본적인 사회 욕구를 충족시켜 주며, 학업 스트레스에 대한 예방과 학교생활 적응에 도움을 주며, 좌절을 극복하고 문제를 해결하기 위해 도전하는 힘을 강화한다. 따라서 희망과 사회적 지지는 청소년의 학교생활 적응 증진에 영향을 미치는 주요한 요인이 된다.

청소년에게는 자기 이해와 갈등을 해소하고 감정을 이완하며 스트레스를 해소하는 데 도움(Liebmann, 2007)이 되며, 흥미를 유발하며 의사소통과 표현의 중요한 통로가 되는 집단미술치료가 필요하다. 무엇보다 집단미술치료는 상담에 대한 동기와 자발성이 부족한 청소년에게 적합한 치료방법이며 개인을 병리적으로 보지 않고 결과물을 통해 자신의 특성과 강점, 자원을 활용하여 삶의 목표를 찾도록 도와준다(Dinkmeyer, Muro, 1979). 또한 집단미술치료의 공통된 주제에 의해 미술 활동 과정에서 집단상담사와 내담자, 그리고 내담자 간의 대화와 완성된 결과물을 통해 성취감·만족감을 느끼게 하고 희망과 사회적 지지를 증진시킨다(Riley, 1999). 결과적으로 집단상담사가 안전하게 감정을 개방하는 경험을 갖게 하며 미술 활동이 가지는 치료적 힘과 집단치료가 갖고 있는 관계성으로부터 촉진되는 치료적 힘이 합쳐져서 증진된다.

Thoits(1995)는 집단미술치료로 인해 집단구성원의 지지가 청소년의 심리적 문제해결과 학교 적응을 돕고 학교와 외부 환경에 대해 긍정적으로 인식하게 되어, 학교 적응에 긍정적 태도를 갖는다 하였다. 집단미술치료 프로그램은 집단미술치료사와 집단구성원의 상호작용에 의한 활동의 만족과 공동관찰, 발견의 기쁨, 집단구성원 간의 공감과 수용을 경험하고 대인 관계를 향상시키므로, 청소년에게 집단미술치료 프로그램을 실시하는 것이 적절하다.

Berg와 Steiner(2003)는 미술치료가 청소년기의 변화하고자 하는 강렬한 욕구를 자신만의 독특한 결과물을 통해 표출하고 자신의 능력과 한계, 타인과의 경계, 새로운 가치관 등을 안전하게 표현하게 해준다고 했다. Malchiodi(2003)도 집단미술치료가 청소년에게 복잡한 감정을 능동적으로 표출하고 스스로 해결책을 찾게 한다고 했다. 청소년기에는 학교의 학업 스트레스와 또래와의 갈등을 겪게 되면 심리·사회적으로 많은 어려움과 부적응을 가진다. 따라서 Riley(1999)는 집단미술치료가 청소년의 특성에 맞추어 청소년의 강점과 자원, 잠재적 능력을 찾도록 하여 현재에서 미래로의 관점으로 외현화된 결과물과 상호작용으로 해결책을 가속화할 수 있다고 하였다.

Appleton과 Dykeman(1996)도 집단미술치료가 청소년의 사회성 향상에 효과가 있으며, 의사소통 기술과 정서함양에 효과적이라고 하였다. 청소년에게 집단미술치료 활동은 의사소통과 표현의 또 다른 통로가 되며 자기 이해와 갈등을 해소하고, 감정을 이완하여 스트레스를 해소하는 데 도움이 된다(장성숙·이근매, 2013; 정여주, 2006). 따라서 청소년의 학교생활 적응 향상을 위한 집단 프로그램 중 미술치료 기법을 이용한 프로그램의 효과가 높다는 연구(이근매·김은지·송호준, 2015; 최상열, 2014)가 있다.

청소년 시기의 사회적 발달의 중요한 특징으로는 자아정체감과 역할 혼미의 갈등을 겪으며 '자아'를 찾고자 노력하는데 이처럼 청소년기는 인생의 여정 가운데 갖는 중요한 시기로, 청소년 시기를 어떻게 보냈는가에 따라 인생 전체가 크게 달라진다(나삼진, 1999). 무엇보다 청소년기에는 사회로부터 요구되는 지나치게 큰 기내와 이에 대한 부담감에서 비롯되는 무능력함, 주요 대상으로부터의 무관심으로 인해 실망하고 낙담하게 되어 쉽게 기분이 변하게 된다. 하지만 많은 청소년은 감정을 인식하고 표현하며 다른 사람과 정서적 교감을 나누는 것에 대해서는 실제로 배우지 못하기 때문에 여러 가지 다양한 문제에 직면할 수도 있게 된다. 따라서 청소년들이 자신의 정서를 인식하고 감정을 이해하며 수용할 수 있도록 하는 것이 이 시기의 중요한 발달 과정의 하나로 보인다. 청소년기에 스스로 삶의 주체로서 자아를 통제하여 정서 조절 능력을 함양해야 하는 과제를 수행해내지 못한 청소년은 분노와 열등감, 자기중심적인 사고로 인해 긍정적 사고보다 부정적인 사고와 정서를 가지게 되며, 정서적 조절 능력을 확립하지 못한 청소년은 부정적 감정을 억압시킨 채 욕구불만이 분노와 열등감 등으로 증폭되어 심각한 정신 병리로 나타날 수 있게 된다.

이와 더불어 사회 환경의 급격한 변화로 인해 청소년 중에 정신건강의 어려움을 호소하는 경우가 증가하고 있다. 특히, 오늘날 한국 청소년들은 학교 성적과 입시 등으로 인한 과도한 학업 스트레스, 학교 친구들의 괴롭힘과 폭력, 부모 이혼과 가정 폭력 등으로 인한 가족 상실과 같이 우울감을 유발시키는 다양한 환경에 노출되어 있는 상황이다. 우울증을 겪고 있는 청소년들이 주로 느끼는 기분은 우울감 대신 과민성이기 때문에 부모들은 이러한 양상을 우울 증상으로 인식하지 못한 채, 극도로 예민해진 자녀를 가족들이 어떻게 대처해야 할지를 몰라 부담스러워하는 것이 더 문제가 된다(송지선, 2016). 실제로 병원에 내원하는 우울증 청소년들도 우울 증상보다는 주로 성적 저하, 물질남용, 과도한 인터넷 사용, 자살 시도, 행동 변화 등의 주 호소로 오게 되는 경우가 많다(Wagner & Brent, 2009; 대한 소아청소년 정신의학지, 2012).

우울증은 연령에 따라 발현 빈도의 차이를 보여 우리나라 청소년의 우울증 발현 빈도는 0.4~8.3%이며, 초·중·고교생을 대상으로 조사한 결과 여학생의 우울증 발현 비율이 남학생보다 2배 많다(김대제, 2007). 청소년을 대상으로 한 여러 연구에서도 거의 절반 정도가 어느 순간에 슬픔과 절망을 느끼고, 우울증과 불안을 느꼈다고 하며, 우울감을 느끼는 비율이 청소년에게서 가장 높다고 지적되었다. 더욱이 우울증상을 비롯한 청소년의 심리사회적 부적응은 점차 연소화되는 추세에 있기 때문에 문제의 심각성을 더해주고 있다(이혜승, 2004).

청소년의 우울 요인으로는 유전적·체질적 요인과 신경·생화학적 요인, 심리적 요인 등이 있으며, 하나의 요인만으로 우울증을 설명할 수는 없으며 다양한 요인이 복합적으로 우울증을 발생시키고 유지시키는 데 영향을 주는 것으로 알려져 있다(송지선, 2016). 그중, 사회·심리적 요인으로는 가까운 사람과의 분리와 상실이며 이는 중요한 요인이 될 수 있다. 상실은 부모의 사망과 이혼 등 실제적인 것일 수도 있고, 이루고 싶은 목표의 상실과 같이 상징적인 것일 수도 있다. 실제로 우울증을 포함한 다양한 심리적 문제가 발생하는 청소년들은 어린 시절에 부모를 상실하거나 부모로부터 분리된 경우가 많은 것으로 조사된다(Seligman, 1974; 송지선, 2014). 이러한 대상 상실의 경험으로부터 청소년들의 자아존중감이 상실되고, 이러한 분리와 상실감은 청소년들에게 긍정적 강화를 감소시키는 결과를 가져와 우울증으로 연결되는 것이다. 우울증은 사랑하면서도 증오하고 바라면서도 두려운 대상의 상실에서 발생한다. 그런 양가적인 대상이 상실될 때 그것은 정신의 내부세계로 들어와 외부세계에서는 없을지라도 내적 세계 안에 계속해서 남게 된다. 상실한 대상을 향한 긍정적인 느낌은 그 대상을 내재화하는 동기가 된다. 그러나 부정적인 감정의 흐름은 내적 대상에게로 그리고 내재화된 대상의 일부가 되는 자아에게로 향한다. 그 결과 우울증이 발생한다(한국심리연구소, 2004).

즉, 우울한 청소년들이 가지고 있는 부정적인 대인 관계 기술, 인지적 왜곡, 자기에 대한 관점, 통제에 대한 신념, 자기조절 등이 우울증의 원인이 된다. 통제할 수 없는 스트레스를 오랜 시간 동안 받거나 반복되는 실패의 경험에서 발생하는 학습된 무력감은 상황을 개선하기 위해서 자신이 아무것도 할 수 없다는 생각을 하게 되고 그렇게 우울증에 빠진 청소년들은 자신이 아무것도 통제할 수 없다는 생각 때문에 매사에 냉담하고 무관심하게 된다(강차연, 2010).

이처럼 한 개인의 인생에 걸친 심각한 문제를 야기할 수 있는 청소년기 우울증이 제대로 인식되지 못하고 간과되지 않도록 각별한 주의가 필요하며, 치료가 필요한 청소년들이 적절한 때에 치료를 받을 수 있는 적절한 개입이 필요하다. 또한, 청소년 자신의 충동과 욕구에 효과적으로 대처하여 심리적으로 불안하고 취약한 자신의 정서에 직면하여 스스로를 조절해 나갈 수 있는 능력을 키워야 할 것이다.

외부 환경적 요소가 양적·질적으로 갖춰지지 않을 경우 혹은 인지 노력의 기회나 체계가 제한적일 경우 청소년의 사회성 발달은 많은 어려움을 초래한다. 사회성과 관련한 연구들을 보면, 사회성이 발달한 청소년은 그렇지 못한 청소년보다 더 행복하게 느끼고 타인과도 긍정적인 관계에서 활발한 상호작용을 하며, 학업성취도도 높은 것으로 나타났다. 반면 사회성이 제대로 발달하지 않은 청소년은 분노와 좌절, 외로움을 자주 느끼고, 또래를 포함한 타인과 긍정적인 관계를 형성하지 못하며 낮은 자아존중감과 낮은 학업성취도를 보이고 있다. 또한 청소년기에 긍정적인 사회성을 구축하지 못하면 발달 과정에서 다양한 문제뿐 아니라 이후 과정에서 문제행동이 발현되고 성인기 사회 부적응과 관계 혼란, 심리적 위축 등 여러 어려움이 나타난다.

이에 각 국가와 사회는 공공 및 민간영역에서 청소년의 사회성 발달을 지원하기 위해 다양한 프로그램을 개발하여 체계적 수준별·생애주기별 지원을 하고 있다. 우선 OECD에서는 청소년기의 기본적 핵심역량으로 대인 관계 능력, 조화로운 상호 작용, 타인과의 조망 수용 능력, 친사회적 행동 등 사회성 부분을 포함하고 있고(강미라, 2007), 영국은 1988년 「교육개혁법」을 제정하여 국가 수준 교육 과정의 학습목표에서 인성과 사회성 발달을 주된 목표로 삼고 다양한 교육 프로그램을 개발·적용하고 있으며, 프랑스의 경우는 현행 국가 수준의 유아학교 교육 과정에서 유아 때부터 성인이나 다른 유아와 함께 생활하는 법을 배우게 하는 데 중점을 두는 교육목표를 세우고 있다. 즉, 유아기부터 주변인들과 대화하는 법을 배우고 시민교육의 기초를 배우며 사회성 발달시켜 주변 세계를 발견하고 상호작용하는 데 역동적 기능을 발휘할 수 있도록 하는 데 교육의 목적을 두었다.

한편 우리나라에서는 특수교육법상 사회 성숙도 검사로 장애 조기교육 대상 아동 선별 검사를 하는데, 특히 사회성 영역을 포함한 전반적 발달요소 중 두 가지 이상에서 25% 이상 발달상 지체가 있는 경우 발달지체로 평가하여 특수 교육적·사회적 욕구에 체계적으로 접근하고 있다. 이렇게 청소년을 대상으로 국가 차원의 사회성 증진 교육 및 복지 과정에 다양한 접근 방법으로 프로그램이 진행되고 있는데(신체운동이나 놀이, 독서, 원예 등), 그중 예술 프로그램(음악 및 미술 등)이 진행되고 있으며 예술 프로그램의 한 분야로 미술치료 프로그램을 활용하고 있다(김서안, 2013). 이렇게 미술치료 프로그램은 임상적 효과성으로 그동안 꾸준히 성장·발달을 도모하였다.

〈청소년 집단미술치료 프로그램〉

회기	프로그램	치료목표	활동방법
1	자기 수용 (자기 인식)	이름 만다라	1. 자신을 둘러 싼 세계에 대해 시각화한다. 2. 주변인들로부터 들은 이야기들을 시각화한다. 3. 기억을 회상하며 자신을 돌아보는 시간을 갖는다.
2	자기 수용 (자기 신뢰)	과거 한 장면 표현하기	1. 초기 기억으로 회상되는 과거의 한 장면을 시각화한다. 2. 기억되는 장면과 표현된 장면에 대해 객관화한다. 3. 긍정적 기억과 부정적 기억에 대해 객관화한다.
3	자기 수용 (자기 신뢰)	지금 현재의 나	1. 초기기억과 과거를 탐색하며, 지금 현재의 나에 대해 탐색한다. 3. 현재 나에 대해 객관화한다. 4. 객관적인 자신을 잘 표현할 수 있는 것에 대해 탐색한다.
4	자기 수용 (자기 인식)	삶의 로드맵 : 5, 10년 후 자신의 모습 표현하기	1. 현재의 자신을 객관화하여 5, 10년 후의 자신의 모습을 상상한다. 2. 막연한 미래상보다 구체적인 미래상을 계획해 본다. 3. 목표적 삶에 대해 계획을 수립한다.
5	타자 신뢰 (타자 인식)	명화를 이용한 표현	1. 제시된 명화를 보며 느껴지는 느낌을 알아차린다. 2. 제시된 명화의 앞뒤 상황에 대해 탐색한다. 3. 제시된 명화에 투사한 자신의 역동을 표현한다.
6	타자 신뢰 (타자 인식)	동화 듣고 그리기	1. 들려준 동화를 듣고, 예전에 인지했던 동화와 다른 점을 자각한다. 2. 들려준 동화를 듣고 인상적인 한 부분과 자신의 역동을 자각한다. 3. 들려준 동화에 투사된 자신의 역동을 표현한다.
7	타자 공헌 (자기인식, 타자인식)	난화로 이야기 만들기	1. 주어진 화지 안에서 움직임으로 상호 작용한다. 2. 기하학적인 문양 안에서 투사된 이미지를 찾는다. 3. 이미지를 이용하여 자신만의 방법으로 표현한다.
8	타자 공헌 (타자 신뢰)	집단 만다라	1. 문양을 선택함에 있어서 서로의 의견을 수용한다. 2. 자신의 내적 에너지를 자각한다. 3. 자신의 표현이 집단 속에서 어떠한지 시각화한다.
9	타자 공헌 (타자 신뢰)	상징 탑 만들기	1. 보이지 않는 규칙을 신문지를 통해 학습한다. 2. 선, 면적인 재료를 양적인 재료로 표현한다. 3. 서로의 의견을 수용하며 작업한다.
10	자기 수용 (자기 신뢰)	미래의 초상화	1. 전 회기를 돌아보며 자신의 변화를 자각한다. 2. 원하는 매체를 이용하여 자신의 미래상을 표현한다. 3 자신의 욕구를 자각한다.

출처: 김병철(2017)

3. 청년기 집단미술치료

Erikson의 심리사회적 발달단계에서 5단계인 정체감 대 역할 혼동의 시기로 또래로 초점 이동(또래 집단이 수용할 경우), 자존감 형성, 정서적으로는 정체성 확립, 부모로부터 벗어나기, 복잡한 감정의 불신 또는 죄책감을 지지 않으려는 방향으로 수용하고자 한다. 신체적으로는 급성장 단계이며 뇌 발달이 활발해진다. 또한 인지적으로는 추상적, 체계적 사고가 가능하며 문제해결력을 갖게 되고, 다양한 관점의 능력을 가진다.

나이로는 20~40세에 해당하며 신체적 건강이 최고에서 서서히 감퇴하고, 지적 능력이 복잡해지며 직업과 결혼, 자아정체감의 문제로 발달적 위기의 시기로 볼 수 있다. 대학생들은 주로 학교에 있는 상담센터를 이용하며, 그곳에서 개인치료와 집단치료를 경험할 수 있으며, 학교 측에서 미리 대학생들의 요구를 참조하여 집단 프로그램을 운영하기도 한다. 따라서 상담센터는 학생들의 진로 문제와 직업 적성에 대한 심도 있는 고민을 함께 해결해 나가는 프로그램을 모색하는 데 심혈을 기울인다. 따라서 취업과 학업 지원은 교내의 인력 개발 센터 또는 교수 학습 개발 센터를 이용할 수 있다.

청년기 집단미술치료는 대학생, 취업을 한 성인들의 직장 내 스트레스와 직장 내 동료 문제, 이 시기의 중요한 결혼, 그리고 남녀의 차이와 다양성 등에 관련된 목표를 가지고 프로그램을 진행하기도 한다.

집단미술치료는 먼저 같은 고민을 하는 사람들을 다양한 통신 매체를 통해 모집하고 이후에 장소를 확보하여 집단미술치료를 진행한다. 요즘은 연구소나 발달센터를 중심으로 미술치료를 공부하는 사람들의 소집단 형식으로 진행하기도 하고, 대학생들은 SNS를 통해 모집하여 진행하고 있다.

대학생들은 성인이 됨과 동시에 원가족과 분리되어 기숙사 생활이나, 자취를 하는 경우가 대부분이다. 박재현(2013)은 대학 신입생을 중심으로 집단미술치료가 원가족 분리에서 오는 우울과 정서·안정성에 미치는 영향에 대한 연구에서 집단미술치료 프로그램 기간 동안 집단구성원과 치료사, 집단구성원 간의 라포 형성과 창조적인 작품 활동에 몰입할 수 있도록 하는 것에 초점을 맞추어 진행하였으며, 주된 작업으로는 만다라를 활용하였다.

황혜자, 박현주(2004)의 미술치료를 적용한 진로집단상담 프로그램이 대학생의 자아정체감 및 진로결정 수준에 미치는 효과의 연구에서는 연구의 목적으로 미술치료를 적용한 진로상담 프로그램을 개발·실시하여 대학생의 자아정체감 및 진로결정 수준에 미치는 효과를 검증하는 것으로 자신에 대한 이해와 탐색, 일의 세계에 대한 이해와 탐색을 통하여 학생들이 보다 합리적으로 진로를 결정할 수 있도록 도와주었다. 이 프로그램의 예는 다음과 같다.

〈진로탐색을 위한 집단미술치료〉

회기	목표	주제	준비물	내용
1	프로그램에 대한 소개 및 자신의 소개를 한다.	• 사전 검사 • 오리엔테이션 및 자기소개 (이미지 형상화)	• 사전 검사지 (자아정체감 검사, 진로성숙도 검사), • 필기구, A4 용지, 크레파스, 물감, 사인펜, 4B 연필	• 사전 검사: 자아정체감 검사, 진로성숙도 검사, K-HTP 검사 • 프로그램에 대한 방향 제시 • 자기소개 및 별칭 짓기: 자신의 이미지를 상징적으로 표현하고 별칭 짓기
2	자기 이해 증진과 신체상 인식	• 장점과 단점 찾기(손 본뜨기)	• A4 용지, 크레파스 및 물감, 사인펜	• 자신의 손 본뜨기 • 본뜬 손 위에 자신의 장점과 단점 적기 • 별도자료: 괜찮은 나 발견하기(자신에게 좋은 영향을 준 사람과 그 이유에 대해 이야기 나누기)
3	자기 이해의 증진과 집단에서의 자기 개방과 상호 이해의 중요성 인식	• 인생곡선 그래프 그리기	• A4 용지, 크레파스	• 화면을 이등분하기 • 화면의 윗부분에는 힘들었거나 괴로웠던 기억 표현하기 • 화면의 아랫부분에는 기쁘고 행복했던 기억 표현하기 • 별도자료: 괜찮은 나 만들기(과거에 잘했던 일과 그 이유에 대해 이야기 나누기)

회기	목표	주제	준비물	내용
4	집단구성원들의 이해와 신뢰감, 친밀감 형성	• 이어 그리기 (협동화)	• A4 용지, 크레파스	• 집단구성원이 다른 집단구성원의 그림 이어 그리기 • 별도자료: 내 꿈의 변천사 및 일 관련 경험 나누기
5	현재 하고 싶은 것이 무엇인지 깨닫기	• 하고 싶은 일 표현하기 (6분할법)	• B4 용지, 크레파스 및 물감, 사인펜	• 용지를 6분할하여 하고 싶은 일 표현하기 • 별도자료: 직업분류표 작성하기(하고 싶은 일)
6	소망을 인식하고 긍정적인 미래상 갖기	• 계란화	• A4 용지, 크레파스, 파스텔, 사인펜, 매직, 물감	• 계란화를 통해 소망이나 바람 표현하기 • 별도자료: 의사결정방법
7	긍정적인 자아상 및 미래상에 대한 설계	• 10년 후 나의 모습(콜라주)	• B4 용지, 잡지, 크레파스, 사인펜	• 10년 후의 모습을 콜라주로 표현하기 • 별도자료: 진로탐색 및 현실과 이상의 타협점 찾기
8	미래에 대한 긍정적인 인식 도모, 프로그램 전체 과정 마무리와 과정에 대한 평가	• 미래 명함 만들기 및 마무리 • 사후 검사	• A4 용지, 크레파스, 파스텔, 매직 • 사후 검사지	• 미래 명함 만들기 : 미래의 직업을 명함으로 표현하기 • 마무리: 프로그램에 대한 느낌, 생각, 정리 발표 • 사후 검사 : 자아정체감 검사, 진로결정 수준 검사 • K-HTP 검사

출처: 황혜자·박현주(2004)

이근매, 장성숙(2015)의 콜라주 집단미술치료 프로그램이 대학생의 진로정체감 형성에 미치는 효과 연구에서의 목적은 대학생의 진로정체감 형성을 위해 진로정서, 진로인지, 진로행동을 효과적으로 연계한 콜라주 집단미술치료 프로그램이 대학생의 진로정체감 형성에 미치는 효과를 검증하였는데, 집단미술치료 프로그램의 구성은 주 1회 90분 12주로 진행하였다.

초기는 친밀감 형성과 내면을 이해하고 자신의 상황을 이해하며 미래의 희망을 통한 심리적 회복으로 현실을 이해하는 내면적 정서 회복을 목표로 하였다.

중기는 자기 이해 및 진로 인지단계로 성격에 맞는 진로 찾기와 환경을 고려한 가능 진로의 탐색을 통해 진로를 선택하고 진로목표를 정해 그에 따른 진로계획을 세우는 데 목적을 두었다.

후기는 진로목표 행동단계로 진로목표를 설정하고 정보를 수집하여 자격증 및 성적 등을 준비하는 도구 준비 단계로 장·단기적 계획 세우기와 진로 목표 달성 행동을 위한 다짐의 시간으로 종결하였다.

이러한 콜라주 기법은 개별법과 집단법으로 나눌 수 있으며, 개별법은 내담자가 혼자서 콜라주를 작성하고, 집단법은 집단으로 구성된 활동영역에서 의사소통의 도구 혹은 집단의 활동을 돕는 데에 활용하였다. 또한 집단미술치료가 대학생의 취업 스트레스, 대처방식, 사회적 지지, 삶의 목적과 질에 미치는 효과(이혜숙, 2013)의 연구에서 집단정신치료의 치유적 인자에 따른 접근방법을 미술 활동에 접목한 집단미술치료의 방향성 제고와 그에 따른 미술치료적 함의를 제공하는 데 목적이 있음을 알 수 있었다. 집단미술치료 프로그램의 진행 절차는 다음 표와 같다.

〈집단미술치료 프로그램 진행 절차〉

단계	내용	시간
시작 단계 (배경 음악)	• 마음 열기 • 친밀감 형성 • 프로그램에 대한 기대 • 주제 안내	10분
미술 활동	• 주제에 대한 이해 • 생각과 느낌 표출 • 스트레스 탐색 • 자기 개방 및 자기 노출 • 취업 스트레스, 대처 방식, 사회적 지지, 삶의 목적, 삶의 질 인식	30분
나눔 단계	• 피드백 주고받기 • 주제에 맞는 충분한 의견 나누기 • 갈등해결 • 상호존중 및 협동 • 감정 공유 및 상호작용	40분
내면화 단계 (마무리)	• 관계 재정립 • 반성적 사고 촉진 • 작업의 공동적 목표 찾기 • 마무리 및 다짐하기	10분

출처: 이혜숙(2013)

4. 부모(성인) 집단미술치료

Erikson의 심리사회적 발달단계에서 6단계(청년기)인 친밀감 대 고립 시기에는 사회생활, 결혼생활을 하게 되며 가족이 아닌 동료나 이성과 친밀감을 잘 쌓을 수 있는가가 중요하며, 친밀감 획득에 실패하면 혼자라는 고립감에 빠질 수 있다고 하였다. 7단계(중년기)는 생산성 대 침체성의 시기로 자신이 속한 사회에 영향력을 창출해 내면 성취감을 느끼고, 남겨줄 것이 없다고 느끼면 정체와 침체에 빠진다고 받아들이는 시기이다. 이 시기는 각자 삶의 구성을 어떻게 하며 살아갈 것인가를 끊임없이 탐구하는 시기이다. 즉, 인간은 신체·정신적으로 조화로운 이성과 판단을 가졌는가? 만약 올바른 가치관과 정체감이 없다면 그 원인은 무엇인가? 자신이 속한 사회의 중요한 일원인가? 그 사회는 나를 얼마나 필요로 하는가? 사회에 구성원으로서 할 수 있는 일은 무엇인가? 그 일을 하기 위해 가지고 있는 재능을 어떻게 활용하면 좋을 것인가? 과연 나 자신은 정상적인 사고를 하는 사람인가? 등 자신에게 의문을 던지며 실존적인 삶을 추구한다.

세상에 태어남과 동시에 인간은 세상에서 어느 한 위치를 차지하게 된다. 한 인간이 세상과 관계를 맺는 첫 순간이 탄생이며 또한 다른 인간과 구별되는 독립된 존재가 된다. 이렇듯 인간은 시·공간적으로 열린 사회생활을 통해 사회 속에 존재하며 동시에 사회적 의미를 가진다.

이러한 사회생활은 가정에서 사회로 옮겨 가는 과정에서 어려움을 경험하게 한다. 즉, 사람과 환경, 기회와 도전 등에서 망설이기도 한다. 이럴 때 우리는 생각이나 느낌, 감정을 전달할 때 자기표현의 수단으로 언어와 행동을 사용한다. 특히 언어는 그 사회 속에서 대인 관계를 맺어주는 중요한 역할을 한다. 따라서 언어를 이해하지 못하면 인간생활을 정상적으로 영위할 수 없게 된다. 인간에게 공기가 필수적인 것처럼 언어도 사회생활의 관계를 유지하기 위해 기본적인 소통 기술이다. 언어는 상호 관계의 중요한 소통 도구이며 언어적 표현이 유창하다는 것은 감정 표현이 자기 생각대로 잘되는 것이며 정서적으로 안정된 상태라 볼 수 있다.

인간과 환경은 자연스럽게 연결되어 사회에서 요구하는 수준의 기대는 일반적인 수준의 자기표현이므로 사회적 기술 능력이다. 복잡·다양해진 사회는 보다 나은 자기표현을 요구한다. 이러한 자기표현과 자기주장이 정도의 차이가 있지만 사회에서 불이익을 강요당하거나 부당한 차별대우를 받게 될 위기에 놓였을 때에도 자기다운 목소리가 상대방에게 전달되어야 한다. 자기다운 목소리를 내도록 하는 일은 가정과 학교, 사회에서 실행되어야 한다. 자기표현을 망설이는 사람과 강하게 주장하는 사람과의 책임소재 논란은 공공연하게 발생하는 일이다. 따라서 언어로 바람직한 자기 주장과 자기표현을 하는 것은 상대방의 권리를 침해하지 않는 범주 안에서 능동적으로 권리를 주장하고 욕구와 생각을 나타내는 것이다. 즉, 자기표현이란 안에서 느끼는 감정을 정확하게 인식하여 정서를 왜곡하지 않고 적절한 방식으로 표현하는 능력이며, 이때 언어적 표현과 비언어적인 표현으로 구분할 수 있다. 언어로 감정과 기분을 명명할 줄 알고 변별하며, 왜곡 없이 표현하는 것과 표정이나 몸짓, 말투 등을 이용하여 감정을 솔직하고 자유롭게 전달하는 것이다. 이장호(1992)는 자기표현은 불안 없이 의사 및 감정을 소통하는 일체의 행위라고 규정하고 자기와 관련된 생각과 감정이 중요하며 자기를 표현하는 능력과 대상, 그리고 표현의 내용 등에 있어서 유연성과 다양성이 있어야 한다고 하였다. 생각과 느낌을 타인에게 적극적으로 나타내는 '자기표현'은 두 가지 중요한 기능을 가지며 첫째, 개인의 권리를 지키는 기능을 가지고 있다. 둘째, 개인의 정신건강을 지키는 기능을 가진다(박경아, 2010).

자기표현(self-expression)이라는 말을 '아이디어와 사고의 표현'으로 종종 잘못 이해하는 경우가 있다. 대부분 우리의 사고와 아이디어는 그대로 표현된다. Wolpe(1966)는 '주장반응·주장행동'이라는 용어를 사용하면서 자기표현이란 타인에게 불안을 느끼지 않고 자기의 감정을 적절히 표현하는 것이라고 정의했으며, Adler(1976)는 '자기표현이란 확신을 가지고 기술적으로 자기의 생각이나 감정을 폭넓게 전달하는 능력'이라고 정의하면서, 자기표현이 언어는 물론 비언어적 행동을 통해서도 성취될 수 있다고 주장하여 비언어적인 행동도 포함시켜야 한다고 하였다(김언숙, 2008). 그리고 Alberti와 Emmons(1982)는 '자기표현은 자신에게 최선의 이익이 되도록 행동하며, 불안에 얽매이지 않고 솔직한 감정을 편안하게 표현하고, 타인의 권리를 무시하지 않으면서도 자신의 권리를 실현할 수 있게 하는 행위'라고 하였다(여환주, 1996). 따라서 자기표현은 생각(thought)을 포함하여 분노와 애정, 고통과 자부심, 감사 등 다양한 감정을 상대방에게 전달하는 바람직한 의사소통의 행위 일체를 일컫는 말이다. 예를 들어, 생각을 전달하는 것으로 무엇을 하고 싶다고 말하고, 그렇게 해야만 했던 이유를 말하고, 결과에 대한 이해를 구한다거나 이렇게 하려고 했다고 설명하는 것이며, 이렇게도 하고 싶다고 대안을 제시한다거나 왜 이러한 것을 해야 하는지를 다시 되묻는 기술이다.

자기표현 능력을 가진 사람들은 분노와 애정, 감사와 고통, 자부심 등 다양한 감정에 충실하기 때문에 자기표현을 잘하게 되며 자신감을 가지게 된다. 그러나 '싫다', '안 한다', '못 하겠다', '못할 것 같다', '다음에 하면 안 될까요', '내가 할 만한 일은 아닌 것 같으니 다른 사람을 찾아보십시오. 이런 일은 하고 싶지 않은데 어쩌죠. 다른 분이나 다른 방안을 찾아보십시오', '다음에 기회를 주십시오. 그때 최선을 다해보겠습니다', '이런 경험은 처음이라서 당혹스럽습니다' 등의 표현은 자신과 상대방에 대한 상황과 심리적인 상태를 고려하는 표현들이다(김연재, 2016).

구체적으로 성인기 여성은 인간관계 속에서 자신을 파악하기 때문에, 좋은 관계를 유지하고 타인에게 좋은 인상을 주기 위하여 관계 안에서 더욱 분노를 억압한다. 여성의 삶에서 분노는 부정되고 억압되어 여성이 분노를 건설적으로 표현하지 못할 경우 왜곡된 형태로 드러나게 된다. 여성주의 심리학자들은 분노를 표현하는 것은 잘못된 관계에 대한 변화를 위한 신호로 이해한다. 그리고 여성이 분노를 인식하고, 가부장적 사회의 차별적 인식 속에서 억압해 왔음을 지적하며 변화를 위한 매개체로써 사용할 것을 권한다.

우리는 고대로부터 인류문명이 발달하면서 돌에 새겨진 그림이나 화석, 동굴벽에 나타난 해와 달, 동물과 기물들, 그리고 돌담이나 성벽, 글이나 그림을 보면서 인류가 어떻게 자신을 지키고 식량을 비축하며 죽은 사람을 어떤 방식으로 매장하여 영원히 함께할 수 있는지를 알게 한다. 이처럼 미술의 기능은 자신을 보호하는 기본적인 욕구를 그림과 글로 남겨놓았고 사물과 기물을 제작하여 기념비화할 수 있다. 현대에 와서는 자신의 삶을 한 장의 그림과 조각으로 남기는 사람도 흔히 볼 수 있다. 미술로 남겨놓은 과거의 흔적은 역사적 유산이 되며, 인간의 성장과 변화를 추구하는 데 촉진적인 매체가 되어 자아를 강화하는 훈련 도구가 된다. 그러므로 미술의 치유적 기능을 이해하기에 앞서 미술이 가지고 있는 자기표현과 창의성, 그리고 승화의 기능과 가치를 이해해야 한다.

Kramer는 "미술의 치료적 속성은 그림에 대한 환자의 연상을 통하여 자기표현과 승화작용함으로써 자아가 성숙하는 데 있다."고 주장하였다. 즉, 미술 활동을 통해 환자의 파괴적이며 반사회적인 에너지를 분출함으로써 이러한 충동을 감소시키거나 전환시킬 뿐만 아니라 미술작업 과정에서 자신의 원시적 충동이나 환상에 접근하면서 갈등을 재경험하고, 훈련과 인내를 배우면서 갈등을 해결하고 통합한다는 것이다(최외선 외, 2006).

Malchiodi(2000)는 미술치료는 나이와 능력에 상관없이 모든 사람에게 자기표현에 효과적이고 효력 있는 수단이 되며, 모든 사람이 미술의 개선과 복구 능력의 혜택을 받을 수 있고, 치료로서의 미술작품 제작은 선상과 회복, 온전한 삶에 대해 결정적인 역할을 할 수 있다고 하였다. 미술 활동은 다른 사람을 의식하지 않고 미술재료만으로 그들의 분노감정을 표현하는 것이므로 자기표현을 하는 데 있어서 위협적으로 느끼지 않고 쉽게 할 수 있으며, 잠재적 긴장이나 불안도 완화시켜 준다. 따라서 미술 활동은 내면세계에 간직된 감정을 자유롭게 꺼냄과 동시에 언어로서 서로 부딪치는 감정의 위기를 완충시켜주며, 카타르시스 효과도 가져다주어 감정 교류의 조정 역할을 한다(Malchiodi, 1998; Kamer, 1994; 김동연·최외선, 1993).

성인을 대상으로 진행되는 미술치료는 다섯 가지의 특성이 있다(Malchiodi, 2000).

첫째, 미술치료는 시각적 사고를 하게 한다. 미술 활동이라는 시각적 언어는 의사소통으로는 익숙하지 않은 방법이라 자신을 쉽게 숨길 수 없다. 언어로 표현하는 것이 어려운 사람의 경우 미술 활동은 솔직한 감정을 숨기고 회피할 수 있는 방법이 될 수 있다. 미술표현 같은 비언어적 형태의 의사소통은 언어로 접근할 수 없는 생각과 감정의 출구가 된다. 따라서 미술 활동의 이런 가치는 무의식과 표출되지 않은 사고와 감정을 표현하는 길을 열어준다.

둘째, 미술치료를 통해 말로 할 수 없는 것을 표현할 수 있게 한다. 미술표현은 단선적 과정이 아니므로 맞춤법이나 논리와 문법, 구문법 등의 언어법칙에 얽매일 필요가 없어서 동시에 여러 가지 갈등을 표현할 수 있다. Wadeson(1987)은 이를 미술의 동시표현성, 복합공간구조라고 불렀다. 이는 공간과 색, 선을 이용하여 상호 관계를 표현하는 미술의 특징 때문이다. 미술은 언어가 갖고 있는 구조나 조직을 위한 일정한 규칙이 없기 때문에 같은 그림 안에서도 모호하고 혼란스러운 상반되는 요소들이 같이 재현될 수 있다. 모순적 요소들을 포함한 미술의 능력은 갈등의 경험과 감정을 종합하여 통합하도록 도와준다.

셋째, 미술치료는 감정을 해소하는 경험인 카타르시스에 효과적이다. 이는 글자 그대로 정화, 순화를 의미한다. 그림을 그리고 조각을 하고, 그 외의 여러 형태의 미술 활동은 괴롭고 고통스러운 감정으로부터 안도감을 주어 정화시킨다. 따라서 많은 이에게 생각과 경험, 감정을 미술로 표현하게 하는 것은 긍정적 효과를 준다. 이는 외상적 경험이나 감정에 대해 다른 사람들에게 이야기할 수 있도록 자신의 이미지를 표현하는 것이며, 이것이 바로 정화인 것이다. 또한 미술의 결과물을 제작하며 기분을 환기, 이완시키는 생리학적 반응을 일으켜 두려움이나 감정적 스트레스를 완화시켜준다.

넷째, 미술 창작은 삶을 향상시킨다. 심리학자 Maslow는 인간의 기본적 욕구인 음식과 집, 안전이 충족되었을 때, 인간은 자기표현을 위해 강한 추진력을 보인다고 하였다. 집단미술치료사 Moon도 미술 활동은 무의미함과 약물중독, 학대와 역기능적 관계, 권태로운 세상에 의미를 부여하는 데 목적이 있다고 했다. 즉, 미술 활동은 심리적 상실감과 실재론적 의미의 공허함과 같은 느낌을 극복하도록 도와준다. 상상력을 동원하여 미술작품을 만들면 우리는 삶의 새로운 의미를 찾고 우울과 두려움, 공포로부터 안정을 찾는다. 이러한 경험은 미술 활동으로 개인적 만족감을 주는 일, 즉 미술작품에 대한 완성, 진정한 상호 관계를 통해 획득된다. 따라서 미술 활동은 이러한 활기로 활력과 즐거움을 주는 흥미로운 활동이 된다. 사람들은 대체로 미술 활동을 하는 동안 더 활기차고 즐거워하며 미술 활동이 끝난 후에도 다른 사람들과 많은 대화를 나눈다. 이러한 미술 활동으로 사람들은 문제를 창조적으로 해결하고 직관을 갖게 되며 자아실현을 이루고 좀 더 융통성 있는 태도를 가지게 된다. 또한 미술 활동을 통해 새로운 관점과 표현방법, 새로운 생각을 탐구하게 된다. 의미 있는 방식으로 즐거움과 놀이, 창작과 의사소통을 하는 것은 심리적, 신체적, 정신적 건강 측면에서도 필수적이며, 미술 활동은 이러한 경험들을 제공한다.

다섯째, 미술 활동은 마음, 신체, 정신과 깊은 관련이 있다. 미술 활동을 하면서 이 세 가지 영역 모두에 연관되는 불편감에 직면하고 그 문제들을 표현하고 발견할 수 있다. 창작 과정을 통해 감정적 갈등을 전달하고, 신체적 증상에 직면하여 받아들일 수 있으며 희망이나 초월 같은 정신적 경험에 이를 수 있다. 미국 국립대체의학연구소에서는 정신적, 육체적, 영성적 건강에서의 창조적 과정과 이미지의 힘을 인식하여 미술치료를 '정신과 육체의 중재'로 인정하였다(전민정, 2007).

현대사회의 급변하는 구조적 변화와 가치관의 변화로 성인 초기에 수행해야 할 취업과 결혼, 출산과 같은 발달상의 과업을 정상적으로 달성해 나가는 데 있어서 많은 혼란과 갈등을 겪는다. 특히 여성의 경우에는 사회 진출과 성취 욕구, 결혼과 출산이라는 인습적 관점에서 볼 때 불안과 갈등을 이중적으로 겪어야 하므로 남성보다 더 자아정체성의 혼란에 빠지게 된다.

일반적 발달이론에 의하면 고등학교 졸업 직후의 나이부터 성인기의 시작으로 여기는데, 과거에 비해 여성의 교육 수준이 높아지고 사회진출과 경제활동이 증가하여 현대사회에서 여성 삶의 패턴은 남성과 별다른 차이가 없으며, 대학 진학률에 있어서도 남성과 비슷하기 때문에 남녀 모두 대학이라는 교육공간에서 성인기가 시작되는 경우가 대부분이다. 따라서 이 교육기간을 청소년기의 연장선으로 간주할 수 있으며 현대사회에서 성인기의 시작을 대학 졸업하는 시점인 20대 중반으로 보기도 한다. 이 시기 남성은 취업을 우선 고려하고 이후에 결혼을 선택하는 반면, 여성은 결혼적령 나이를 의식하는 전통적인 사회·문화적 풍토와 가치관의 영향으로 취업과 결혼이라는 갈림길에서 고민과 갈등에 직면하게 된다.

점점 늦춰지는 결혼연령과 급격한 가족구조의 변화, 급증하는 이혼 등 현대사회의 변동으로 야기되는 다양한 사회문제들은 현대인들에게 소외감을 유발시키고 자기상실을 촉진하는 요인이 된다. 또한 일상생활에서 겪는 다양한 스트레스와 과잉자극은 정신을 피로하게 하고 힘들게 하며, 심리적, 물리적, 환경적인 복잡한 상황들로 무력감과 고립감, 불안감을 일으켜 성인이 자아정체성과 삶의 목적을 잃은 채 살아가게 한다. 따라서 이러한 사회변화와 가치관의 변화로 인해 성인 초기에 수행해야 할 취업과 결혼, 출산과 같은 발달상의 과업을 정상적으로 달성하는 데 현대인들은 많은 혼란과 갈등을 겪는다.

자아정체성을 중심으로 자아발달이론을 전개한 Erikson은 청소년기에 이미 자아정체성을 확립한다고 하였으나, 이후 연구에 따르면 정체성의 위기와 형성은 Erikson이 가정했던 것보다 더 오랜 시간이 걸리며 성인기까지 계속되는 경우가 있다. 이는 이혼이나 실직과 같은 인생의 위기에 봉착했을 때 정체성의 문제는 다시 등장하며, 여성의 경우 직업과 가정 간의 균형을 유지하는 데 있어서도 정체성에 대한 갈등을 겪는 등 성인기에도 자아정체성에 관한 문제는 계속 존재한다.

따라서 자아정체성이란 자신이 독립적 존재라는 인식과 감정적인 느낌, 이에 적합한 행동을 일관성 있게 통합시키는 성격의 중요한 부분으로, 계속 변화하고 발달한다. 성인 초기 여성은 결혼과 함께 자기 삶의 영역이 바뀌는 혼란을 경험하고, 이러한 혼란은 중년기 위기와 연결되기도 하여 건강한 자신의 정체성을 확립하는 일은 매우 중요하다.

Erikson이 삶의 주기라고 표현한 심리사회적 발달단계는 신체적 변화와 그에 따르는 정서·인지적 성숙으로 특징지어지는 발달단계로서, 제도적 상황의 새로운 관계적 행동방식과 역할을 보여주며, 그에 따르는 새로운 자아의식을 형성하고 이용할 수 있게 되는 단계이다. 또한 Erikson은 각 단계마다 사회가 요구하는 역할에 따라 새로운 정체성을 형성해야 한다고 하며, 성인 초기의 단계를 '친밀성 대 고립'으로 정의하며 자아정체성이 형성된 젊은이가 자신의 정체성과 타인의 정체성을 융합하려는 욕구가 커질 때 친밀감의 단계에 도달한다고 하였다. 따라서 이 단계에서 직업을 선택하고 인생의 배우자를 만나 결혼하고 가정을 이루어 불안전하고 미완성이지만 성인으로서의 삶의 구조를 수립한다. 또한 계속적인 자기발전을 전제로 책임 있는 사회적·인적 자원으로서의 성인 역할을 발휘하기 시작한다. 따라서 이 단계는 친구나 이성 관계에 우정과 사랑, 성적 친밀감이 수행과제로 주어지며, 실패하면 고독에 빠지게 된다. 그러므로 성공적인 결혼의 필수요소가 친밀감이며 친밀한 인간관계를 맺지 못하면 개인은 고립되어 사회적 공허감이나 소외감을 느끼게 된다.

Levinson은 인생주기 중에 성인의 발달에서 연령과 연관된 몇 가지 단계가 있으며 그 사람이 어떤 의식적 선택을 내리는가와 선택의 결과에 어떻게 대처하는가에 따라 생애구조를 볼 수 있다고 하였다.

레빈슨(Levinson)의 인생주기 발달단계

연령/단계		발달과제	주요성취
0~22세	아동기(0~6세)	•자기-추종과 사회 간의 갈등해결	•나와 나 아닌 것의 구별
	7~11세	•더 넓은 세계(학교, 또래)에 적응	•교육과 학업에 열중
	청소년기 (12~17세)	•신체적, 정서적 변화	•정서적으로 철회 •가족과의 갈등, 미래의 꿈
22~30세	청년기 (성인 도입기)	•초보성인, •최초의 안정된 인생구조	•인생의 꿈 설계 •사랑과 가족 관계 형성
30세	과도기	•최초의 인생구조 수정	•청년기의 결점 수정 •거대한 꿈 시도
33~38세	성인 정착기	•두 번째 인생구조 •새로운 안정성	•권위적 목소리로 이야기 •가정, 가족에 대한 충고 •기업의 계급 중요
37~40세	과도기	•파괴하기 •많은 격변: 이혼, 이직	•꿈과 인생목표 재평가
43~65세	장년기	•세 번째 인생구조	•삶의 질이 중요 •우정과 정서적 관계
50세	과도기	•30세 때와 같은 재적응	•중년기 위기를 대면하지 못한 사람은 큰 위기
53~60세	장년기의 절정	•네 번째 인생구조와 정착	•성공적으로 개별화된 개인은 큰 만족을 얻음
60~65세	과도기	•주요 전환점 •퇴직/인생, 직업구조의 변화	•이미 중심단계가 아님 •현명한 지혜

출처: 김애순(2004)

Levinson의 인생주기에서 성인 초기는 성인발달에 있어서 결정적 발디딤을 하는 시기이고, 역동적인 시기로서 생리적 기능이 최고봉에 달하는 때이며 성인으로서의 정체성을 형성함에 있어 초석을 놓을 때이다. 또한 성인 초기를 청년기인 성인 도입기(22~30세)에서 시작하여 30살 과도기로 이어지는 것으로 보았다. 성인도입기(22~30세)는 새로운 자아와 세계를 탐구하는 개척기이다. 직업을 찾고 배우자를 만나 결혼하고 출산하여 불안정하고 미완성이지만 삶의 구조를 수립하고 책임 있는 성인이 되는 시기이다. 여기에서 직면하게 되는 문제는 새로운 성인 세계에 정착하기 위해 자유로운 탐구와 확고한 선택이다. 즉, 직업적인 꿈을 가지는 일과 배우자의 선택 등이 여기에 해당한다. 꿈을 형성하는 시기이므로 생업에서 꿈의 실현 가능성을 모색하기 위해 많은 경험과 실험을 필요로 한다.

30살 과도기는 직업을 가지고 가정을 수립하여 성인 준비가 끝날 즈음에 해당한다. 특히 남자의 경우 20대에 결정한 직업과 삶의 구조에 대한 의구심이 생기기 시작한다. 여기서 새로운 선택의 모험을 감행할 것인지, 이대로 정착할 것인지에 대한 갈등이 시작된다. 30대 변화기 동안의 삶은 더 신중하고 제한된 생활이 되며 더욱 현실적이다. 그리고 이 시기는 초기 성인기 삶을 더 만족스럽게 할 수 있도록 두 번째 기회가 제공되는 시기이다. 따라서 삶의 구조에 대한 수정기라 할 수 있다. 이는 Levinson의 성인 초기의 정체성은 개인의 인생에 있어 안정된 정착기로 들어가기에 앞서 확고한 자기정체성을 갖고 선택의 갈등에 대한 판단과 결정을 하는 시기라 하겠다.

Jung은 인간의 일생을 다음의 인생주기 연령도표와 같이 아동기, 청년기-중년기-성숙기, 노년기의 4단계로 나누며 각 단계마다 성취해야 할 특정 과업이 있고, 각각의 과업에는 특정의 요구와 가치가 있다고 하였다.

융(Jung)의 인생주기 연령도표

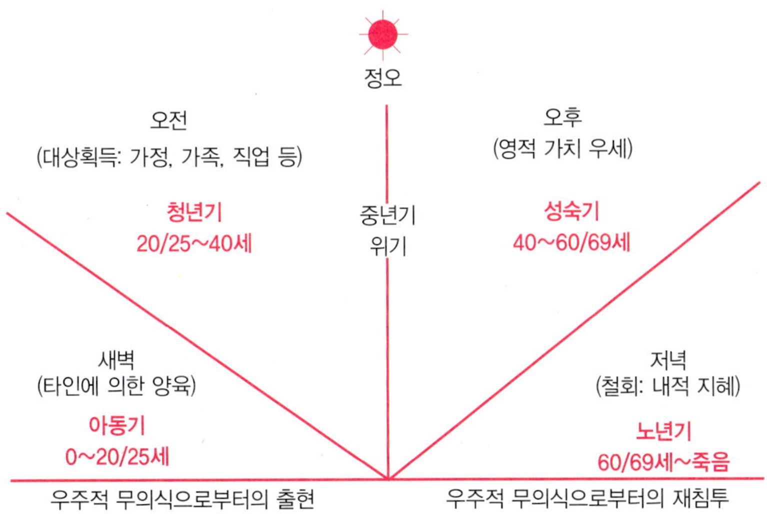

'인생의 아침'에 해당하는 두 번째 단계인 청년기는 20대 초반에서 40세까지이며, 연령분포상 성인 초기에 해당하는데, 이때의 과업은 자아 콤플렉스(ego complex)의 발달과 소유의 획득(acquisition of possession)이다. 여기서 Jung이 의미하는 자아 발달은 높은 수준의 자아정체성과 성격의 지속성을 갖는 의식의 질적 차원을 의미하는 것이며, 이 시기에 개인은 직업과 직장, 배우자와 자녀, 집과 자동차 등 여러 종류의 소유물을 획득하게 된다. 그리고 이 시기의 인생 목적은 명예와 돈, 성공과 지위기 때문에 과업지향적 행동, 즉 경쟁과 노력을 기울인다.

성인 초기에 수행해야 할 과업으로서 Erikson과 Levinson, Jung이 공통적으로 말하고 있는 것은 인생 전체에 있어서 가장 중요한 선택의 문제인 취업과 결혼, 출산 등을 이 시기에 해결해야 할 과제로 보고 있다. Erikson의 경우 이 시기의 과제를 원활히 해결하기 위해서 친밀감 획득에 대한 중요성을 언급하며 타인과 관계할 수 있는 연합 능력이 곧 자아정체성 확립이라 하였다.

Levinson과 Jung 역시 위에 언급한 성인 초기의 과제를 수행함에 있어서 선택의 갈등과 획득의 성취를 이루기 위해 무엇보다 개인의 정체성이 확고하게 확립되어야 함을 강조하였다. 또한 Havighurst는 발달과업의 정의를 각 발달단계에서 반드시 획득해야 하며 만약 획득하지 못하면 그 단계는 물론 그 이후의 단계에도 적응에 장애가 되는 행동특징으로 나타난다고 정의하였다. 이에 성인 초기 획득해야 할 과업으로 다음과 같이 열거하였다.

① 배우자 선정하기
② 결혼 후 배우자와의 동거생활하기
③ 육아에 대한 기본적 지식 학습하기
④ 가정관리에 관한 기본적 지식 학습하기
⑤ 직업 가지기
⑥ 마음에 맞는 사교적 집단에 참여하기
⑦ 시민으로서 사회적 책임 감당하기

성인 초기 과업을 수행하는 데 수반되는 전반적인 문제는 크게 '20대의 도전'과 '30대의 의문'으로 나누어 살펴볼 수 있다. 우선, 20대 도전은 성인 초기 이전에 관계를 주로 맺어 왔던 가족이나 또래 관계 이외의 사람들과 성공적 친교를 맺는 것이며, 이를 성취하기 위해 일종의 모험이 따르는 과제로서 도전이라 표현할 수 있다. 즉, 20대 도전에서 발생하는 스트레스의 원인은 부모나 친구, 직장동료 간의 갈등 관계를 참고 견뎌야 하는 데서 오는 것이 대부분이므로 직장생활에서뿐만 아니라 개인생활과 가족생활에서 만족스러운 관계를 유지하는 것이 이 시기가 요구하는 하나의 과업이라 하겠다.

Levison(1986)도 중년기를 전환기로서 다음 단계를 보다 성공적으로 맞이하느냐, 절망적으로 맞이하느냐를 결정하는 결정적 시기라고 하였다. 중년의 발달 과정상 생기는 위기감을 인생의 유익한 시기로 전환시키고 다가올 노년기를 준비하기 위해 위기를 이해하고 적응력을 강화하여 삶의 만족감을 갖기 위한 개입 방안의 하나로 집단상담을 들 수 있다. 중년 성인들의 경우 언어적인 의사소통이 자신을 표현하는 것에 익숙하여 미술이라는 매체를 활용하여 접근하기에는 어릴 적 미술에 대한 부정적인 경험으로 인하여 회피하는 경향을 보인다. 따라서 중년의 성인에게는 언어적인 소통을 기반으로 프로그램을 시작하든지, 아니면 잡지 콜라주, 만다라 채색하기, 색종이로 이름 꾸미기 등 쉽게 미술 매체를 활용할 수 있는 단계에서 프로그램을 시작하는 것이 좋다.

중년을 위한 집단미술치료는 심리적 소진에 대한 회복과 예방적 차원의 화, 분노, 우울, 스트레스, 결혼생활에 대한 다양한 문제해결로 나를 찾기 위한 모임, 즉 동반자적인 입장에서 상대방의 거울이 되는 집단구성원으로 구성되며, 집단구성원을 통해 다른 모습으로 나를 경험하게 한다. 이때 치료사는 집단의 발달단계를 명료하게 해 주는 역할에서 집단의 흐름에 방해가 되지 않게 한다.

중년이 겪어야 하는 갱년기 위기감에 효과적으로 대처할 수 있는 개인의 대처 능력과 현실 수용, 문제 인식, 가족의 역동성을 구체적으로 인식하도록 함으로써 자아분화 수준과 결혼만족도를 향상시키는 데 집단미술치료의 목적이 있다.

중년의 프로그램은 자발적인 욕구보다는 정해진 목표와 구조화된 미술치료 프로그램으로 성인을 모집한 후에 미술치료를 진행한다. 집단에서 미술 활동은 자신의 결과물과 경험을 이야기하고 의견을 교환함으로써 언어적 혹은 비언어적 자기표현을 증진시키고, 구성원 간의 역동적인 상호작용을 통하여 자신과 타인에 대한 신뢰감을 형성하며, 대인 관계를 증진시키는 효과가 있다.

미술을 매개로 하는 집단미술치료는 집단상담을 진행하는 과정에서 미술 매체를 사용하는 것으로 집단상담에서의 집단응집력과 미술작업이라는 창조적 활동을 결합한 형태이다. 집단미술치료 프로그램 과정에서 결과물은 중년기에 겪는 우울과 정서적 위기의 기저에 깔린 핵심적 원인에 접근하여 숨겨진 내면의 모호한 감정을 표출시키고 복잡한 정서를 상징적으로 표현하는 데 좋은 도구이다. 결과물을 통하여 자아의 능력을 재발견하거나 성취감을 경험할 수 있으며 이러한 측면은 자아존중감을 높이는 데 도움이 된다. 삶의 만족은 자신을 가치 있게 여길 때 긍정적 사고와 자아상을 지닐 수 있으며 따라서 낙천적인 태도와 감정을 유지할 수 있다.

5. 노인 집단미술치료

노년기의 노인들은 경제적 능력을 상실하고 신체적 적응력이 퇴화하며 친구 혹은 배우자의 질병이나 죽음을 경험한다. 또한 사회의 변화 등으로 인하여 가족들과의 분리된 생활로 인해 심리적 상실감과 소외감 또는 활동에 대한 욕구나 동기가 감소되어 수동적 태도를 가지게 되며 죽음에 대한 두려움과 자율성의 감소, 자기에 대한 절망과 혐오 등의 심리적 불편감으로 인하여 삶의 방향을 잃게 되면서 노인 우울에 빠지는 경우가 많다. 하지만 노년의 특성에 근거하여 노년기를 부정적으로 인식할 것은 아니다. 노인이 가진 장점을 어떻게 노년기에 적용하며 사느냐에 따라 신체적, 사회적 기능의 저하가 노인으로 하여금 내적 세계와 사색의 시간을 가질 수 있는 기회를 주게 되며, 노인에게 삶을 긍정적 인식으로 바라보도록 하는 것이 중요하다(정여주, 2003). 노인들은 오랜 시간의 경험을 통해 습득한 삶의 지혜와 현명한 행동을 할 수 있음을 간과하지 말아야 하며, 자신의 삶을 긍정적으로 받아들이고 책임지도록 하는 것이 매우 중요하다.

Erikson은 노년기를 심리사회적 발달단계의 8단계인 자아통합 대 절망의 시기로 삶을 조화로움과 진실을 마주하며 지혜롭게 사는가, 아니면 인생을 원망하며 사는가로 나눠보았다. 따라서 자아통합감은 Erikson(1967)과 정여주(2006)가 제시한 8단계로 나눈 인간 전 생애 중 마지막 단계에서 성취해야 할 과업이다. 노년기에는 성공적인 생을 마무리함과 동시에 자아통합감을 형성하는 것이 중요하며, 그렇지 못한 경우에는 절망감으로 이어진다. 노년에 자아통합감을 성공적으로 형성하는 방법은 정서적 부적응을 많이 보이는 시설노인에게서만 필요한 것이 아니라 모든 노인이 성공적인 노화와 생의 한고비를 현명하게 넘기기 위한 것이라 할 수 있다.

Erikson(1963)은 자아통합을 이룬 사람은 사회적 질서와 전 생애에 대한 자기성찰로 인생의 의미와 질서감을 획득하며 노령사회의 사회적 과제에 대한 해법으로 제시하였다. 노년기의 자기성찰은 죽음의 의미를 받아들이고 미래에 대한 희망과 지나온 생애에 대한 감사성향(感謝性向)을 유발하게 하여 과거에 대한 긍정적 정서를 갖게 되며 지나친 후회와 실망감은 무기력해지며 죽음에 대한 극도의 두려움을 갖게 한다. 그러므로 생애의 마지막 단계인 자아통합감은 고령노인들의 심리적인 문제를 완화시키고 성공적인 노화를 통해 증진된다.

Emmons(2004)는 예전부터 종교와 철학에서 인간의 행복을 위해 끊임없이 갈망하는 욕구와 불가피한 불행을 극복할 수 있는 중요한 방법으로 감사성향을 강조했다. 또한 감사는 초월성의 미덕에 속하며 개인적, 관계적으로 안녕감을 향상시키고, 사회 전반적으로 아주 유익하다는 점에서 인간의 큰 강점이라고 하였다(Emmons & Crumpler, 2000). 아울러 Gitzgera1d(1998)는 감사(感謝)는 인간이 가지는 특질의 하나로, 시간과 공간을 넘어서 지속되는 고마워하는 마음이며, 행복한 삶에 도움을 주는 덕목으로 문화적 차이와 시대를 초월하여 감사의 경험과 표현은 인간의 개성과 사회적 삶을 위한 기본적이고 바람직한 특성으로 다루어져 왔다고 하였다(Christoper, 2004; 문용린, 2009). 이처럼 감사는 모든 연령에서 삶의 만족을 가장 잘 대변하는 '단일변인(單一變因)'으로서 영적인 안녕을 나타낸다.

따라서 보편적 자아통합의 정의는 노인의 성공적인 노화를 위한 정서·심리적 안녕 상태에 반하는 기준으로서 사기(morale), 행복감(happiness), 정신건강(mental health), 생활만족(life satisfaction), 개인적 적응(personal adjustment), 심리 안녕(psychological wellbeing) 등 다양한 개념을 내포하는 상호교차적인 의미를 갖고 있다(진정아, 2006).

결론적으로 Erikson(1963)은 자아통합을 지나온 일생을 돌이켜보면서 그동안의 일에 대한 자기만족과 겸허하지만 확고하게 살아온 인생을 수용하는 긍정적 정서를 느끼는 것으로 정의했다. 동시에 자아통합을 노인의 '지혜'와 유사하고 지혜는 '죽음과 마주해서도 인생에 대한 초연한 관심'으로서 인생 후반기의 지적인 힘일 뿐만 아니라 중요한 심리적 자원이라고 하였다(Erikson, 1986). 그러므로 '지혜'와 '통합'의 참뜻은 본래의 모습으로 회귀하는 것을 의미하며, 노년의 지혜를 갖지 못한다면 과거와 현재의 장점을 평가하는 척도를 잃는 것과 같다고 자아통합의 중요성을 역설하였다(Erikson, 1963). 이 밖에도 Havighurst(1977)는 자아통합이란 노년기에 사회로부터 요구되는 기술의 습득과 능력에 대한 성공적 적응의 결과물이라 하였다. 따라서 자아통합을 이룬 사람의 특성은 자신의 삶은 자신이 선택한 결과물이라고 생각한다. 이들은 현재의 삶을 긍정적으로 받아들일 뿐만 아니라 죽음도 삶의 일부로 수용하며 과거를 늘 감사한 마음으로 되돌아본다(김효정, 2010; Marshall, 1975). 그리고 Ryff(1989)는 자아통합의 범주를 자기수용과 타인과의 긍정적인 관계, 자율성과 환경에 숙달, 인생의 목표와 개인적인 성장으로 여섯 갈래로 구분하고 노년기의 바람직한 발달과제로서 자아통합의 수용과 지혜를 제시하였다.

또한 자아통합이란 구체적으로 자신의 운명에 대한 사랑이고 부모에 대한 감사이며 온갖 역경과 어려움에도 불구하고 삶의 존엄성과 가치를 믿고 확신하는 것이다. 이 밖에도 자아통합은 지나온 생애에 대하여 만족하고 최선을 다해 노력해 온 의미 있는 인생이었다고 생각하고, 달성하지 못한 일보다는 그동안의 과정과 행운에 감사하며 앞으로 다가올 죽음을 인정하고 기다리는 태도를 갖는 것이다. 노년기에 발생하는 여러 가지 신체적, 정신적, 사회적 제약에도 불구하고 내가 갖지 못했던 것과 내가 가졌던 모든 것을 인정하고 내 삶이 인간의 긴 역사 가운데 일부분으로서 최선을 다했다고 스스로 평가하는 것이다. 여인숙(2005)은 자신의 과거와 현재 그리고 미래를 바라보고 수용하며 인생의 긴 여정을 더불어 살아가는 사람들에 대한 깊은 배려로 세상을 살아가는 지혜를 얻는 것이 자아통합이라고 정의하였다. 최금주(2009)는 자아통합을 노년기의 심리적 안녕감을 대변해 주는 것으로 지나온 생애를 수용하고 현실의 생활에 충실하며 다가올 죽음을 인정하고 준비하는 것이라 하였다.

노년기는 다른 연령과는 다르게 다양한 특성이 있다. 노년기는 신체기능의 약화와 질병 등 신체적, 생리적 변화뿐만 아니라 은퇴와 함께 경제적 불안정, 사회와 가정에서의 역할변화를 겪는 시기이다. 또한 심리적 적응의 문제로 인해 나타나는 우울, 고독감, 소외감, 죽음에 대한 공포까지 신체적, 심리적, 사회적 변화로 인하여 생겨나는 많은 문제를 가지게 되는 시기이다(이명숙, 2003).

노인의 삶 만족도는 현재생활에 대한 만족뿐 아니라 현재까지 살아온 삶에 대한 종합적인 만족도로, 노인은 지나온 자취를 돌아보는 자아성찰을 통하여 더 나은 여생을 준비한다고 하였다(Neugarten, 1996). 이는 노인이 자신의 인생을 성공적이고 가치 있다고 인정하고 판단하는 심리적 안정감이나 주관적 복지 상태를 드러내는 것으로 성공적인 노화라 할 수 있다.

이는 개인이 노년기로 접어들며 습득하도록 사회로부터 요구되는 능력과 기술에 대한 성공적인 적응의 결과이다. 또한 일생에 대하여 후회 없이 수용하고 현재 생활에 만족하며 과거와 현재, 미래 간에 조화된 견해를 가지고 궁극적으로는 죽음에 대한 공포가 없는 상태로서 노인의 심리적인 안녕을 반영하는 보다 일반적이고 포괄적인 개념이라고 하였다(김안젤라, 2003).

노년기에 경험하게 되는 적응력의 감퇴와 많은 상실은 가족 내의 역할 변화 등으로 나타나 노인에게 부정적인 심리 상태를 유발하게 한다. 그러므로 노인이 자기 자신을 존중하는 마음을 가지고 동시에 자기를 긍정적으로 보도록 동기를 부여하는 것은 노후 적응의 중요한 요소가 된다. 그렇기 때문에 이러한 노년기의 심리적 특성을 토대로 하여 노인이 스스로 지나온 일생에 대하여 의미를 부여하고, 현실의 상황에 적응하며, 앞으로 다가올 죽음을 인정하고 기다리는 태도를 가지도록 하여 삶의 만족도를 향상시키고 자아통합을 이루는 것이 무엇보다 중요하다.

Erikson(1997)은 노년기 자아통합이라는 발달과제의 달성을 하기 위해서 회상이 중추적인 역할을 한다고 했다. 노년기에는 일생을 회고하는 상황이 증가하는데, 인생에 대한 회고는 과거를 돌아보며 자기 인생의 경험을 재조직하는 과정이다. 노인은 이러한 과정을 통하여 지나온 삶의 발자취를 정리하게 되고, 인간관계에서의 사랑과 미움의 감정을 순화시키며, 인생을 수용함으로써 허심탄회함, 자아통합감, 초월감, 삶의 지혜 등을 얻을 수 있고, 죽음에 대한 불안감도 떨쳐버릴 수 있다(한정란 외, 2004).

신체적으로는 노인들에게 있어서 가장 불안하게 만드는 질병이 치매이다. 치매에 대한 다른 나라에서 실시된 조사에 따르면 치매 유병률은 65세 이상 인구의 약 5~10%이고 연령이 높아질수록 빈도가 높게 나타났다(보건복지부, 2016). 우리나라의 유병률은 65세 이상 인구의 8~10%이다. 남성의 경우 7.2%이고 여성의 경우 14.2%가 치매를 겪는다(조맹제, 2008). 우리나라 치매노인 수는 매년 증가하는 추세에 있으며, 치매 유병률 또한 지속적으로 증가하여 2020년에는 84만 명, 2030년에는 약 127만 명, 2050년에는 약 217만 명으로 매 20년마다 2배씩 증가할 것으로 예상하고 있다. 이러한 급격한 고령화 사회 진입은 단순히 노인만의 문제가 아니라 사회구성원 전체에 해당하는 다양한 사회문제를 야기하여 세대 간의 갈등을 불러일으킬 수도 있다.

치매라는 단어는 'dementia'라는 라틴어의 'dement'에서 나온 단어로 '제정신이 아닌' 상태를 뜻한다. 이러한 치매는 정상적인 뇌가 후천적으로 외상이나 질병 등 외부적 요인으로 인해 손상되어 학습, 언어, 지능 등의 인지기능과 정신기능의 손상이 일어나며 이로 인해 사회적, 직업적 기능 그리고 대인 관계를 유지하는 능력을 상실하는 복합적인 임상 증후군이다(이윤로, 2000). 미국 정신의학협회(American Psychiatric Association)의 DSM-5(Diagnostic and Statistical Manual of Mental Disorders)에서는 치매를 '섬망, 치매, 기억상실증 및 기타 인지적 장애'라는 범주에 포함하고 있다. 세계보건기구(WHO)의 국제질병분류 10판(ICD-10, 1992)에서는 치매를 보통 뇌의 만성 또는 진행성 질환으로 인한 증후군이며 이로 인한 기억력, 사고력, 지남력, 계산, 학습능력, 언어 및 판단력을 포함한 고도의 대뇌피질 기능의 다발성 장애로 정의하고 있다.

치매는 발병 원인에 따라 퇴행성 치매와 혈관성 치매, 감염으로 인한 치매와 대사성 및 독성 치매, 외상 후 치매 등으로 나눈다. 이 중 퇴행성 치매에 속하는 것이 알츠하이머(Alzheimer) 치매와 파킨슨병으로 알츠하이머 치매는 전체 치매의 50%를 차지하는 흔한 치매이다. 이는 대뇌의 위축과 신경세포의 소실 등으로 시석 능력을 상실한 퇴행성 피질성 치매이다. 파킨슨병은 뇌의 일부에서 신경전달물질인 도파민이 결핍되어 나타나는 질환으로 50~60세 사이에 주로 발생하나 아직 정확한 원인을 모르는 퇴행성 질환이다. 따라서 운동장애의 특징을 보이며 운동완만과 운동과소증, 떨림 등이 동반하여 발병하며 파킨슨병에서의 치매 발생률은 35~55% 정도로 추정한다(최영석, 2017).

다음으로 전체 치매의 20%를 차지하는 혈관성 치매는 뇌출혈과 뇌경색 등 뇌혈관질환이 원인으로, 혈관에서 혈액순환이 되지 않아 신경세포가 죽어 지능이 저하되는 치매이다. 이러한 치매는 인지기능과 정신능력의 단계적 악화 양상을 보이고 팔과 다리 등의 마비나 언어 장애와 시야 장애로도 흔히 나타난다. 이 혈관성 치매는 고혈압, 당뇨병, 심장병, 비만 등이 있는 사람에게서 잘 발병한다. 이렇듯 알츠하이머 치매 및 혈관성 치매가 치매의 대표질환으로 알려져 있다.

치매는 보통 오랜 기간에 걸쳐 서서히 진행되며 발병 원인에 따라 다양한 증상이 있으나, 공통적으로 발생하는 증상으로 보면 크게 인지적 증상(cognitive symptom)과 비인지적 증상(noncognitive symptom)으로 나눌 수 있다. 인지적 증상에는 언어 장애, 기억력 장애, 지남력, 판단력 장애 등이 있다. 언어 장애는 치매의 초기에 나타나는 것으로, 필요한 단어가 생각나지 않고 특정 단어를 반복적으로 되풀이하는 증상으로 인해 언어 소통의 어려움을 겪게 된다. 기억력 장애 역시 치매 증상 초기에 발생하는 증상으로 오랜 과거의 일은 분명하게 기억하지만 비교적 최근의 일을 기억하지 못하는 증상으로 단기 기억의 기능 손상을 나타낸다. 이것은 새로운 정보의 습득과 저장의 어려움을 의미하는 것으로 장기 기억력 손상으로도 이어진다. 그리고 지남력 장애로 인하여 날짜나 계절에 대한 인지력이 상실되어 실수하거나 길을 잃어 목적지를 찾아가지 못하는 증상이 나타난다. 그리고 필요 없는 곳에 돈을 잘못 사용하는 등 판단력 장애도 나타난다.

비인지적 증상에는 우울증, 행동 장애, 인격 장애, 망상 및 환청 등이 있다. 치매노인의 40~50%에서 우울과 불안 증상이 나타나는데, 이는 치매 초기 단계에 주로 많이 나타나며 치매가 진행됨에 따라 우울증과 치매가 구분하기 어려워진다. 치매노인은 정서가 불안정하고 과도한 긴장으로 인해 의욕을 상실하거나 자기비하가 심해지고 수면 장애와 식욕부진 등의 증상을 보인다. 망상과 환각 증상은 치매 환자의 15~40%에서 나타나며 물건을 자주 잃어버리거나 다른 사람을 의심하고 피해망상 증상을 나타낸다. 치매의 예후를 보면 노년기 치매로 진단되었을 경우 5년 내 사망률이 80%에 이를 정도로 높다. 치매 고령자들을 5년간 추적조사를 했던 한 보고서에 의하면, 정상 고령자의 사망률이 33%였던 것에 비해 치매 고령자의 사망률은 86%로 높은 수치를 나타내고 있다. 나아가 치매 정도에 따라 5년 후의 76%, 87%로 임상적으로 치매의 정도가 진행됨에 따라 사망률이 증가하고 있다는 것을 알 수 있다. 이렇듯 치매의 예후는 전반적으로 좋지 않으나 이것도 관리나 심리적, 사회적 요인에 따라 달라질 수 있다(장상근, 2004).

치매는 임상적 분류에 따라 경증, 중등증, 중증으로 나뉜다. 정도에 따라 전반적인 상태와 증상을 나눌 수 있다(최영석, 2017). 경증은 아직 독립적인 생활을 유지할 수 있으며 비교적 온전한 판단력을 보유한 상태를 말한다. 그러나 기억장애나 인식장애가 있으며 집안일이나 집 밖의 활동에서는 약간의 보호와 도움이 필요한 상태이다. 중등증은 의식주의 일상생활에 있어서 많은 부분 다른 사람의 도움을 받아야 할 수 있는 상태로 독립적인 생활을 할 수 없는 상태이다. 즉, 장기요양보호가 필요한 상태라 볼 수 있다. 마지막으로 중증은 일상생활의 능력이 상당히 감퇴되어 모든 일상생활을 타인의 도움 없이는 불가능한 상태이며 또한 기억력과 판단력이 상당히 감퇴되어 문제행동을 자주 보인다. 치매의 수준별 분류는 다음과 같다.

〈치매의 수준별 분류〉

구분	정도	내용
경증 (1단계)	사회생활에 지장을 초래한다.	흥미 감퇴
		계산 장애
		건망증이 심해진다.
		생각이 한군데로 모아지지 않는다.
		주의력 감퇴
중등증 (2단계)	가정생활에 지장을 초래한다.	최근의 기억 장애
		경증의 지남력 상실
		지적 노동 불능
중증 (3단계)	셀프케어를 할 수 없다.	고도의 목표인식 상실(길을 잃는다)
		일상생활에 지장을 받는다.
		연령, 생년월일을 잊는다.
		무위, 실금

출처: 장상근(2004)

2016년 기준(중앙치매센터, 2017) 치매유형별 환자 수는 알츠하이머형 치매, 기타 유형의 치매, 혈관성 치매 순으로 많으며, 치매중증도의 경우 치매임상평가척도(Clinical Dementia Rating: CDR)를 이용하여 치매 중증도를 분류하였을 때,

CDR이 0.5는 최경도, 1은 경도, 2는 중등도, 3 이상은 중증 치매로 분류하며, 최경도, 경도, 중등도, 중증 순으로 높음을 알 수 있다.

65세 이상 치매 환자 수는 2016년 약 66만 명으로 전체 65세 이상 노인인구의 약 9.8%로 추정되고 있으며, 65세 이상 전체 치매환자 가운데 여성 치매환자의 비율이 약 64%로 남성에 비해 더 높게 발병하고 있다. 치매환자는 60~64세 구간에서 85세 이상 구간으로 갈수록 급속히 증가함을 나타내고 있다(중앙치매센터, 2017). 이 중 경증치매노인은 65세 이상의 노인으로서 지능이 완전히 발달한 후 의식의 장애 없이 발병 전에 비해 전반적인 인지기능 및 정서의 장애를 보이는 증후군이다. 이 단계에서 가족은 거의 알아차리지 못하는 경우가 많다. 행여 약간의 특이점을 인식하더라도 대부분 단발성이며 연속해서 일어나지 않으므로 나이 탓으로 여긴다. 따라서 이 단계에서 병원을 방문하는 일은 드물고 가정생활에서는 거의 증상이 두드러지지 않지만 사회생활이나 직업기능을 하는 데 있어서 지장을 초래하기 시작하며 본인도 어느 정도 인식하게 된다(장상근, 2004).

경증 치매 초기에는 감정의 기복이 심하고 삶에 대한 의욕이 떨어지면서 사회생활을 하는 데 어려움을 겪는다. 하지만 사회생활의 어려움과 직업기능의 손상에도 불구하고 아직 독립적인 생활의 영위가 가능하고 비교적 온전한 판단력을 갖고 있는 상태여서 개인 위생이나 식사 도움은 필요하지 않다. 또한 경증 치매 초기에는 건망증이 시작되어 삶의 중요한 부분들을 기억하지 못하는 경우가 많아지고, 물건을 사러 갔다가 어떤 물건을 사야 할지 잊어버려 되돌아오거나 평소 알던 사람의 이름을 잊어버리기도 한다. 이렇게 자신과 타인에 관한 중요한 사실의 일부를 잊어버리기도 한다. 따라서 자신과 타인에 관한 중요한 사실의 일부를 잊어버리면서 삶의 만족도가 저하되어 우울이나 무감동/무관심 등의 정서적인 문제도 자주 나타난다. 하지만 우울증상은 경증 치매의 경우 15~50% 관찰되고 무감동이나 무관심도 경증 치매의 경우 10~15% 정도 관찰된다(최영석, 2017). 그러나 중증 치매의 경우 50% 이상에서 우울 증상과 무감동/무관심 증상이 동반하여 나타난다(대한치매학회, 2006).

이렇듯 치매는 기억력 저하로 시작하여 우울, 불안, 무관심 등을 동반하여 나타나는 경증에서부터 인지 기능 전반의 현저한 저하가 나타나며 정신행동 증상이 나타나는 중증까지 다양하고 심각한 증상들이 있다. 이로 인해 본인뿐만 아니라 가족과 주변인들에게 다양한 심적, 경제적 고통과 부담으로 야기되어 이를 완화하고 전문적 도움을 받기 위하여 보호시설 및 요양시설 등에서 생활하게 된다.

최근 급격한 생활환경의 변화로 인해 노인의 부양은 개인과 가족의 영역에서 점차 국가와 정부의 공적 체계를 중심으로 한 사회적 영역으로 변화하고 있다(보건복지부, 2018). 따라서 최근에 공론화되고 있는 노인질환에 대한 국가 책임제가 정책화되었다. 이는 퇴행성 질환인 치매환자의 경우 인지 기능이나 사회적 기능의 저하로 인해 온전히 독립적으로 생활하기 어려워 가족이나 주변인 등 부양인에 대한 의존도가 높다. 치매환자의 부양가족은 높은 부양 부담을 경험하여 치매환자뿐만 아니라 부양자는 숨겨진 환자라는 말이 있을 정도로 부양가족의 부담은 개인이나 가족이 감당하기 힘들다. 특히 초고령 사회로 진입하고 있는 우리 사회에서 치매환자 보호와 관리를 위한 사회와 국가 차원의 지원이 절실히 요구된다.

이러한 맥락에서 우리나라는 2008년부터 노인 장기요양 보험제도가 도입되고 요양시설 및 재가시설이 설립되면서 노인복지시설이 증가하였다. 통계청(2015)에 따르면 2014년에 이르러 73,774개까지 노인복지시설이 운영되고 있다. 노인복지시설은 노인의 삶에 필요한 개개인의 포괄적인 욕구가 개인적인 차원에서는 해결이 곤란하거나, 이를 보다 효과적이고 효율적으로 해결해야 할 필요가 있을 때 이용하게 된다(박석돈, 2016). 따라서 노인복지시설이란 정상적인 일상생활 및 사회생활을 하기 어려운 노인에 대해 보호, 치료, 자립 등의 서비스를 제공할 것을 목적으로 이용·생활 기타의 방법으로 편익을 제공하기 위해 마련된 장소, 설비, 건조물 등을 말한다(박석돈, 2016). 「노인복지법」 제31조에 따르면 노인복지시설을 크게 6개로 분류할 수 있다. 노인주거 복지시설, 노인의료 복지시설, 재가노인 복지시설, 노인여가 복지시설, 노인보호 전문기관, 노인 일자리 지원 기관으로 나뉜다.

그중에 재가노인 복지시설에 주간 보호시설이 속해 있다.

재가노인(community elderly)은 병원이나 양로·요양시설에 장기간 수용되어 있는 노인을 제외한 모든 노인을 지칭하며, 이들은 현재 살고 있는 곳에서 가족이나 이웃의 보호·부양을 받으며 지역사회의 서비스 기관으로부터 제반 서비스를 받는 노인들이다 재가노인 복지시설은 재가 노인이나 부양자에게 필요한 서비스를 직접 가정에 제공하거나 지역사회 의료·복지시설(주간보호, 단기보호)을 이용하여 노인이 가정에서 계속 머물면서 정상적인 일상생활을 영위할 수 있도록 도와주는 시설이다(박석돈, 2016).

주간보호시설은 '부득이한 사유로 가족의 보호를 받을 수 없는 심신이 허약한 노인과 장애노인을 낮 동안 시설에 입소시켜 필요한 각종 편의를 제공하여 이들의 생활안정과 심신기능 유지 및 향상을 도모하고, 노인을 부양하는 가족에게 신체적, 정신적, 경제적 부담을 경감시켜 줌으로써 정상적인 사회생활을 영위할 수 있도록 함을 목적으로 하는 시설'로 정의하고 있다(보건복지부, 2016). 실제로 치매상병자를 보면 국민건강보험에서 당해 연도 치매 상병코드(주상병코드 8개: F00, F01, F02, F03, G30, G31, G31.82, F10.7)를 기준으로 의료기관에서 진료를 받은 실수진자는 2016년 기준 약 66만 명이며(2016년 보험청구 지급 기준임), 65세 이상 상병자는 약 60만 명, 65세 미만 상병자는 약 6만 명으로, 전체 치매상병자의 9%를 차지할 정도이다(중앙치매센터, 2017).

그중에 2016년 기준으로 65세 이상 경도인지장애 환자 수는 약 152만 명으로 65세 이상 노인 인구의 약 22%를 차지하여 노인 약 5명 중 1명이 경도인지장애 환자로 추정된다(중앙치매센터, 2017). 유형별 경도인지장애 환자 현황을 보면 경도인지장애는 손상된 인지영역의 종류와 수에 따라 기억상실성 단일영역형, 기억상실성 다중영역형, 비기억상실성 단일영역형 및 비기억상실성 다중영역형의 네 가지 유형으로 분류할 수 있으며, 2016년 기준 기억상실성 단일영역, 기억상실성 다중영역, 비기억상실성 단일영역, 비기억상실성 다중영역 순으로 많이 차지하고 있다. 이렇다 보니 주간보호시설에서 공동생활할 경우 여러 정서적 문제를 나타내며 치매 정도에 따라 초조함, 불안감 등을 나타내고 시설을 함께 이용하는 동료들과 의사소통에 있어 어려움을 겪는다. 이는 곧 치매노인을 위축시키고 점차 우울한 정서로 이끌게 된다(최외선, 2005). 그러므로 주간보호시설을 이용하는 치매노인의 신체와 인지, 정서 등을 종합적으로 고려한 프로그램의 개발과 적용이 필요하다(박세정, 2007).

치매노인의 정서는 어떤 상황이나 대상을 지각하고 그것에 대한 생리적 변화 또는 행동적 변화를 수반하는 복합적인 상태로 여러 가지 감정을 포함하는 상위 개념으로 정의할 수 있다. 또한 정서는 우리가 행동하게끔 동기를 부여하는 기능을 하는 내적 감각과 외적 표현을 포함하는 복잡한 인식의 상태라고 정의할 수 있다. 이러한 정서 기능으로는 유기체가 상황이나 자극에 대한 반응을 준비하게 하는 '유기체 보호'의 역할(Frigda, 1986)과 사회적 기능, 심리적 안녕과 대인 관계 등 중요한 역할이 있다(유주현, 2000). 흔히 혼동되어 사용하는 정서(emotion)와 감정(affect, feeling)은 구별되어야 하는데, 감정은 특정한 사건에 대한 개별 정서인 반면, 정서는 여러 감정을 포괄하는 감정보다 좀더 높은 상위의 개념이다. 정서와 관련한 연구는 정서표현과 관련된 연구들까지 이어졌다. 정서 표현은 사회적 맥락에서의 상호작용에서 중요한 측면이기 때문에 어떻게 정서표현이 이루어지고 그것이 사회적 상호작용에 어떤 영향을 미치는지 많은 연구자가 관심을 갖기 시작했다(최해연, 2005).

정서표현성은 정서를 얼굴 표정, 몸짓, 목소리 등의 행동적 변화를 통해 표현하는 것으로 정의한다(Gross, 1995). Kring과 Smith, Neale(1994)는 정서표현성이 정서를 외부로 표출하는 것이라고 정의하고 표현의 내용도 정적 요소나 부적 요소에 상관없으며, 표현 양식에서도 얼굴 표정, 음성 표현, 제스처 등 다양하게 나타날 수 있다고 하였다. 따라서 정서 표현성이란 '정서를 외부로 표출하는 것'이라고 할 수 있는데, Freud를 비롯한 심리학자들과 일반인에게 정서표현은 억제하는 것이 건강에 좋지 않다고 여겨지고 있다. 정서표현은 인간의 안녕감에 있어 반드시 필요한 것이며(Katz & Campbell, 1987; 홍창희, 2003), 느낌과 내면을 정확히 알고 표현하는 것은 한 인간의 심리적, 신체적 건강에 많은 도움이 된다. 게다가 정서표현성은 대인 관계와도 관련도가 높은데, Depaulo(1992)에 따르면 표현적인 사람들이 표현을 잘 못하는 사람들에 비해 다른 사람들로부터 더 많은 애정을 받을 수 있다고 하였고, 타인의 정서에 많은 영향을 미칠 수 있다고 하였다(Friedman & Riggio, 1981).

노년기에 접어든 노인들은 정서적으로 불안함을 겪는다. 노년기에는 정서표현이 급격히 줄어들거나 과도한 슬픔과 분노 등 부정적인 정서만 표현하는 경우도 있다. 노년기에는 감정조절 능력이 약화되어 적절한 수준의 자기감정을 표현하는 것이 어려워진다. 물론 이 견해의 전제는 노인의 정서표현이 신체의 노화와 환경의 변화에 수동적으로 영향을 받는다는 것이다.

치매노인이 주로 보이는 정서의 특징은 불안과 혼란, 우울증 등이며, 치매노인의 40~50%에서 우울과 불안 증상이 있는데, 특히 치매 초기단계에 많이 나타난다. 치매노인은 신경이 예민하고 지나치게 긴장하여 하루에도 몇 번씩 변하는 불안정한 정서가 나타난다. 또한 의욕이 저하되어 자신을 비하하며 수면 부족과 식욕 저하와 같은 심리 문제를 본인 스스로 표현하는 데 어려움이 있다. 즉, 적절하게 정서표현을 하지 못하며 사회적 관계를 잘 형성하지 못한다. 따라서 치매노인은 개념적 이해력이 낮아지며 감정 변화를 경험한다. 치매노인은 좌절감과 분노, 기쁨과 슬픔 등 모든 감정을 경험하지만 종종 타인에게 그들의 감정을 표현하는 능력을 잃게 된다.

이에 치매노인의 정서문제에 관심을 갖고 정서를 향상시키기 위한 다양한 연구가 이루어졌다. 율동적 동작(임영미, 2002), 치료 레크리에이션(하재연, 2002), 집단회상요법(진복수·전미연, 2000), 집단미술치료(김동연·윤종호, 2003)는 주로 집단으로 시행되어 치매노인의 분노나 불안 등의 정서 표현을 증진시키고 치매노인의 삶에 긍정적인 통합감을 성취할 수 있도록 도움을 줌으로써 정서적으로 좋은 효과를 나타냈다.

치매노인의 대인 관계는 집단에서 감정의 만족에 입각한 인간 상호 간 협력과 결합 관계, 또는 두 명 이상의 사람 간의 역동적이고도 계속적인 상호작용의 복합적인 패턴으로 구성원들의 상호지배, 상호의존적인 요소를 포함한다. 이는 타인과의 관계를 좀 더 나은 상태로 유지하기 위하여 행하는 모든 내용이라 할 수 있으며 적극적인 의미의 대인 관계는 휴머니즘에 기반을 한 집단의 협동 관계를 구축하는 기술과 방법, 관점이라고 할 수 있다. 적절한 대인 관계를 유지하는 것은 개인의 만족뿐만 아니라 사회의 구성원으로서 기능을 향상시키며 수명과 건강에도 도움을 준다.

Adler(1956)는 대인 관계에서 불안감을 느끼는 사람은 친밀한 상황에서 벗어날 시에 곧 두려움을 느끼게 되고, 이러한 대인 관계에서의 불안은 생활을 고통스럽게 하고 타인과의 관계도 원만하지 못하게 하여 평화로운 생활과 인생목표의 달성을 방해한다고 하였다.

Maslow(1971)는 인간욕구의 위계에서 생리적 욕구와 안전의 욕구가 해결되면 인간은 애정과 소속의 욕구를 느끼며 타인과 친밀한 관계를 형성하고 집단에 속하려는 욕구가 있다고 하였다. 인간은 사회를 통하여 여러 집단과 관계를 맺고 그 안에서 정체성을 찾아가고 자아실현을 추구하기 때문에 인간의 문제는 본질적으로 사회적 상호작용에 의해 일어난다고 하였다.

일반적으로 노인은 신체 능력이 저하되고 직장에서의 은퇴로 인해 사회·경제적 능력이 약화되어 사회적 인간관계도 줄어든다. 그러므로 노인은 사회·경제적 능력이 약화된 상태에서 자녀에 대한 의존성을 해결하는 것이 중요하다. 그러나 이러한 의존성의 욕구를 제대로 충족하지 못한 노인은 동년배 집단과의 관계를 통해 심리적 욕구를 충족하려 한다. 반면, 정서적 부적응으로 인한 대인 관계에 불안과 두려움이 있는 노인은 타인으로부터 평가당하고 무시당하는 것에 대한 두려움으로 대인 관계를 회피하려는 성향으로 나타난다.

치매노인의 경우 불안과 초조, 건망증과 반복적 실수 등의 치매 증상으로 인해 스트레스가 쌓이게 되어 작은 자극에도 화를 낸다. 이러한 변화는 치매노인의 가족 관계, 친구 관계 등 대인 관계에 부정적인 영향을 주게 되고 점차적으로 사회적으로 고립된다. 또한 오진주(2002)는 치매노인의 부적절한 언어, 음성적 행위가 원인이 되어 치매노인의 관계 장애를 초래한다고 밝혔다. Lehman(1982)은 치매노인은 타인과의 효과적인 상호작용으로 그들의 정서, 사회적 욕구를 만족시킬 필요가 있는데 대인 관계 기술이 부족하기 때문에 이러한 욕구가 충족되지 않으며, 이로 인하여 치매노인은 타인과의 관계에서 만족감을 얻기 힘들다. 또한 외로움과 좌절을 느끼며 고립감이나 우울증을 경험하게 된다.

대인 관계에 있어 가장 중요한 것은 타인과의 교류를 위한 효과적인 의사소통이 필수적인 요소인데, 치매노인의 경우 정보와 관련이 적은 단어들을 사용하거나 정보에 대한 의미 있는 내용이 감소하고 상투적인 언어의 반복이 일어나기도 한다. 주제에서 벗어나는 의사표현으로 인하여 치매노인의 사회적 교류가 원만하지 못하다. 특히 시설을 이용하면서 단체생활을 하는 치매노인의 경우 단체생활에 적응하는 것에 대한 불편과 심리적인 부담감은 대인 관계에 부정적 영향을 미친다. 오랜 시간 학습되고 몸에 익숙해진 취향이나 습관을 억제하고 집단의 일률적 지침에 순응하는 과정에서 노인들 상호 간의 이해와 관계의 증진이 필수적이다.

시설 중에 경증 치매노인이 많이 모이는 주간보호센터나 요양원의 노인들은 동료노인들과의 친밀한 유대 관계를 맺으며 정서적인 지지를 얻고 현재 생활에 만족하는 등 사회성이 향상된다. 진성희(2009)의 연구에서 경증 치매노인들의 기능 저하와 증상은 대인 관계에 어려움을 겪게 하고 그로 인해 고립된 삶을 살게 되므로 가족의 책임을 넘어 국가가 적극적으로 관심을 기울여야 한다고 밝혔고, 김도연(2012)은 경증 치매노인이 이용하는 시설의 한계성과 가족, 친구들과 분리되어 지내는 외로움과 고립감, 소외감 등이 우울 증세로 나타나 삶의 만족도가 크게 떨어질 수 있으므로 경증 치매노인들의 대인 관계 향상을 위한 노력이 필요하다고 밝혔다.

치매에 걸렸다고 아무것도 모르고 느끼지 못하는 상태는 아니다. 오히려 여러 혼란 속에서 많은 괴로움을 느끼며 산다고 할 수 있다. 따라서 인지력이 저하된다는 것은 현재 환경과의 단절을 의미하고, 연결을 느낄 수 없는 단절된 세계는 마음의 상태가 혼란스럽다는 것이다. 이때 발생하는 정서가 불안이며 이것은 쉽게 공포로 이어진다. 즉, 치매노인은 스스로가 인지기능이 저하됨을 깨닫고 불안과 무감동, 우울 등의 정서적 문제를 일으킨다. 특히 불안은 대표적인 부정적 정서이다. 치매 진행 정도에 따라 인지기능이 저하될수록 우울의 정도는 높아지는 반비례 현상이 나타나며(Barca, Selbek, Laks, & Engedal, 2008), 우울과 같은 부정적 정서는 신체 기능까지 저하시킨다(Alloul, Sauriol, Kennedy, Laurier, Ressier, & Gvosel, 1998). 치매노인의 부정적 정서는 우울과 불안뿐만 아니라 혼란과 불쾌감까지 포함한다. 이는 판단력 저하로 원하는 일이 뜻대로 이루어지지 않기 때문에 발생하는 정서로서 치매노인을 고통스럽게 한다. 결국 치매노인은 정신과 육체적으로 이중의 고통을 겪게 된다. 그러므로 치매노인에게 무의식적으로 잠재된 기억이나 습관인 암묵기억(implicit memory) 중 긍정적 경험을 발현시키거나(Son, Therrien, & Whall, 2002) 시간이 흘러도 간직하고 있는 섬광기억(flashbulb memory)을 통해 긍정적 정서를 증진시켜 안정적인 정서 상태를 유지시키는 것이 필요하다.

다음은 치매노인에게 있어서 사회성과 관련된 사회적 행동반응이다. 즉, 개인이나 집단에 대한 행동양식으로서 인간과 인간의 상호 관계에서 나타나는 행동을 의미하는데 주로 타인에 대한 태도와 감정이다. 따라서 사회적 행동은 언어적인 의사소통뿐만 아니라 표정, 행동, 의복예절 등의 비언어적인 의사소통까지 포함한다(Dastoor, Norton, Boillat, Parpadopoulou, Minty, & Muller, 1975).

치매노인은 이해하기 힘든 사회적 행동들을 보여주는데 주로 반복적이고 공격적인 행동과 배회 행동, 언어적 이상 행동과 성적 이상 행동, 수집벽과 불결행위, 이식(異食) 등이 있다. 이러한 행동은 기억 저하 및 지남력 소실로 인한 인지 기능 장애가 일상생활의 수행능력과 행동 장애로 이어져 나타난 결과이다. 일상생활에서 상실된 수행 능력과 행동 장애는 결국 타인과의 관계에서 문제 행동으로 나타난다. 문제 행동이란 부적응 행동 혹은 이상 행동과도 같은 의미인데 사회적 규범에서 벗어난 행동, 심리적 갈등으로 인해 나타나는 행동, 통계적 기준에서 벗어난 행동 등을 포함하다(권중돈, 2012).

배회 행동이란 방향감각을 상실한 채 목적 없이 거주지를 떠나려고 하거나 밖으로 나가려 하는 의식적 혹은 무의식적 행위이다(Halek & Bartholomeyczik, 2011). 이는 치매노인의 보호자를 가장 힘들게 하는 행동 중 하나인데 치매가 진행될수록 배회 행동이 증가한다(Lai & Arther, 2003). 이런 배회 행동으로 인하여 치매노인들은 만성피로나 낙상 등의 위험요인에 노출될 수 있다. 치매 말기에는 언어 구사 기능이 점차 상실되어 괴성과 비명, 흐느낌 등의 언어적 이상 행동이 나타나며, 이는 오랜 침상생활로 인한 근육 강직과 실금, 피로와 배고픔, 온도 변화 등의 신체적 불편함에 따른 표현이다.

치매노인에게서 나타나는 성적 이상 행동이라 함은 때와 장소를 가리지 않는 무분별한 성적 표현을 의미한다. 치매가 진행될수록 공공장소에서 노출, 자아 애무, 방뇨 등의 행동으로 나타난다. 또한 개인 위생에 있어서도 무기력, 무관심과 같은 심리적 요인과 기억력, 감각 기능 장애와 같은 환경적 요인으로 인해 위생에 관한 관심이 저하된다(김정순·이봉숙, 2002). 섭식에 있어서도 미각, 취각, 촉각의 장애로 인해 섭식 행동이 위험한 상황으로 나타날 수 있다.

이처럼 치매노인에게서 나타나는 여러 사회적 행동이 문제 행동으로 나타나 결국에는 타인과의 상호작용에 있어서 언어적·비언어적인 다양한 의사소통에 문제들을 야기한다. 인간은 사회적 동물이다. Baumeister와 Leary(1995)에 의하면 인간이 사회라는 '틀' 안에서 타인과 연계되고 그 안에 소속되고자 하는 기본 욕구를 '소속욕구' 혹은 '친애욕구(affiliation need)'라 한다(Myers & DeWall, 2015). 그러므로 치매노인이 건강한 사회적 상호작용을 통하여 기본적 욕구를 충족할 수 있도록 다양한 연구와 정책적 시도가 필요하다.

이에 노인 문제를 국가사업으로까지 확대하여 적용하고 있다. 즉, 과거의 노인 문제는 전통적인 유교사상에 따라 가정에서 해결하였지만, 이제는 가정에서 해결하는 것이 아니라 국가가 나서고 있음을 의미한다.

이러한 노인을 대상으로 한 심리적 중재에는 회상을 통한 중재법이 많이 연구되고 있다. Butler(1980)에 의하면 이는 기본적으로 노년기는 '인생을 마무리하는 단계로 자신의 삶을 되돌아보고 반성하며 회상을 많이 하게 된다.'라는 일반적인 특징을 갖고 있다. 즉, 회상이란 지나간 사건이나 경험을 이야기하거나 보는 것으로, 과거 기억에 대한 재생적 차원을 넘어 심리적 적응에 필수적인 요인으로 작용하게 된다. 따라서 회상은 노인이 갖고 있는 심리적 불편감을 해결하는 데 도움을 줄 수 있다(배재남, 2002).

인간은 하나의 생물학적 유기체로 생존하고 변화하고 사멸하는 존재에 그치지 않고 환경 속에서 사물이나 현상을 감지하고 생각하고 반응하며 목적이 있는 행동을 하는 실체이다. 그러므로 노인에게 노화는 생물학적 측면에서뿐만 아니라 심리적인 측면에 많은 영향을 미치며, 창조 활동에서도 과정과 결과에 영향을 미친다. 창의적 활동에 중요한 영향을 미치는 것으로는 감각 기능과 지각 기능, 심리·근육 운동 기능과 정신 기능, 정서의 변화와 성격특성 등이며, 구체적인 정보자료는 다음과 같다.

감각 기능에서 시각 기능은 연령증가에 따라 색깔 감지 능력이 크게 변하게 되는데, 수정체의 색채가 노란색으로 변하는 황화현상으로 인하여 노랑, 주황, 빨간색 계통의 색은 더 잘 구별할 수 있지만, 보라, 남색, 파란색 계통의 색은 잘 구별할 수 없게 된다(Botwinick, 1977). 이는 연령이 높아짐에 따라 동공의 지름이 줄어들게 되고 이에 따라 빛이 눈에 들어오는 양이 크게 줄어들기 때문이다(Atchley, 2000). 따라서 노인은 높은 조명도의 빛이 필요하게 된다. 청각 기능은 건강한 사람에게서 단순히 연령증가에 다른 신체 노화현상으로 노인성 난청이 생기는데, 이러한 청각 기능장애는 언어장애를 유발하게 되는 수도 있어 집단 내 의사소통에 영향을 줄 수 있다(Atchley, 2000).

촉각 기능은 신체 부위에 대한 접촉의 민감성을 대체로 45세경까지 증가하다가 이후로 현저히 감퇴되는 경향이 있다(Atchley, 2000). 그러므로 노인들은 접촉의 강도가 높은 미술재료 사용이 요구된다.

지각 기능이란 감각 기능에 의하여 수집된 자료를 의식적인 수준에서 처리하고 평가하는 기능으로, 노인은 환경의 변화에 즉각적으로 대처하는 행동이 잘 이루어지지 못하고 시간 경과에 대한 지각이 무디어져서 시간을 무감각하게 흘려보내는 수가 많다. 그러므로 원활한 프로그램 참여가 이루어지도록 적절한 자극이 필요하다.

노인의 심리 반응 속도와 근육 운동 기능의 일반적인 운동 속도가 느려 시행착오의 과정을 되풀이할 시간적 여유가 없으므로 한 번을 해도 정확성을 기하려고 하기 때문에 조심스럽게 하여 반응시간을 길어지게 만든다. 이러한 반응시간의 지연은 노인의 인지능력에는 별로 영향을 미치지 않는 것으로 보인다(Atchley, 2000). 따라서 주어진 시간 안에 처리할 수 있는 과제나 활동으로 실패하지 않고 스스로 해결할 수 있는 쉬운 과제 제시가 필요하다.

정신 기능은 앞에서 논한 감각 기능, 지각 기능, 그리고 심리 근육운동 기능은 생물학적 유기체로서 활동하는 데 있어서 충분한 기능이 될 수 있지만, 동물과는 다른 사람으로서의 기능을 하기에는 충분하지 못하므로 이 기능을 기초로 정신 기능은 지능, 학습 능력, 기억력, 사고 능력, 문제해결 능력, 창의성 등을 통합시켜 사람다운 기능을 하게 된다. 이 중에서 지능, 기억력, 창의성은 창조 활동에 큰 영향을 미치는 요인으로 본다. 지능은 일반적으로 연령이 증가함에 따라 지능이 쇠퇴한다고 이해되고 있는데 연령보다는 교육 정도가 훨씬 더 큰 영향을 미친다고 주장하고 있다(Botwinick, 1977).

따라서 미술치료는 같은 매체를 주더라도 작업을 하는 사람의 심리적인 상태와 구성원들 간의 독창적인 창의성과 다양한 표현능력을 높게 평가하므로 창조성이 있으므로 다름이 있다고 본다. 노인 집단미술치료의 장점에 대해 8개로 정의하면 다음과 같다(정현희·이은지, 2007).

첫째, 노인은 집단의 한 구성원으로서 개인적 체험을 하며 치료사와 노인 및 노인 상호 간의 교류에서 자기통찰을 할 수 있다.

둘째, 집단미술치료는 다양한 경험을 한 여러 노인이 집단에 참여하여 개인치료에서 기대하기 어려운 잠재적인 치료 효과를 거둘 수 있다.

셋째, 이미지를 시각화한다는 미술치료의 특수성에 의하여 자신의 정신세계를 더 정확하게 파악할 수 있다.

넷째, 집단구성원이 자신과 유사한 경험을 할 수 있다고 생각하기 때문에 안정감을 갖게 되며, 활발한 분위기를 형성할 수 있다.

다섯째, 집단미술치료의 협동미술 활동을 통해 대인 관계 기술을 습득하게 된다.

여섯째, 미술 활동은 과거에 억눌려 온 감정표현을 촉진시키는 데 도움이 된다.

일곱째, 미술 활동에서의 자기 이해와 개인적 노출이 집단에서 더 높게 나타날 수 있다.

여덟째, 동시대를 살아온 동년배와의 접촉은 노인들의 고독감 완화 및 소속감 증대, 여가활동의 장이 된다

노인 미술치료의 궁극적인 목적으로는 신체적 능력의 감퇴로 반응시간이 더디어져 여러 가지 기능에 영향을 미치는데 특히 지적 능력과 기억력이 감퇴된다. 직장 생활에서 은퇴하여 그로 인해 수입은 감소하지만 여가시간은 많아진다. 따라서 다가오는 죽음에 대비하여 삶의 목적을 찾는 것에 미술치료의 목적이 있다.

Petzold(1985)는 노인 미술치료의 목적으로 두 가지가 있다고 하였다.

첫째, 장애나 병을 극복하거나 완화하는 것으로 이는 신체 및 감각기능의 장애

와 노인성 정신장애를 완화하고 일상의 활동 능력을 활성화하여 노인의 독립성과 참여성, 생산성과 능동성을 함양하고 심리적 안정감과 자신감 및 상실한 정체성의 일부분을 회복할 수 있게 한다.

둘째, 미술치료는 창의적-자기실현적이며, 여기에는 노인의 주체적 체험을 통하여 잠재력과 창의성을 개발하고, 회상과 조화로운 현실생활의 유지로 자신을 주체적 존재로 인식하여 삶과 죽음을 통합할 수 있는 지혜를 얻고 독립성과 자아실현을 이루고 사회적 관계를 증진하게 한다(정여주, 2006).

창의적 미술치료를 활용하여 노인의 삶에 긍정적인 영향을 주고 남은 생에 대한 의미 있는 준비는 자아통합감이며, 이에 죽음에 직면하여 얻게 되는 의미의 통찰이다. 지금의 삶에 대한 긍정적 태도는 자신이 살아온 인생에 대한 경험 또는 지혜의 결과물이라 할 수 있다.

여가시간 활용에 따른 노년기의 집단미술치료는 죽음에 대한 긍정적인 삶의 태도, 통합, 고독, 허탈감, 소외감을 극복하는 좋은 경험이 된다. 적절한 감정 표현과 능력 발휘를 도모한다. 문화적인 생활을 하고자 하는 욕구 충족도 할 수 있다.

노인복지관을 중심으로 하는 미술 매체와 프로그램 간소화는 주제와 활동을 융통성 있게 하면서 프로그램의 성공적인 완성작을 경험함으로써 인생의 마지막 행로에 대한 안정감을 경험하게 하고 궁극적인 자아상과 인생의 최종적인 삶을 정리하게 한다. 또한 삶에 대한 회상을 통해 자신의 삶에 자아상을 조망할 수 있다.

주간 보호시설을 이용하는 경·중증 치매노인들에게 자연물을 이용한 미술치료는 좋은 회상의 시간이 될 수 있다. 그 이유는 노인들의 생애주기를 보면 짚신이나 고무신을 신었던 지난 시절을 떠올리는 시간으로 긍정적 효과가 있다. 신발만 보더라도 지금의 노인은 다양한 문화를 경험하였다. 이러한 다양한 문화를 경험한 노인에게 미술 매체는 좋은 회상의 도구가 될 수 있다. 또한 농경문화와 자연친화적인 문화에서 생활한 노인들에게는 지금은 몸이 불편하고 움직이지 못해 접하지 못하는 자연물을 보고 만져보는 것만으로도 즐겁고 재미있다. 미술치료 초기에 어떤 노인은 자연물을 쓰레기라고 말하기도 하고, 먹는 것을 가지고 장난을 친다고 비유하지만, 작품 활동으로 멋있는 작품이 만들어지면 즐거워하며 큰 성취감을 느낀다. 자연물에 대해 친숙하므로 거부감이 거의 없고, 도토리, 나뭇잎, 꽃잎, 나뭇가지 등이 어떻게 작품으로 만들어질까 하는 궁금증을 유발하기도 한다.

점토 종류로 하는 활동은 대부분의 노인이 좋아하여 자연물과 점토의 만남이 가장 호응과 참여도가 높다. 프로그램이 진행되면서 알 수 있는 것은, 기관에 오래 계셨던 노인들은 점점 상태가 좋아지고 있다는 것이 언행에서 나타나기도 하지만, 참여한 대부분의 노인들은 현 상태를 유지하거나 조금 나아진 정도다.

노인 집단미술치료에 있어서 집단미술치료사가 보다 신경 써야 할 점은 다음과 같다.

첫째, 집단미술치료의 직접적인 구성원인 노인뿐 아니라 함께 수업에 참여하게 되는 보조치료사나 자원봉사자와 호흡을 맞춰보고 프로그램 방향성에 대해 공유해야 한다는 점이다. 집단미술치료 적정 인원이 8~10명 내외인 것에 반해 프로그램을 운영하는 기관에서의 현재 집단구성원 수는 20명 내외의 경우가 대부분이다. 그리고 노인들의 신체적, 심리적 관점의 인지 변화에 주목해 보았을 때 집단상담사는 집단 내 3~4명의 보조치료사나 자원봉사자와 수업을 함께 진행하는 경우가 많다. 따라서 집단미술치료사가 프로그램을 진행하기에 앞서 보조치료사와 자원봉사자 간의 호흡과 프로그램의 방향을 맞춰보는 과정이 반드시 필요하다. 지금 진행하는 과정이 어떤 의미를 가지고 접근하고 있으며, 무엇을 향상시키고, 감소시키기 위한 과정인지 공유해야 한다. 만약 이를 인지하지 못하고 보조치료사와 자원봉사자가 치료사를 도울 경우 오히려 치료사가 의도하는 방향과 다르게 진행되는 경우를 종종 볼 수 있다. 따라서 진행되는 프로그램이 완성도를 높여 개인이나 공동의 성취감을 향상시킬 목적인지, 아니면 개인의 창의성이 존중되어야 하는 프로그램인지에 따라 보조치료사나 자원봉사자의 역할이 달라질 수 있기 때문이다.

둘째, 진행될 모든 프로그램은 노인의 업무수행력의 개별 요인 차가 크다는 사실을 반드시 고려해야 한다. 일반적으로 노년기 연령이 높아지면서 지능이 직선적인 하강을 하리라 생각되지만 그렇지 않다. 노인의 업무 능력이 일정 나이에 낮아지는 것을 확인할 수 있지만 가장 높은 연령까지 높아지는 가변성을 제시한 것을 보면 노년기 업무수행력 요인과 기억 요인과 시각 요인은 직선적 하강이 아니라 하강과 상승의 반복을 보인다는 것을 알 수 있다(Rott, 1989). 이는 노년기의 변화를 다차원적으로 보아야 한다는 사실을 일깨워 주며, 노인의 인지와 관련하여 새로운 정보의 작업 속도는 작업의 시작, 과정, 강도와 기능적 작용과 관련하여 인간마다 큰 차이를 나타낸다는 것을 알 수 있다. 따라서 한 집단 내 진행되는 프로그램에 개인의 감각 및 운동력의 정도가 어느 정도인지, 수행 정도는 어떠한지 기억하여 프로그램을 개별화하고 개인별 수준에 따른 차별화를 두고 진행해야 한다.

셋째, 노인에게 있어 창조의 의미와 내용을 찾아 그러한 잠재력을 드러낼 수 있는 프로그램으로 창조적 활동 경험의 기회를 더 많이 제공해야 한다. 노인은 습관적으로 반복되는 일상생활로 인하여 내적 욕구를 느껴 보거나 들여다 보는 것에 익숙하지 않아 그러한 경험을 외면하고 시도하지 않으려는 경향을 강하게 보이곤 한다. 하지만 노년기의 창조적 활동은 삶의 회상 및 기억과 밀접한 관계를 가지고 있으며 노년기 삶의 의미를 찾는 데 중요한 역할을 할 수 있고, 예술을 통한 창조적 활동 경험은 새로운 사회적 접촉의 기회를 주어 사회적 역할을 대신 할 수 있으며, 의미 있고 즐거운 일이 되어 자신의 정체성을 찾게 할 것이다. 그러므로 미리 보여주는 형식과 틀이나 주어진 수행 과정만을 반복하는 과정에서 벗어나 새로운 것을 시도해 볼 수 있고 보다 자유롭게 실행해 볼 수 있는 창조의 장이 많이 제공되어야 한다.

집단미술치료의 기법과 재료의 사용은 노인의 신체 에너지를 미술 활동 과정에 쏟을 수 있고, 그들이 감정을 표출할 수 있도록 도와주기 때문에 표현이 서투른 노인에게 적절한 기법이며(김정희·이혜숙, 2007), 노인의 신체적, 감각적, 정신적 관점에 부합될 뿐만 아니라 노인성 질환으로 인한 인지기능의 저하와 감각운동의 장애들을 회복하는 데 큰 도움이 된다.

Petzold(1985)와 Schoeneberg(2004), Wenge(1993)에 의하면 노인 집단미술치료는 정서, 인지, 감각 및 운동, 사회 영역에서 효과가 나타난다고 하였다. 먼저 정서적 영역의 효과로는 노인의 자기표현력이 증가하면서 자존감과 타인에 대한 수용력, 이해력, 심리적 이완과 안정감을 얻게 하여 생활 습관과 자기 통제력이 향상되며(류정자, 2000), 인지 영역의 효과로는 자기 인식과 자기 고찰의 기회를 갖게 되며 다양한 재료와 기법을 통해 응용력과 아이디어 증가, 갈등이나 문제해결과 기억력이 자극되어 집중력이 증가된다(김정희·이혜숙, 2007). 감각 영역은 미술 매체와 활동을 통하여 소근육 발달 및 눈과 손의 협응 능력을 증진, 감각기능을 자극하며(장혜임, 2014), 마지막으로 사회 영역에서는 노인을 일상적인 생활에 적응할 수 있게 하여, 사회적 관계에 통합성을 함양시킬 수 있게 한다(김안젤라, 2003; 김옥기, 2011).

Chapter 7

증상별 집단미술치료

1. 폐쇄병동 집단미술치료

심리교육을 강조한 주제지향(theme-oriented)집단은 대상자들이 주제를 확인하고 취사선택하여 집단에 참여하기에 대상자와 프로그램이 조화롭게 진행된다. 그리고 구조화된 단기(short-term structured)집단은 프로그램이 짧게 형성되어 다양한 성인 집단의 요구를 충족시켜 줄 수 있다. 성인을 위한 집단에서는 반드시 다양성에 대한 민감성을 가져야 한다. 주제는 구성원들의 삶의 경험에 적절해야 하고 구성원에게 강요되어서는 안 된다. 구조화된 주제를 가진 단기 집단은 대학상담센터에서 주로 이루어진다. 이들 집단은 전형적으로 치료적이면서도 교육적인 것을 결합하여 특별한 욕구를 충족시킨다. 그러나 자기효능감이 약하고, 자존감이 훼손되어 치료적 접근을 요하는 집단구성원에게는 지지와 격려를 동반한 치료적 접근이 도움이 된다. 이러한 지지집단은 HIV 양성반응 또는 AIDS 감염자들에게 특히 도움이 되며 이 집단을 가장 잘 설계하고 도움이 되는 주제가 무엇인지에 대한 많은 문헌들이 있다. 인기를 얻고 있는 집단의 한 유형은 가정폭력집단으로 이 집단을 이끄는 것은 내담자를 다루는 데 어려움이 있어 상당한 인내와 전문성을 가져야 한다.

정신병리의 문제를 가진 폐쇄집단의 미술치료는 미술치료가 정착되기 이전인 2000년대 초반에는 '요법'이라는 이름으로 예술치료가 진행되기 시작했다. 특히 성인 정신건강의학과 병동에서 집단미술치료를 진행할 때 오류를 범하는 여러 문제를 크게 두 가지로 나눌 수 있다. 즉, 폐쇄 병동과 낮 병동이다. 폐쇄 병동에서 진행되는 미술치료는 병동의 특성상 폐쇄집단의 특성을 많이 가지고 있다. 정해진 공간, 시간, 환자, 치료사가 프로그램에 참여한다. 그러나 명확한 목표를 가지고 꾸려진 폐쇄집단과는 확연한 차이점을 나타낸다. 매 회기 참여 환자가 변동될 가능성이 높고, 프로그램 시간 중 돌발적인 상황(갑작스러운 면담, 투약, 보호자 상담 등)이 발생한다. 따라서 폐쇄 병동 안에서 진행하는 집단미술치료는 하나의 큰 목표를 가지고 진행되는 폐쇄집단이라기보다는 병동의 특성에 맞는 치료적 목적 아래 매 회기 다른 목표를 가지고 일회성으로 진행된다고 볼 수 있다. 그렇다고 폐쇄 병동의 집단미술치료가 집단이 가지는 치료적 요인이나 발전 과정을 볼 수 없는 것은 아니다. 집단의 치료적 요인 중 상당 부분이 매 순간 발현되기 때문이다. 비슷한 경험을 토로하며 보편성을 경험하고, 서로의 이야기를 수용하는 자세를 배우고 자기 개방과 함께 모방 학습을 수행하는 등 다양한 치료적 요인을 경험하게 된다. 단, 정신과 병동의 특성상 반복된 입퇴원으로 변화에 대한 가능성이 저조하고 이에 따른 치료에 대한 동기가 저하되어 있는 경우가 많아 집단미술치료사의 지지가 요구된다. 이때 집단미술치료사의 지지는 막연한 것보다는 집단 구성원의 특성을 파악하여 현실 적용이 가능한 구체적인 것이 좋다. 자연스러운 집단의 발전을 경험하긴 어렵지만 집단미술치료사의 역할을 통해 단기간에 집단 미술치료를 발전시킬 수 있다. 예를 들어, 치료사는 반복적으로 참여하는 환자에게 자연스럽게 감정적 상담을 수행하도록 유도하는 것이다.

반면, 낮 병동은 일상생활을 하며 병동을 이용하는 환자들로 구성되어 있어, 일부는 정신건강센터 등을 통한 사회활동을 병행하기도 하다. 이 병동은 대부분 만성 정신과 환자로 구성되어 있다. 집단미술치료사는 이들이 자신의 병에 대해 인식하고 있다는 것을 알아야 한다. 간혹 환자들이 환청이나 환시 등의 증상을 호소한다거나, 약물로 인한 어려움을 호소하는데 이때 집단미술치료사가 당황해서는 안 된다. 그런 모습은 환자에 대해 편견이 있는 것으로 인식되기 때문이다. 낮 병동 환자들은 오랜 시간 폐쇄 병동의 입퇴원을 반복했거나, 약을 복용하였기 때문에 일반적인 사회성이 부족한 경우가 많고, 확고한 사고를 지니고 있다. 이러한 대상과 미술치료 집단 작업을 시도할 때 어떤 것에 중점을 둘 것인지가 중요하다. 일반적으로 많이 활용되는 치료 프로그램 진행은 오히려 치료사에게 좌절이 될 수도 있다.

집단미술치료를 시작하기 전에 먼저 집단의 역동을 파악한다. 겉으로 보이기에는 굉장히 순응적이고 호감을 지니고 있는 것처럼 보이지만, 사실 무기력하고 단조롭게 반복되는 일상생활에서 오는 심리적 불편감을 저변에 깔고 있어 비슷한 치료패턴에 대한 저항을 가지고 있는 경우가 많다.

2. 주간 보호시설 집단미술치료

주간 보호시설을 이용하는 대상자 중 가장 많은 비중을 차지하는 것이 정신분열을 앓고 있는 대상자이다. 우리나라에서는 정신분열병을 조현병으로 명칭을 바꾸었으며, 정신분열의 의미는 영어로 'schizophrenia'라 하는데, 정신(phrenia)과 분열(schizo)이란 의미의 단어가 합쳐진 것이다. 이것이 정신분열증으로 번역되어 왔으며 정신이 나뉜다는 의미의 이 질병명은 실제 의학적인 증상과 차이가 있을 뿐 아니라 이 질병을 앓는 환자 및 가족들에게 이중적인 고통을 안겨줬다. 이처럼 정신분열병이라는 병명만으로도 사회적 편견으로 인해 비인권적이라는 지적에 따라 조현병으로 변경되었다(신경정신의학회, 2011). 이 조현(調絃)이라는 명칭은 '악기의 줄이 적당히 긴장을 유지하고 있어야 제 기능을 발휘하듯 인간의 정신도 적절한 긴장으로 제 기능을 유지할 수 있다.'는 관점으로 해부학적, 기능학적 변성을 은유적으로 표현한 것이다(이유상·권준수, 2011). 정신분열병이란 명칭이 '정신의 분리'나 '천형(天刑)'의 이미지로 뜻하지 않게 오독되었던 반면 조현병은 그렇지 않아 차별화된다(권준수·이유상·박선철, 2012).

과거 정신분열병의 부정적인 인식으로 인해 치료진은 병명을 환자에게 이야기하는 것을 꺼렸고, 환자 본인 역시 절망과 공포감을 느꼈다. 이는 조기에 제대로 치료만 받으면 정상적인 사회구성원으로 살아갈 수 있음에도 불구하고, 정신분열병이란 명칭에서 오는 부정적인 영향이 환자가 병을 인정하게 되고, 조기치료 받는 것을 꺼리게 된다. 이러한 인식은 결국 사회적 편견과 낙인으로 인해 환자의 능력에 대한 자존감을 상실함으로써 사회와 더욱 더 멀어지게 되는 원인으로 작용하였다(박종익·정영철, 2008). 따라서 조현병으로 명칭이 바뀌게 된 배경은 환자들이 자신의 병을 당당히 인정하고 조기에 치료를 받을 수 있는 사회적 기반을 조성해 사회의 한 구성원으로서의 역할을 다하고자 하는 목적에 의해 변경하게 되었다(권준수·이유상·박선철, 2012). 또한 조현병 증상이 계속, 지속적인 증상으로 나타나고 반복적 재발로 인하여 진단받은 환자들 중 만성화 단계로 접어드는 (김철권·변원탄, 2000; Stephen & Cleveland, 2007) 현상을 만성 조현병으로 구분하고 있다.

조현병은 두 증상으로 나뉘며, 양성 증상으로 분류되는 망상과 환각, 와해된 언어 등의 증상과 음성 증상으로 분류되는 감정둔마와 무쾌감증 등의 정동문제를 보이는 대표적인 정신질환이다(오수성, 2013).

조현병은 DSM-5(American Psychiatric Association: APA, 2013) 진단 기준에 따라 증상의 수준, 기능 상실의 정도, 기간, 다른 질환의 가능성 등의 차원적 분류로 나눌 수 있다(대한조현병학회, 2013; 오수성, 2013). 망상, 환각, 와해된 언어와 같은 양성 증상의 경우 초기 약물치료로 호전될 수 있으나, 이후에도 감정둔마를 비롯한 음성 증상이 잔류되므로 대부분의 경우 만성환자로 진행되어 장기적인 치료를 요하게 된다(Buchanan, 2007; Schults, 2007). 또한 조현병 환자들의 음성 증상으로 인해 발생하는 정서적 어려움은 인지 기능과 연관되어 사회성 및 대인 관계에까지 부정적인 영향을 미치게 된다(김성진, 2013; Couture, Penn, & Roberts, 2006; Kring & Caponigro, 2010; Tremeau, 2006).

감각처리 기능은 뇌신경학적 구조와 연관되어 일반인과는 달리 정보처리 및 해석에 문제를 가져와 환청, 환시와 같은 환각 증세를 야기한다. 이러한 증세는 자극의 존재 여부가 실제와 관계없이 현실에 존재한다고 믿는 왜곡된 인식을 말한다(김성진, 2013). 조현병 환자들의 경우 초기에 양성 증상이 나타날 때 환청, 환시와 같은 환각 증세를 주로 호소하는 것으로 알려져 있으며, 환자들은 이를 환상이 아닌 현실에 실재하는 것으로 인식하여 피해망상 또는 과대망상 증상과 함께 주변인들과의 관계에서 어려움을 야기하는 주원인이 되기도 한다(Beck & Rector, 2003). 또한 폭력적 또는 공격적인 성향이 있어 결국에는 사회와 단절로 인한 고립감과 우울, 그로 인한 알코올 및 약물 문제, 자살 시도 등 부정적인 결과를 초래하는 원인이 된다(Bulter, 2009; Gold, 2012).

사고장애는 조현병의 또 다른 대표적 증상으로서 와해된 언어와 행동 문제를 발생시키기도 한다. 이는 정보의 정확한 이해와 처리, 활용의 손상이 사고의 기반이 되는 현실에 초점을 두지 못하게 방해하기 때문이다(Javitt, 2009; Schaefer, 2013). 정확하게 정보를 인식하고 처리하기 위해서는 이를 기억하고 전략적으로 사용하는 인지 기능이 필요한데, 조현병 환자의 인지 저하, 특히 언어와 같이 사고를 반영하는 기능과 연관되어 결함을 보이게 된다(Harrow, 2000). 관계없는 대화나 행동 문제로 사고 체계의 불균형 및 오류가 나타나는데 조현병 환자는 수용된 정보를 이해하고 처리하는 데 필요한 모든 과정에서 손상이 있으므로 비논리적인 사고를 발생하게 되어 언어적 표현에서 지리멸렬함을 보이게 된다(Kiang, 2007; Schaefer, 2013).

지각 능력에 있어서도 조현병 환자들은 손상을 보이는데 특히 얼굴 표정 인식과 구분에 있어서 일반인과 달리 많은 손상과 결핍이 있다(손애리·김지웅·황순택·최은애·김성은, 2004; 이혜연·김양태, 2014). 얼굴 표정 인식 문제는 시지각 문제와 관련이 있으며 이는 환시 증상과 같은 감각 정보 처리 문제와도 연관되어 있다. 이러한 시지각 문제와 얼굴 표정 인식 문제와 관련하여 많은 연구가 발전되어 왔으며 시각 자극 정보가 주어졌을 때 이를 조직화하고 범주 및 부호화하는 능력 등 움직이는 사물에 대한 정보를 처리하는 능력에 결함이 있는 것으로 보고되고 있다. 또한, 앞서 언급한 기억력과 같은 인지 기능과도 연관이 있으므로 단서가 되는 정보를 기억하며 조합하는 데 어려움을 보여 결국 의미 있는 표현이나 정서 인식에 결핍을 가져오게 된다(Kohler, 2003; Kohler & Martin, 2006). 얼굴 표정 카드를 매칭하는 실험이나 표정의 의미를 변별하는 검사를 사용한 선행 연구들을 통해서 조현병 환자의 기능 저하 문제들이 보고되는데(손애리, 2004; Sachs, 2004). 이러한 얼굴 표정 인식과 같은 정보 처리는 정서 인식과도 깊은 연관이 있어 타인과의 상호작용에 전반적인 부정적 영향을 주어 조현병 환자의 사회복귀에 어려움을 초래하기도 한다(민성길, 2012; Cohen, 2005).

Lowy(1996)와 유영은(2008)은 주간 보호시설에서는 다소의 장애를 지니고 있거나 혹은 경미하지만 어떤 혼란 상태에 빠져 있는 대상자들을 일정한 시설에서 낮 시간 동안 보호해주는 재활적, 물리적 및 기타 유형의 치료적 프로그램을 제공하고, 대상자들에게 사회적 접촉과 풍부한 경험을 제공하며, 일하는 가족구성원이나 자녀들의 부담을 덜어주는 것을 목적으로 마련된 기관이라고 하였다. 주요 서비스 내용은 일상생활에 필요한 보건, 의료, 재활, 사회복지서비스 등이 있으며, 부양자에게도 휴식, 상담, 정서적 지원 등을 제공하여 대상자 부양을 계속할 수 있도록 지원하는 기능이 있다.

주간 보호시설의 역할과 목적은 첫째, 가정에서만 생활하고 있는 대상자들에게 사회적으로 고립되어 있는 생활에서 벗어나 자립생활과 심신의 기능이 저하되지 않도록 기능을 향상시킬 수 있는 안전한 환경을 제공하여 준다. 둘째, 낮 동안 대상자를 돌봄으로써 부양자에게 휴식을 제공하고, 직업이 있는 부양자는 일을 할 수 있도록 하며, 가족의 긴장을 줄이고, 대상자와 관련된 상담과 가족구성원들의 심리적 지원에 역할과 목적이 있다.

이러한 주간보호시설을 이용하고 있는 대상자를 중심으로 집단미술치료를 진행할 경우 기관에서 요구하는 주 호소 문제를 고려하며, 각 대상자에게 적절하게 치료적 접근을 할 수 있는 방법을 모색하여야 한다.

가장 기본적인 집단 형태는 구조화된 지식적 집단이 가능하나, 경우에 따라서는 비구조화된 지식적 집단이 형성되기도 한다. 참가자들은 성인이며, 호칭은 존칭어를 사용하는 것이 바람직하다. 참가하는 인원수에 따라 시간과 회기를 결정하여야 하며, 일반적으로 15명 내외로 2시간 동안 진행한다.

참가자들이 자발적인 호소문제로 참가하는 것이 아니고 주간보호시설의 일과 중에 한 프로그램으로 설정되어 진행하므로 프로그램에 자발성이 상당히 떨어진다. 하지만, 치료사는 그러한 대상자를 차별하는 것이 아니라, 집단에 참가하는 것만으로도 수용적 관점의 미술치료가 가능함을 인지하고 집단구성원이 모델링이 되어 줄 수 있도록 참가하는 것에 목적을 둔다.

프로그램을 진행하다 보면, 자신이 못 그리는 것에 대해 불편해하거나 두려워하여 치료사나 주변의 집단구성원에게 그려달라고 하는 경우도 있다. 이럴 경우 허용하는 것이 아니라, 본인의 삶을 본인이 책임지고 살아갈 수 있도록 스스로 할 수 있는 방법으로 접근하여야 한다. 예를 들어, 옆의 집단구성원 그림을 보고 그리도록 한다거나 치료사가 다른 종이에 원하는 것을 그려서 보여주며 따라 그리도록 하여 모델링이 되어 주는 것도 삶의 간접적 경험으로 내재화되기 때문에 유용하다. 이때 치료사나 집단구성원이 그려주면 차후에 계속적으로 매달리게 되며, 삶에 있어서 주체적인 모습보다는 의지하고 기대려는 모습을 유지하려는 습성이 형성된다. 따라서 임상현장에서 치료사는 늘 깨어 있어야 하며, 집단구성원에게 모델링이 되어 줄 준비를 하고 있어야 한다.

3. 장애보육시설 집단미술치료

미술치료는 모든 발달 단계에 도움을 줄 수 있다. 즉, 미술재료로 창작하는 과정은 자발성과 자제력을 요구하기 때문에 여러 유형의 아동이 미술치료로 도움을 받을 수 있다.

미술치료가 정신지체로 불편감을 갖고 있는 사람들에게 이해력을 줄 수는 없다. 그러나 감각의 세계를 탐색하고 즐기기 위한 자극과 즐거운 방법이 될 수 있으며 제공하고 있다. 그것은 제한된 활동을 관리하고 힘이 미치는 범위에서 도구와 과정을 숙달하고, 연습을 통하여 연마된 기능의 즐거움을 맛보는 방법을 제공하며, 미술치료에서의 미술은 선택과 결정 그리고 유일하게 자신의 소유인 창작품을 통해서 자신을 나타내는 방법을 경험한다(김진숙, 2006).

카타르시스는 아동들이 그림이나 다른 형태의 이미지 표현을 통해 정서문제나 긴장을 해결하도록 도울 수 있다는 점에서 미술치료 과정의 중요한 부분이 된다. 마찬가지로 감정을 언어로 잘 표현하지 못하는 아동에게 미술 표현이 상반된 감정이나 혼란스러움 또는 말로 표현하기 힘든 감정을 정리하게 해 준다. 미술은 아동의 정서적 삶을 담는 든든한 용기가 되며, 아동을 이해할 수 있는 중요한 방식임을 부인할 수 없다(Malchiodi, 1998; 김동연 외 역, 2001).

정신지체 아동들은 감각운동, 인지능력 및 조합과 재구성의 문제 등으로 인해 그들이 가지고 있는 예술적 욕구와 능력을 표현할 기회가 적절하지 않다. 그러므로 미술치료 활동을 통하여 또 다른 의사소통과 자기표현의 기회가 될 수 있어(정여주, 2003) 정신지체 아동에게 미술 활동이 효과적인 수단이 될 수 있다.

미술치료의 방법적 접근은 단계적이고 반복적인 기법으로 구성되어 구체화와 집중력을 돕고 표현력을 개발하는 등 긍정적인 재강화에 초점을 둔 인지행동적 접근을 하게 되지만 미술 매체를 가지고 놀이를 하는 그 자체가 환경적 제한으로 나타나 좌절과 분노의 분출을 위한 통로가 되어 문제행동을 감소시키고 자신감을 가능하게 한다(옥금자, 2007). 또한 미술 활동에서 주도적인 입장이 되어 매체를 놀이도구로 생각하는 작업과정에 이르게 되면 분노나 슬픔, 공포와 같은 감정에 대해서도 표현하게 된다. 이러한 정서적 활동을 순화하여 스스로 자유롭게 선택할 수 있게 하고, 자유로운 활동 그 자체와 심리적 변화에 주안점을 둔다면 평소에 느끼기만 하고 표현하지 못한 갈등이나 분노와 고통과 욕구, 슬픔과 기쁨 등이 표현되며 이를 통한 감정적 배상이나 카타르시스를 경험하게 된다(이명은, 2005).

앞서 언급하였지만, 집단 경험의 중요성은 학령기에 더욱 증가된다. 이 시기에는 성인이 아동의 중요한 동일시 대상이지만 아동은 서서히 좀 더 넓은 인간관계로 발전하면서 사회적 집단 상호작용을 통해 정서적, 지적 성장을 한다. 3~4세 정도가 되면 집단 내에서 상호작용을 하며 자신의 성격을 드러내고 갈등 해결을 시도하기 시작한다. 이때 초기 가족 관계에서의 의존과 보호경험은 이 시기의 대인 관계에 중요한 영향을 미치며, 사회적 가치나 동일시에 영향을 주는 신뢰감과 자존감을 발달시킨다(옥금자, 2006).

집단미술치료는 집단 내에서의 이미지, 재료, 표현방법 등의 창작활동을 중심으로 지원과 나눔의 경험으로 지지적인 관계를 형성하고 문제를 극복하고 해결하도록 돕는다. 또한 집단과정에서 구성원들은 다른 구성원들에게 도움을 주고, 반응하는 방법을 배우고, 정확한 감정을 보다 잘 경험하고 표현할 수 있게 되는데 이러한 모든 것은 구성원들의 미래에 행하게 될 사회적 상호작용에 도움이 될 수 있다(옥금자, 2006).

그러나 장애보육시설에 거주하는 청각장애아동은 충동성과 자기중심성이 강하고 변화하는 상태에 적응하는 능력이 부족하여 고집과 아집이 많이 나타나는 것으로 보고되고 있다. Meadow(1972)는 청각장애인의 행동은 자기중심적이고 융통성과 내적 성찰이 결핍되어 있으며 의존성과 충동성으로 특징지을 수 있다고 했다.

Altshler(1962)는 조현병(정신분열증)과 함께 이중장애를 갖고 있는 청각장애인 집단은 일반인에 비해 1.5~2배가량 높게 나타나는 것으로 보고 있다. 듣지 못하는 것은 사회 심리적 측면에서 볼 때 여러 가지 부가적 장애를 가져오게 하여 중대한 문제가 되며 특히 청각장애아동의 부모 양육태도와 인간관계의 폭과 깊이,

교육환경의 특성은 청각장애아동의 인성발달에 대단히 중요한 의미를 갖는다.

청각장애아동에게 집단미술치료를 실시한 결과, 위축된 모습과 소극적이며, 경직되어 있는 모습에서 안정적이고 적극적인 모습으로 변화되었다고 한다. 또한 정서적 안정감과 창의적인 사고를 키우고 사회성과 협동성을 향상시킬 수 있었다고 한다.

장애아동에게 자립이란 혼자의 힘으로 모든 것을 하는 것이 아니라, 혼자 할 수 있는 여건을 제공하는 것, 혼자 할 수 있는 마음가짐이 필요하다. 즉, 자립이란 것이 스스로 모든 것을 하는 것이 아니라, 적절한 도움으로 원하는 것을 할 수 있도록 하는 것이 자립임을 치료사는 잊지 말아야 한다.

PART III 집단미술치료의 실제적용 프로그램

Chapter 8

다양한 집단미술치료 프로그램

개인미술치료이든 집단미술치료이든 제시된 프로그램이 똑같다 할지라도, 접근하는 방법에 있어서는 집단미술치료사의 충분한 의도가 내포되어 있어야 한다. 혹자는 노인미술치료와 ADHD 대상자의 미술치료에서 같은 문양의 만다라 작업을 보며 미술치료는 만병통치약이냐며 비난하듯 말하는 것을 임상현장에 있는 집단미술치료사로서 쉽게 접할 수 있을 것이다. 이는 집단미술치료사의 분명한 목적이 전달되지 않고, 제시되지 않은 결과이다. 즉, 집단미술치료사의 역량부족이라 할 수 있다. 같은 문양의 만다라라 할지라도 집단미술치료사는 대상에 맞게 매체, 기법을 처방하여야 하고, 그에 맞는 목표를 가지고 프로그램에 접근하여야 한다. 이것이 제대로 되지 않을 경우 임상현장의 많은 집단미술치료사는 이러한 비난으로부터 자유로울 수 없을 것이다.

제3부에 제시한 프로그램을 그대로 진행해도 무방하나, 무엇보다 대상자에 맞는 처치의 일환으로 집단미술치료사가 잘 응용하였으면 한다.

어떤 대상자는 집단미술치료 프로그램 초기에서 제시하였으나 대상자에 따라 중기나 말기에 적용할 수 있으며, 제시된 방법 이외에 다양한 방법으로 집단미술치료사의 선행경험이 있다면 얼마든지 변형이 가능하다. 또한 집단미술치료사는 내담자들의 결과물을 통해 자기 성장이 가능하여야 한다. 이를 위해서는 매 회기 깨어 있는 집단미술치료사로서 임상에 임하여야 할 것이다.

1. 미술치료 초기 프로그램

1. 난화 그리기(도둑 잡기)

활동목표 ① 친밀감 형성

② 신뢰 관계 형성

③ 집단원 성향 파악

준비물 8절도화지 3~5매, 36색 이상의 색연필

활동 과정

1. 가위 바위 보를 한다. 이긴 사람이 도둑, 진 사람이 경찰 역할을 한다.
2. 이긴 사람이 먼저 선을 그리고 그 뒤를 진 사람이 따라 그린다.
3. 번갈아 가면서 작업을 한다.

3-1. 먼저 그리는 사람은 따라 그리는 사람을 배려해 천천히 그린다.

4. 자신이 먼저 그린 그림에서, 그림에 나타난 그림을 가지고 상징물을 5~7개 찾는다.
5. 상징물을 구체적으로 표현한다.

5-1. 다른 종이에 콜라주 작업을 할 수도 있다.

6. 찾은 상징을 가지고 이야기를 만든다.
7. 이야기를 발표한다.

2. 눈 감고 난화 그리기

활동목표 ① 긴장 이완
② 감정 표출
③ 두려움 해소

준비물 4절도화지 2장, 36색 색연필

활동 과정

1. 먼저 명상을 통해 현재의 기분을 느낀다.
2. 명상 후에 눈을 감고 자유롭게 선을 그린다.
2-1. 한 가지로 그리는 것이 부담되면 같은 재료 3개를 가지고 선을 그린다.
3. 첫 장은 자유롭게 그린다.
4. 두 번째 장은 천천히 감정을 그린다.
5. 그린 후에 다시 거리를 두고 그림을 보고 숨은 그림 찾듯이 상징물을 찾는다.
5-1. 이때 너무 완벽하지 않더라도 이미지만 있으면 된다.
6. 상징물을 구체화하여 색을 칠한다.
7. 이야기를 만든다.

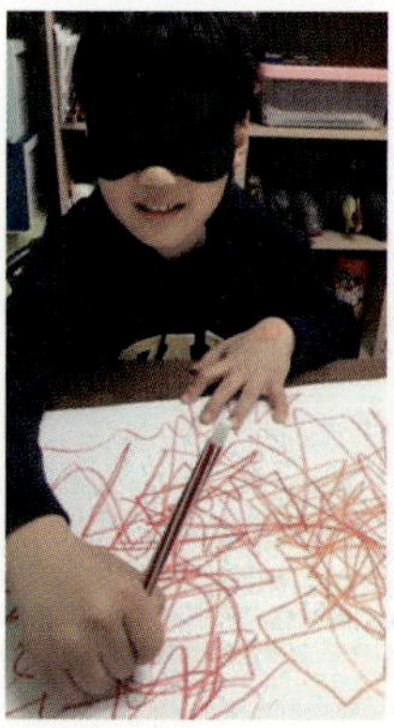

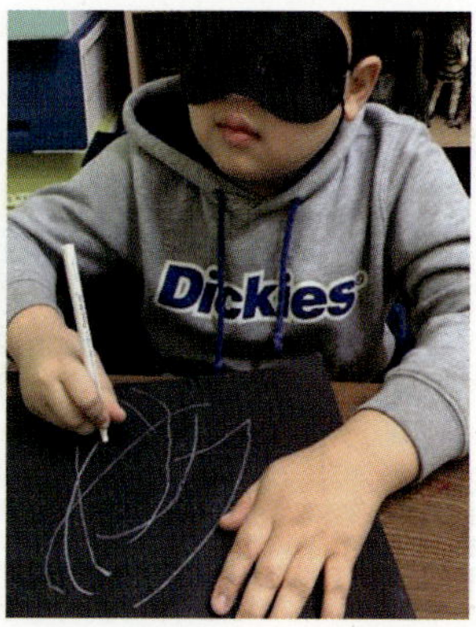

3. 지금의 나

활동목표 ① 현재 나의 감정요소에 대한 인식

② 자기 탐색

준비물 도화지(좋아하는 크기), 색연필, 마커, 기타 드로잉 재료

활동 과정

1. 눈을 감고 지금-여기에서 느끼는 감정을 심상화한다.

2. 구체적인 사물을 그리기보다는 감정의 이미지를 그린다. (선, 형태로 그려도 된다.)

3. 그리는 동안 감정의 변화를 탐색한다.

3-1. 특히 색을 칠하는 과정에서 감정 변화를 탐색한다.

4. 형태를 그리기 어려운 사람은 색을 통해 감정을 탐색한다.

5. 그린 그림을 거리를 두고 바라보고, 느낌을 언어로 표현한다.

6. 작품에 사인을 하고 자신의 이미지를 다시 본다.

4. 내 인생의 방해물

활동목표 ① 집단 라포 형성
② 집단 공감대 형성
③ 집단 응집력 향상

준비물 도화지, 마커, 기타 미술 매체

활동 과정

1. 삶을 방해하고 있는 방해 요인과 방해물에 대해 생각한다.
2. 그 방해물의 이미지를 그린다.
   ※ 주저하는 대상에게는 잡지를 제공한다.
3. 방해 요인을 시각화하였을 때, 그 방해물이 어떻게 다가오는지 언어로 표현한다.

3-1. 집단원의 방해물에 대해 서로 응원하는 작업을 할 수 있다. 방해물 극복의 경험을 함께 공유할 수 있다.

4. 집단원으로부터 긍정적인 피드백을 받는다.
5. 집단원에게 응집력을 경험하게 한다.

5. 돌려 그리기

활동목표 ① 타인의 감정 느끼기
② 집단원 간 탐색

준비물 도화지, 오일파스텔, 파스넷(부드러운 재료)

활동 과정

1. 도화지를 한 장씩 가지고 자기만의 표시나 사인을 한다.
1-1. 자신의 것임을 기억하기 위함이다.
2. 한 사람당 도화지에 한 개의 색으로 이미지를 그린다.
2-1. 내담자가 각각 원하는 주제를 자유롭게 그리도록 한다.
3. 주어진 종이에 3~5분 동안 그림을 그리다가, 치료사가 '다음'이라고 하면 그리던 그림을 다른 집단원에게 넘긴다.
※ 시간에 따라 집단의 흐름을 잘 파악해야 한다.
4. 작품이 다시 돌아오면 맘에 들게 이미지를 바꾼다.
5. 마음에 드는 부분과 마음에 들지 않는 부분에 대해 이야기를 나눠보고 피드백을 받는다.

6. 내가 제일 좋아하는 과일 만들기(초기 & 중기)

활동목표 ① 소근육 향상

② 선호하는 음식 탐색

준비물 꽃 지점토(데코톨), 아크릴물감, 과일모형, 다양한 색점토

활동 과정

1. 좋아하는 과일을 먼저 생각한다.

1-1. 눈을 감고 과일의 색, 냄새, 형태를 탐색한다.

2. 다양한 색의 점토를 사용해서 '세상에서 가장 소중한 과일'을 만든다.

3. 만든 과일을 아크릴물감으로 채색한다

※ 젖은 상태에서는 다음 회기에 진행한다. 그 과일이 나에게 준 이미지와 글을 써보고 이야기를 나눈다.

3-1. 작품을 원 안에 두고 주변에 둘러앉아서 바라본다.

※ 작품을 놓을 수 있는 크기의 원형을 제공한다.

4. 과일의 색이나 형태, 크기가 다름도 느껴 본다.

5. 과일에 이름을 붙인다. (예: 내가 먹고 싶은 달콤한 사과 등)

7. 복사지를 이용한 콜라주

활동목표 ① 자신의 물건 탐색

② 물건에 대한 소중한 인식

③ 흑백 이미지를 이용한 감정의 소거

준비물 신체나 가지고 있는 물건, 드로잉 재료, 복사기, 복사용지, 가위, 풀

활동 과정

1. 물건을 꺼낸다.

1-1. 물건이 없으면 신체(손, 얼굴)를 사용한다.

※ 얼굴을 복사할 때는 반드시 눈을 감도록 한다. 성인, 청소년, 인지가 가능한 초등 고학년에게 사용해야 한다.

2. 여러 개를 복사하여 좋아하는 부분을 가위로 오리거나 손으로 찢는다.

3. 도화지에 붙인 후에 이미지를 부각할 수 있는 그림을 그린다.

4. 그림을 다 그린 후 이미지에 이야기를 만든다.

※ 신체의 일부와 신체 상실에 대한 시각화가 드러남을 볼 수 있다.

5. 집단원끼리 이야기를 나누고 발표 후에 서로 긍정적인 피드백을 주고받는다.

6. 전시를 통해서 물건에 대한 소중함을 느낀다.

8. 둘이 함께 그리기(초기 & 중기)

활동목표 ① 경험하기

② 공감하기

③ 경험 후 공감이 가능한 이미지 탐색

준비물 4절도화지, 드로잉 재료

활동 과정

1. 집단원 중에 두 사람이 한 조가 되어 어린 시절의 제일 기억나는 사건에 대해 서로 이야기한다.
2. 서로 번갈아 가면서 이야기한다.
3. 이야기한 내용을 들은 사람이 그림(이미지)으로 그린다.
4. 그림이 상대방의 마음에 들 때까지 수정한다.
5. 수정 후 상대방의 마음에 들면 사인해서 선물한다.
6. 그림이 이야기의 핵심을 잘 표현했는지 거리를 두고 바라본다.

9. 젠탱글을 이용한 만다라

활동목표 ① 성취감 향상
② 감정 이완
③ 자존감 향상

준비물 검정색 펜, 도화지, 젠탱글 패턴 표(참고용), 색연필, 사인펜

활동 과정

1. 도화지에 생각나는 도형이나 모양을 자유롭게 그린다.
2. 도형 안에 화면을 나눈다.
3. 화면 안에 반복해서 선이나 면을 채운다.
   ※ 집단치료에서는 신체 본뜨기(전신이나 손)하여 모양을 그려도 좋다.
4. 색 도화지를 이용하거나 만다라 문양을 이용한다.
5. 작업한 그림을 가위로 잘라 색도화지에 옮겨 작품을 액자화한다.
   ※ 작품의 액자화는 성취감 향상에 도움이 된다.

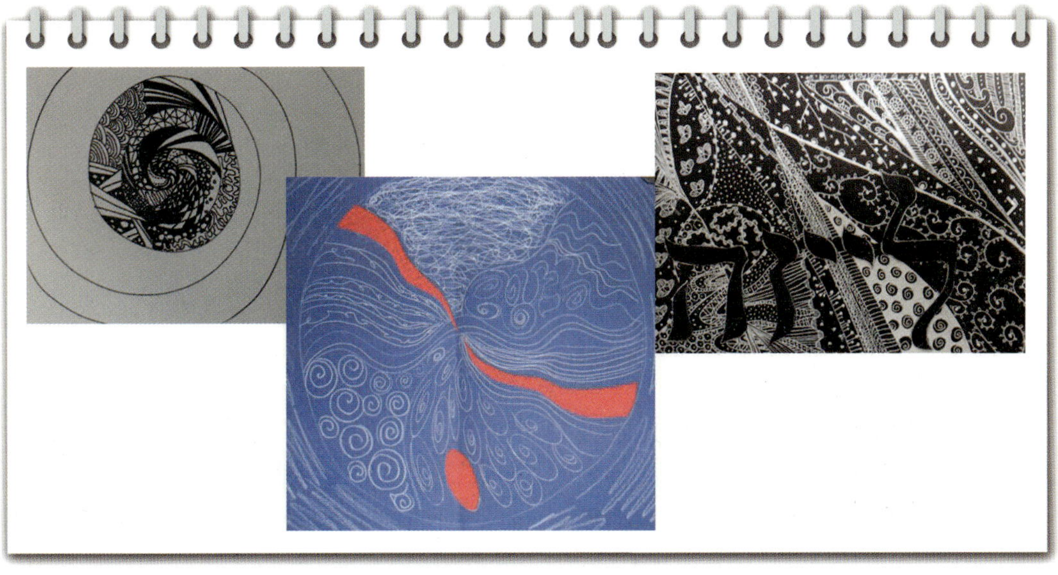

10. 자유 만다라

활동목표 ① 집단원 간 라포형성

② 자아존중감 및 대인 관계 증진

③ 통합 작품 활동을 통한 본인의 감정 인식 및 재구조화

④ 감정 표출 및 수용

준비물 도화지, 다양한 드로잉 재료

활동 과정

1. 도화지 위에 원을 그리고 자유 만다라 활동을 한다.
2. 각자의 만다라를 그릴 수도 있고 전지에 크게 원을 그리고 집단원끼리 서로 나누어 작업한 후에 다시 조합한다.

   ※ 음악과 명상을 할 수 있는 좋은 글을 조용한 분위기에서 읽어 줄 수도 있다.
3. 느낌을 서로 이야기 나누고, 사인한 후 제목을 붙인다.

11. 점토활동 1 (동그라미 펜던트-만다라)

활동목표 ① 심리적 이완 및 유연성 증진
② 활동에 대한 흥미 향상

준비물 지점토, 점토 도구, 모양 찍기 틀

활동 과정

1. 워밍업으로 자유롭게 점토를 이용하여 유희 활동을 한다.
2. 밀대를 이용하여 지점토를 납작하게 만들어 모양 틀로 다양한 모양을 찍는다.
2-1. 찍은 후 지점토에 미리 구멍을 낸다.
3. 점토 도구를 활용하여 표현한다.
4. 작품이 잘 건조될 수 있도록 펼쳐놓은 후 주변을 정리한다.

12. 점토활동 2 (페인팅-마커펜)

활동목표 ① 다양한 욕구 표출
② 자존감 향상
③ 타인에 대한 공간 능력 향상

준비물 지점토, 점토 도구, 우드락, 아크릴물감, 물감 도구, 다양한 페인팅 재료

활동 과정

1. 지난 회기에 완성한 점토작품을 살펴보고 채색작업을 한다.
2. 다양한 페인팅 재료를 활용하여 자유롭게 표현한다.
3. 건조 후에 구멍에 고리를 단다.
4. 주변을 정리한 후, 작품을 감상하고 소감을 이야기 나눈다.
5. 예쁘게 포장하여 주고 싶은 사람에게 선물한다.

13. 따로 또 같이 1 (콜라주-휴지심, 아이클레이)

활동목표 ① 감정표출 및 조절
② 자신에 대한 가치 경험
③ 자아존중감 향상

준비물 접착우드락, 실, 은박 호일, 글라스데코물감, 유성매직펜, 휴지심

활동 과정

1. 한 장의 대형 원형의 접착우드락을 인원수에 맞게 조각을 낸다.
2. 콜라주 기법에 대한 치료사의 설명을 듣는다.
3. 재활용품인 휴지심을 활용하여 콜라주 기법으로 자유롭게 표현한다.
4. 접착우드락에 잘라놓은 휴지심을 자유롭게 붙여 새로운 형태를 구성한다.
5. 글라스데코물감과 클레이점토를 적절히 활용하여 색감을 표현한다.
6. 완성된 원형 접착우드락 조각들을 퍼즐 맞추듯 집단원이 함께 모여 한 장의 대형 원형 만다라를 구성한다.
7. 완성된 작품을 감상하고 서로의 소감을 이야기 나눈다.

14. OHP 필름을 활용한 파스텔화

활동목표 ① 명화를 활용한 다양한 표현
② 창의력 향상
③ 작품을 통해 자존감 향상

준비물 OHP 필름, 다양한 종류의 명화 도안, 유성매직펜, 네임펜, 파스텔, 머메이드지

활동 과정

1. 두 장의 OHP 필름 중 한 장의 OHP 필름에는 원하는 명화 도안을 선택하여 따라 그리고, 나머지 한 장에는 자유화를 그린다.
2. 머메이드지에 파스텔로 배경을 채색한다. (두 장 이상의 배경을 채색)
3. 배경과 OHP 필름을 겹쳐 재구성하여 붙인다.
4. 작품에 대해 집단원과 이야기를 나누고 작품을 감상한다.

15. 가랜드 만들기 1

활동목표 ① 창의력 향상
② 작품을 통한 자존감 향상
③ 내면의 소망 탐색

준비물 머메이드지, 막대, 마끈, 다양한 꾸미기 재료, 다양한 색의 마스킹테이프, 가위, 여러 종류의 성탄가랜드 도안, 연필

활동 과정

1. 마음에 드는 도안을 선택하여 머메이드지에 본뜨기를 한다. (5개 이상)
2. 밑그림이 본떠진 머메이드지의 뒷면에 선택한 마스킹테이프를 자신만의 패턴대로 붙인다.
3. 마스킹테이프가 붙여진 머메이드지를 본뜬 도안대로 오린다.
4. 오려진 도안과 다양한 꾸미기 재료를 적절하게 구성하여 마끈에 이어 단다.
5. 완성된 작품을 보고 소감을 나눈다.

※ 크리스마스, 새해, 학년이 올라가는 시점에 작업을 하면 더 긍정적인 효과가 있다.

16. 나의 마트료시카 이야기

활동목표 ① 현실 자아인식

② 미래에 대한 소망 표현

준비물 마트료시카 인형, 도화지, 다양한 드로잉 재료

활동 과정

1. 마트료시카 인형의 유래와 의미를 알아본다.
2. 과거, 현재, 미래를 5단계로 나누어 자유롭게 표현한다.
3. 각 단계의 시기에 대한 감정을 인형의 얼굴 부분에 표현하고 그 감정에 어울리는 색감과 무늬로 몸통을 표현한다.
4. 완성된 작품을 집단원에게 소개하고 소감을 나눈다.

17. 데칼코마니

활동목표 ① 심리적 이완, 창의적 표현
② 미적 감각 향상
③ 연상되는 이미지를 통한 내면 탐색

준비물 다양한 색상의 도화지, 벽지. 가위, 물감(수채화물감, 아크릴물감), OHP 필름, 실 또는 노끈

활동 과정

1. 여러 종류의 도화지를 이용하여 원하는 모양으로 오린다.
2. 물감을 원하는 모양으로 한쪽면에 짠 다음 반으로 접어 문지른 후에 펼쳐 말린다.
3. 다양한 색의 물감을 자유롭게 활용하여 도화지 위에 찍는다.
3-1. 이때 끈을 넣어서 빼는 작업을 하여 색다른 무늬를 해 본다.
4. 우연히 표현된 물감의 흔적을 살펴보고 연상되는 것의 이미지를 떠올린다.
5. 소감을 나누며 자유롭게 작품의 제목을 붙인다.

응용 프로그램

1. 모양대로 오려서 콜라주 작업을 하거나, 연필로 긁어 보고 연결해서 그림을 그린다.
2. 물감이 묻지 않은 공간에 색을 칠하기도 한다.
2-1. 사용한 끈을 이용하여 그림으로 확장 작업한다.
3. 찍어낸 모양에서 이미지를 연장하여 주변을 칠한다.
4. 두 개의 그림을 연결하여 주제를 찾고 이어서 그린다.
5. 작업의 변화를 집단에서 이야기해 보고, 연결한 이미지에 대해 이야기한다.

18. 비눗방울 불기 작업

활동목표 ① 어릴 적 놀이 회상
② 놀이의 즐거움 알기
③ 집단원의 친밀감 형성

준비물 비눗방울, 물감 또는 식용색소, 도화지 여러 장, 빨대

활동 과정

1. 비눗방울을 쓰기 좋은 투명 플라스틱 통에 담는다.
2. 좋아하는 색을 혼합하여 나만의 비눗방울을 만든다.
2-1. 비눗방울을 물감이나 식용색소에 잘 저어준다.
3. 집단원이 큰 전지에 자신의 호흡에 맞는 비눗방울을 분다.
3-1. 비눗방울이 터지면서 주변에 색이 고이는 것을 경험한다.
4. 연상되는 이미지를 찾고 집단원의 작업에서도 함께 찾는다.
5. 작업을 정리하고 활동 과정과 이미지를 찾은 소감을 나눈다.

19. 쉐이빙폼

활동목표 ① 심리적 이완
② 신체적 활동
③ 에너지 표출
④ 집단 응집력

준비물 쉐이빙폼, 우드락, 수채화물감, 자연물 재료

활동 과정

1. 쉐이빙폼을 우드락에 짜 보면서 손으로 그 느낌을 느낀다.
2. 좋아하는 색을 어떻게 만들 것인지 고민해 보고 좋아하는 색을 쉐이빙폼에 섞는다.
2-1. 그 색에 대해 어떠한 감정을 느끼는지 이야기한다.
2-2. 색을 연한 것부터 만든다면 손을 씻는 일을 줄일 수 있다.
3. 그 다음 색을 만든다.
3-1. 색을 3개 이상 만들고 나면, 우드락에 놓고 작품을 만든다.
4. 만들고 난 후 작업을 확장하기 위해 자연물(계절적인 의미로 봄에는 꽃, 가을에는 낙엽)을 이용한다.
5. 작업 후 거리를 두고 작업이 다른 집단원과 다름도 함께 나눈다.
5-1. 큰 우드락에 집단원이 무엇을 표현할 것인지를 상의해서 집단 작업으로 해도 가능하다. (집단원과 작업의 제목을 붙인다.)
※ 쉐이빙폼은 입체 작업을 할 수 있고, 색의 발색도가 높을수록 감정을 표출하는 데 도움을 준다.
6. 투명 아세테이트지로 작품을 싸주면 1주일 정도 보관이 가능하다.
6-1. 투명 아세테이트지를 감쌀 때 쉐이빙폼의 부드러움을 촉감으로 느낄 수 있다.

20. 호일을 이용한 사람 만들기

활동목표 ① 긍정적인 사람에 대한 인식
② 고마움 표현
③ 자존감 향상
④ 감각 이완

준비물 쿠킹호일(30×40cm 여러 장) 가위, 칼

활동 과정

1. 호일을 가로 30cm, 세로 40cm로 자른다.
2. 자른 호일을 탐색한다.
 ※ 호일을 흔들어 소리와 재질을 느낄 수 있게 감각놀이를 진행하면 좋다.
3. 호일의 가로 30cm 부분을 상단으로 하여 3등분하고, 1/3 지점을 위에서부터 아래로 7cm 정도 자른다.
4. 호일의 양쪽 1/2 지점을 각각 10cm 정도 자른다.
5. 호일의 하단 1/2 지점을, 밑에서부터 위로 15cm 정도 자른다. (오른쪽 예시 그림 참조)
6. 자른 호일을 구겨서 사람의 형상을 만든다.
7. 사람의 형상에 호일로 옷 모양을 만들거나, 유성매직으로 옷에 색을 칠하여 꾸민다.
8. 작품을 모아서 집단원끼리 이야기를 나눈다.

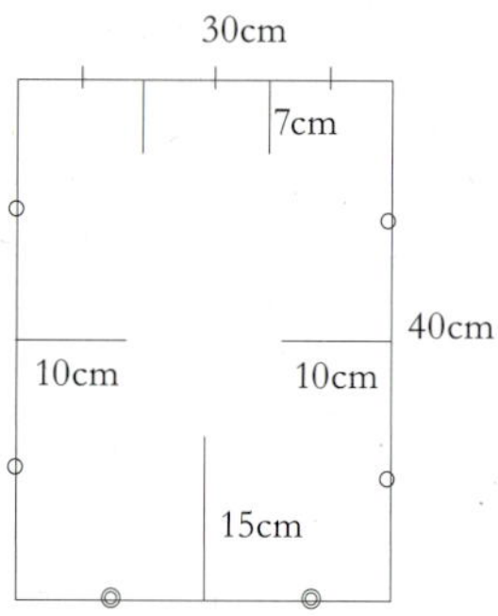

※ 점토나 다른 재료로 만들 수 없는 모습이나 형상을 자유롭게 만들 수 있는 장점이 있다.

21. 코인티슈 염색

활동목표 ① 다양한 욕구 표출
② 심리적 이완
③ 창의적, 미적 감각 향상
④ 색 변화 탐색

준비물 코인티슈, 납작한 플라스틱 용기, 투명 플라스틱 병, 물감, 물, 줄

활동 과정

1. 투명 플라스틱 병에 물감과 물을 담아 충분히 흔들어 희석한다.
2. 희석된 다양한 색감의 물감을 납작한 플라스틱 용기에 덜어내고 코인티슈를 담근 다음 코인티슈의 부피 변화와 색의 변화를 살펴본다.
3. 염색된 티슈를 미리 설치해 둔 줄에 빨래를 널듯 널어 건조시킨다.
4. 다른 색의 물감을 선택하여 혼합하는 과정에서의 색 변화를 탐색한다.
5. 혼합하여 만든 물감으로 코인티슈를 염색하는 과정을 반복한다.
5-1. 색의 변화를 통한 감정의 변화에 대해 집단원과 이야기를 나눈다.
6. 주변정리 후, 염색된 티슈 무늬를 감상하고 소감을 나눈다.

22. 나의 감정은?(색종이를 이용한 작업)

활동목표 ① 색을 통해 내면의 감정 이해

② 색이 주는 상징에 대한 의미 파악

③ 사회성 함양

준비물 12색 이상의 양면 색종이, 8절도화지, 풀, 가위

활동 과정

1. 각 조에 양면 색종이 1세트를 나누어 주고 좋아하는 색을 찾는다.

1-1. 그 색이 주는 의미에 대해 집단원들이 서로 이야기를 나눈다. 색의 상징을 이해한다.

2. 원하는 색을 다른 집단원이 먼저 가져갔을 경우 다른 조에서 원하는 색종이를 받는다.

3. 좋아하는 색종이를 이용하여 찢거나 오려서 이미지를 만든다.

4. 이미지를 붙이고 더 작업하기 위해 다른 색종이로 작업을 연장한다.

5. 작업을 마치고 처음의 색과 작업을 마친 후의 색에 대한 같음과 다름을 알아차리고 제목을 붙인다.

6. 완성 후에 색이 달라짐에 대해 이야기를 나누고 마무리로 사인을 한다.

23. 나의 나무 그리기(계절을 이용한 작업)

활동목표 ① 자아 이미지 형상화

② 자신의 에너지 파악 및 탐색

준비물 도화지, 드로잉 재료, 색연필, 사인펜

활동 과정

1. 좋아하는 나무에 대해 이야기한다.
2. 어느 계절의 나무를 좋아하는지 이야기한다.
3. 그 나무가 주는 의미와 감정을 느낀다.
4. 원하는 도화지에 나무 그림을 그린다.
5. 집단원이 그린 작품을 감상하고 이야기 나눈다.

5-1. 비슷한 나무를 그린 사람들은 짝이 되어 심도 있는 이야기를 나눈다.

24. 새로운 출발

활동목표 ① 억제된 갈등 및 상처 표출

② 내면에 잠재된 긍정적 에너지 탐색

준비물 한지, 먹물, 파스텔, 색점토, 찰흙, 오공본드, 철사

활동 과정

1. 억제된 갈등이 무엇인지 심상으로 이미지화한다.
2. 내재된 갈등이나 상처를 한지에 먹물로 표현한다.

2-1. 표현한 이미지를 거리를 두고 바라본다.

3. 파스텔로 채색한다.
4. 제목을 붙이고 소감을 이야기 나눈다.
5. 색점토로 가장 좋아하는, 되고 싶은 꽃을 만든다.
6. 나의 꽃에게 편지를 쓴다.

25. 나의 바오밥나무

활동목표 ① 부정적 감정 표현
② 자신에 대한 이미지 형상화
③ 집단원의 에너지 수준 파악

준비물 잡지, 가위, 풀, 철사, 구슬, 나무판, 아크릴물감, 평붓, 글루건

활동 과정

1. 잡지를 보고 지금 가지고 있는 부정적이고 불편한 감정을 표현한다.
2. 바오밥나무에 대해 이야기하고 긍정적 면을 찾는다.
3. 아크릴물감으로 나무판에 바탕을 칠한다.
4. 여러 가닥의 철사로 나무 기둥을 만들고 줄기를 만든다.
5. 줄기에 다양한 구슬을 끼워서 각자 개성을 표현한다.
6. 나무판에 붙인다.
7. 나무에게 내 마음속에 있는 하고 싶은 말을 적는다.

26. 집단 이미지 작업

활동목표 ① 집단의 규칙
② 집단의 화합
③ 집단 관계 형성

준비물 여러 장의 도화지, 드로잉 재료, 색종이

활동 과정

1. 간단하게 자기소개를 한다.
2. 집단의 이미지에 대한 이야기를 나눈다.
3. 각자 생각하는 집단의 이미지 또는 글자를 정해서 구체화하는 작업을 한다.

3-1. 이때 큰 도화지 위에 한 장으로 작업할 수도 있다.

4. 각자 작업한 것을 연결해서 배치한다.
5. 이미지나 로고가 완성되면 서로에 대한 피드백을 준다.

5-1. 집단미술치료 초기에는 될 수 있는 한 긍정적인 피드백을 준다.

6. 집단의 규칙도 함께 정한다.

27. 계란판 꾸미기 1

활동목표 ① 개인감정 표출 및 조절
② 가치감과 소중함 경험
③ 자아존중감 향상

준비물 계란판, 지점토, 물, 점토 도구

활동 과정

1. 계란판을 이용하여 만들 수 있는 것들에 대해 이야기 나눈다.
2. 계란판의 크기를 살펴보고 전반적인 활동 과정에 대해 이해한다.
3. 지점토를 탁구공 크기 정도로 동그랗게 손바닥에 굴려 만든다.
4. 계란판의 칸칸이 동그란 지점토 덩어리를 넣고 눌러서 표면을 평평하게 한다.
5. 소량의 물을 지점토에 문지르며 표면을 매끄럽게 다듬는다.

5-1. 만든 지점토 공에 여러 가지 마카로니를 활용하여 작업한다.

6. 완성 후, 활동에 대한 소감을 이야기 나눈다.

28. 계란판 꾸미기 2

활동목표 ① 심리적 이완
② 다양한 욕구 표출
③ 성취감

준비물 계란판, 지점토, 여러 가지 점토 도구, 물, 다양한 페인팅 재료

활동 과정

1. 활동할 내용, 매체의 특성에 대해 이해한다.
2. 원하는 칸의 개수만큼 계란판을 자른다.
3. 탁구공 크기 정도로 지점토를 동그랗게 손바닥에 굴려 만든다.

3-1. 동그랗게 만드는 작업은 손의 감각을 이용하여 집중력을 필요로 하는 작업이다.

4. 칸칸이 동그랗게 만든 지점토를 넣고 눌러서 표면을 평평하게 한다.
5. 각각의 칸마다 다양한 주제를 선택하여 지점토로 자유롭게 만들어 장식한다. (좋아하는 과일, 좋아하는 음식, 다양한 사람의 얼굴 표정, 글씨 등)
6. 집단원의 다양성을 인식하고 작업에 제목을 정한다.
7. 집단원들의 작품을 한곳에 두고 감상한다.

29. 주변의 물건 그리기

활동목표 ① 주변 탐색
② 집단 관계
③ 타인 탐색
④ 협동심

준비물 흰색 전지와 투명 아세테이트지, 유성매직, 주변의 물건과 집단의 소지품

활동 과정

1. 집단원끼리 인사하고, 공간을 탐색한다.
2. 집단작업 공간에 그릴 수 있는 다양한 물건을 가져온다. 이때 서로 몸을 움직임으로써 서로의 관계를 인식한다.
3. 바닥에 흰색 전지를 깔고, 그 위에 아세테이트지를 놓는다.
3-1. 소지품이나 가져온 물건을 놓고 본을 뜬다.
4. 그린 물건에 색을 칠하거나 원하는 무늬를 그린다.
4-1. 자신만의 새로운 물건으로 변화를 경험한다.
5. 집단원의 작업을 둘러보고, 작업한 공간에 사인한다.
6. 집단원끼리 피드백을 한 후에 작업에 제목을 붙인다.

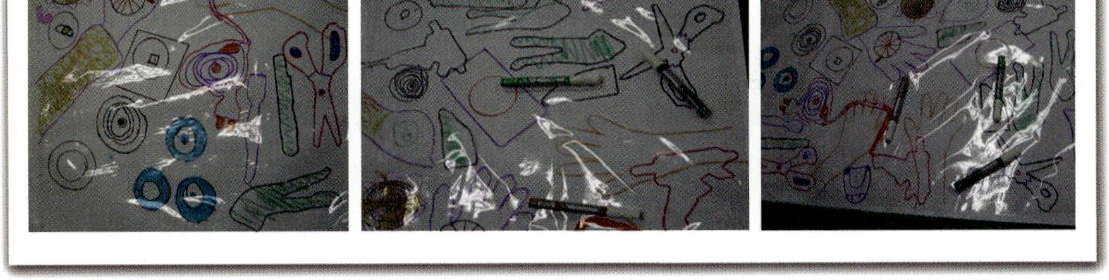

2. 미술치료 중기 프로그램

1. 나의 중요한 사람(부모)

활동목표 ① 동일시 대상에 대한 회상
② 어린 시절 초기 경험 탐색
③ 생활 태도에 대한 탐색

준비물 도화지, 마커, 오일파스텔, 기타 드로잉 재료

활동 과정

1. '나에게 중요한 사람'의 모습을 자유롭게 그린다.
2. 모습은 현실적이든 추상적이든 상징적인 형상을 그린다.
3. 현재의 어머니상을 그대로 그린다.
4. 어머니(혹은 중요한 사람)와 관련된 기억, 행동, 사건이나 음식 등을 통해 어머니에 대한 심상화(마음속 이미지 그림)를 그린다.
5. 집단원끼리 서로 이야기를 나눈다.

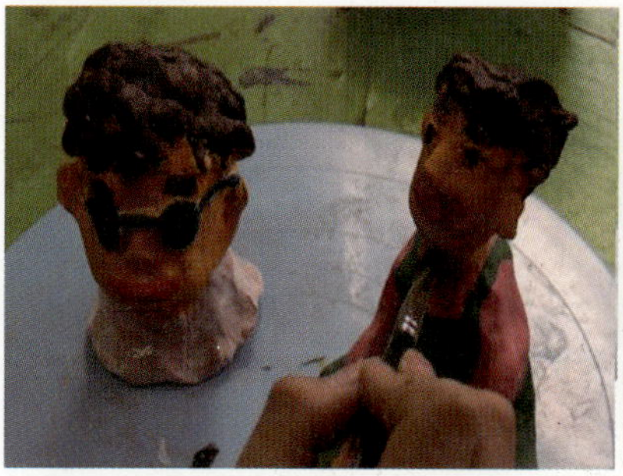

2. 나의 어린 시절

활동목표 ① 나의 어린 시절 회상
② 나의 어린 시절 탐색

준비물 드로잉 재료, 도화지, 다양한 미술 재료, 천사점토

활동 과정

1. 어린 시절의 모습을 회상한다.
2. 어린 시절 중 자신을 나타낼 수 있는 상징물을 그린다.
2-1. 상징물을 점토로 만들 수도 있다.
3. 최초의 기억, 어린 시절의 부모, 형제와의 관계, 특별한 또래 관계의 형성을 탐색한다.
4. 그 기억이 부정적이든 긍정적이든 현재의 삶에 미치는 영향에 대해 다양한 피드백을 받는다.
5. 어린 시절 회상을 통해 현재의 삶에 미치는 영향을 탐색한다.

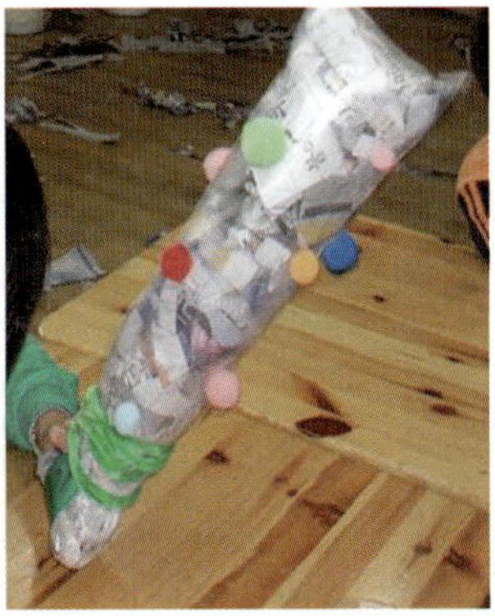

3. 나의 감정은?

활동목표 ① 감정의 탐색

② 내면의 주된 감정 표출

③ 정체성 찾기

준비물 도화지, 마커, 오일파스텔, 4B 연필, 지우개

활동 과정

1. 주된 감정을 드로잉으로 작업한다.

1-1. 4B 연필과 지우개를 사용하여 흑백으로 다양한 감정을 탐색한다.

2. 강한 감정 하나만 다른 종이에 그린다.

2-1. 그 감정이 어디서 온 것인지 탐색한다.

2-2. 그 감정의 이미지가 어떻게 표현되었는지 탐색한다.

2-3. 그 감정의 색은 어떻게 표현되었는지 탐색한다.

3. 작품에 감정이 적절하게 표현되었는지 탐색한다.

4. 집단원의 감정이 같은지 혹은 다른지에 따라 서로에게 다양한 피드백을 주고 받는다.

5. 피드백을 주고받음으로써 집단원 간의 생각을 교환한다.

4. 감정 단어

활동목표 ① 다양한 감정 탐색
② 감정의 변화, 감정의 표현
③ 집단 상호관계 증진

준비물 도화지, 가위, 연필, 빈 상자, 점토

활동 과정

1. 감정 단어들을 쓸 수 있도록 도화지를 자른다.
2. 잘라놓은 종이에 다양한 감정을 쓴다.
2-1. 부정, 긍정의 감정 단어가 있는지 확인한다.
3. 빈 상자에 감정 단어를 넣고 집단원이 돌아가면서 하나씩 꺼낸다.
4. 하나씩 꺼낸 감정 카드를 그림으로 표현한다.
4-1. 점토로도 표현한다.
5. 그린 그림의 감정 단어를 집단원이 알아맞힌다.
6. 감정 표현 그림이 다른 집단원의 공감을 얻는지 탐색한다.

5. 남이 보는 내 모습 & 내가 보는 내 모습

활동목표 ① 대인 관계 향상
② 의사소통 향상
③ 공통점과 차이점 탐색

준비물 도화지, 마커, 오일파스텔(24색 이상의 색연필)

활동 과정

1. 예시 얼굴(50개)을 각자 본다.
2. 내가 생각하는 내 모습 ○, 남이 보는 내 모습 △을 각각 5개씩 찾는다.
2-1. 남이 보는 내 모습은 집단원 안에서 물어볼 수 있다.
3. 도화지를 반으로 나누어 왼쪽 상단에는 ○를, 오른쪽 상단에는 △를 표시하고, 각각 5개의 얼굴을 다시 그린다.
3-1. 그린 얼굴의 이미지를 글로 쓴다.
4. 그린 얼굴 중 가장 닮은 것을 도화지 중간에 크게 그린다.
5. 크게 그린 그림은 이유가 무엇인지 쓴다.
6. 집단원에게 소개한다.

6. 선으로 난화 감정 그리기

활동목표 ① 감정 표출
② 다양한 감정 탐색
③ 주된 감정 찾기

준비물 다양한 드로잉 재료 또는 4B 연필, 4절도화지

활동 과정

1. 감정을 표현할 단어를 형용사로 15가지를 찾는다. (글로 써보면 더 좋다.)
2. 4절도화지에 적당한 크기로 12칸을 만든다.
2-1. 한 칸씩 지금의 감정을 낙서하듯이 표현한다.
2-2. 주된 색이 자신의 감정과 일치하는지도 본다.
2-3. 하나의 감정이 계속 압도한다면 한 장에 하나의 감정으로 표현해도 된다.
3. 다양한 감정 중에서 지금의 감정이 잘 표현되었는지, 만약 더 표현하고 싶다면 더 표현한다.
4. 집단원끼리 감정의 공통점과 차이점을 찾는다.
5. 서로 피드백을 주고 한 면에 붙인다.
※ 감정을 다양하게 그리기가 어려운 사람은 색종이를 가지고 표현하면 더 용이하다.

〈질 문〉

1. 감정 낙서가 즐거웠나? 어떤 점이 즐거웠는가?
2. 가장 재미있게 표현한 감정은? 어떤 점이 그런가?
3. 가장 덜 재미있던 감정은? 어떤 점이 그런가?
4. 평소에 잘 표현하지 않는 감정은 무엇인가?
5. 평소에 주로 표현하는 감정은 무엇인가?
6. 감정 중 가장 두드러진 감정은?

7. 손 그림 그리기

활동목표 ① 신체 탐색
② 신체에 대한 인식
③ 관계적 요소 탐색

준비물 도화지 또는 색도화지, 오일파스텔, 마커, 다양한 드로잉 재료

활동 과정

1. 집단원끼리 두 사람이 짝이 되어서 한 사람씩 상대방의 손을 그린다.
1-1. 손모양은 자유로운 형태로 그린다.
2. 자신의 손의 장점과 단점을 찾아서 쓴다.
2-1. 손의 기능에 대해 써 보는 것도 좋다.
※ 장점, 단점 중에 무엇을 먼저 쓰는지 관찰한다.
3. 장점, 단점을 쓰고 난 후에 손을 꾸민다.
4. 젠탱글(Zentangle)을 이용하여 선을 표현한다.
5. 자신의 손의 장점을 더 부각시켜 집단원이 서로 긍정적 피드백을 주고받는다.

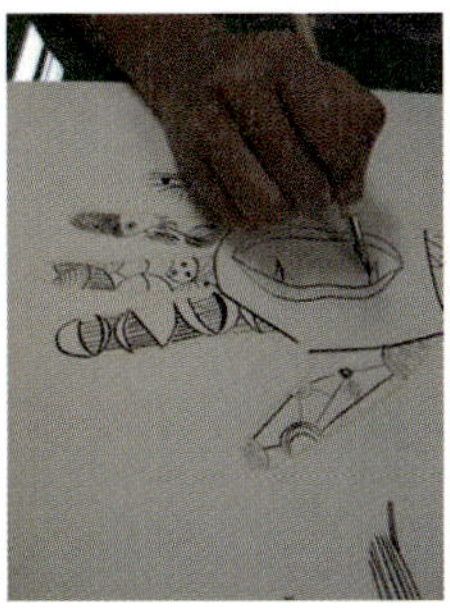
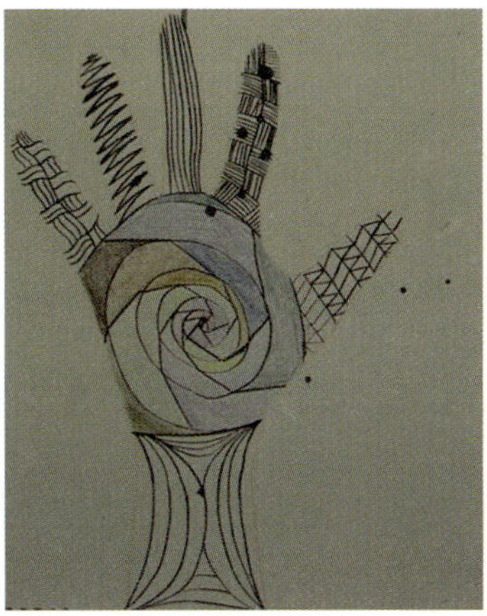

8. 동굴탐험

활동목표 ① 자신의 무의식의 내면 탐색
② 심상 표현
③ 집단원의 정신적 상황 파악
④ 삶의 여정과 정서적 태도 탐색

준비물 도화지, 오일파스텔, 마커, 기타 재료

활동 과정

1. 동굴로의 상상여행을 한다.
   ※ 상상여행을 할 수 있도록 조용한 분위기를 조성한다.
2. 이미지가 자신의 인생 여정에서 다음 단계의 상징적인 모습이 있는지 탐색한다.
3. 동굴의 깊이에 자신이 어디쯤에 있는지 탐색한다.

3-1. 집단 안에 같은 위치에 있는 집단원을 찾아가서 이야기한다.

3-2. (3~5명) 함께 공통점을 인식한다.

4. 그림에 나타난 자신의 무의식적 내면을 탐색한다.
5. 그림에 제목을 적고 사인을 한 후 발표한다.

9. 점토 돌려 만들기

활동목표 ① 나의 이미지 탐색
② 집단원의 역동성
③ 집단원의 상호작용

준비물 도자기 점토 또는 색점토, 작업판(20×20cm), 물에 적신 스펀지, 점토 도구

활동 과정

1. 집단원끼리 8~10명 정도 조를 나누어서 작업한다.
2. 각자 만들고 싶은 것을 떠올리며 5~7분 정도 만든다.
2-1. 각자 의도한 형태로 만들어 가면서 최종 작품을 만든다.
3. 옆에 있는 다른 사람에게 말없이 건네준다. (언어를 사용하지 않는다.)
3-1. 받은 사람은 그 작업에 더 붙이거나 질감 등을 표현할 수 있다.
4. 다 돌린 후에 다시 자신이 받았을 때, 처음에 의도한 형태인지 많이 다른지를 탐색한다.
4-1. 마음에 들지 않는다면 어떤 부분이 마음에 들지 않는지, 마음에 든다면 어떤 부분이 마음에 드는지 생각해 보고 집단원끼리 이야기를 나눈다.
5. 작품을 다 모아서 서로 감상한다.

10. 걱정(긍정) 인형 만들기

활동목표 ① 자신의 부정적 이미지 찾기

② 자신의 부정적 이미지를 긍정적인 이미지로 전환하여 긍정적 정체성 찾기

준비물 나뭇가지, 털실, 솜 방울(뽕뽕이), 나무스틱, 칼이나 가위

활동 과정

1. 자신의 걱정에 대한 이야기를 나눈다.
2. 지금의 걱정에 대해 이미지화하거나 낱말로 쓴다.
3. 이미지를 인형의 몸으로 만들고 다양한 실로 묶어서 인형의 형태를 만든다.
4. 인형에게 위로의 말을 적는다.
5. 걱정이 사라졌는지, 해결이 되었는지 탐색한다.
6. 걱정이 해결된 후 자신의 긍정적인 이미지를 그려보고 집단원끼리 서로 이야기를 나누고 피드백을 준다.
7. 걱정의 종류가 집단의 안에서 공통점과 차이점이 있는지 서로 공유한다.

※ 긍정의 메시지는 연말이나 연초에 작업하면 삶에 좋은 영향을 줄 수 있다.

11. 이야기 속 인물 이미지 만들기(중기)

활동목표 ① 소설 속 인물의 동일시
② 자신의 모습 탐색
③ 자신의 이미지 완성에 대한 의미 부여
④ 정체성 및 자존감 향상

준비물 다양한 천, 바늘, 손재봉틀, 다양한 실, 초크

활동 과정

1. 이야기를 8~10분 정도 읽거나, 사운드로 듣는다.
2. 이야기의 인물 중에 가장 기억에 남는 인물에 대해 이야기 나눈다.
2-1. 왜 그 인물이 가장 기억에 남는지, 나와는 어떤 관계인지 집단원끼리 이야기 나눈다.
3. 그 인물을 작은(A4) 종이에 이미지로 그린다.
4. 그린 후 그것을 어떤 크기로 만들 것인지 생각하고 천 위에 그린다.
5. 그린 후 바느질을 한다. (뒤집어서 솜을 넣을 것을 생각하여 디자인한다.)
6. 바느질을 하는 동안 그 인물에게 필요한 것이나 인물과 무언의 대화를 한다.
6-1. 그 인물을 대상으로 글을 쓴다.
7. 완성 후 그 인물과 빈 의자 기법을 적용해 역할극을 한다.
7-1. 작품을 마주하고 써 내려간 글을 읽는다.
7-2. 자신의 감정에 대해 집단원의 긍정적 피드백을 받는다.
8. 만든 인물에 이름을 지어준다.

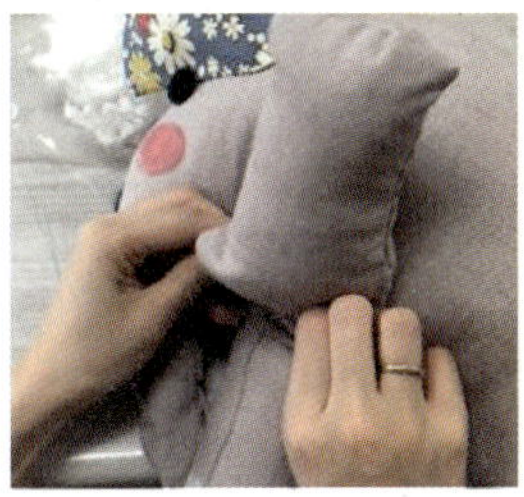

12. 웃는 내 얼굴

활동목표 ① 성취감 향상
② 감정이완
③ 자존감 향상

준비물 복사용지, 연필, 채색 도구, 지우개, 네임펜, 프린터기, 웃는 얼굴 사진 (사진을 컬러 복사하거나 복사 용지 크기로 프린트해두면 좋다.), 도화지

활동 과정

1. 거울을 보며 웃는 표정을 짓는다.
2. 웃는 얼굴로 사진을 찍는다. (휴대전화 카메라나 디지털 카메라를 이용하면 좋다.)
3. 사진을 프린트한다.
4. 웃는 얼굴 사진 위에 OHP 필름지를 붙이고 네임펜으로 얼굴의 윤곽선을 따라 그린다.
5. 얼굴을 다 그리고 난 후 필름지를 떼어서 도화지 위에 붙인다.
6. 채색 도구로 얼굴 주변을 꾸민다.

※ 얼굴색 도화지를 이용하거나 채색 도구 이외에 다양한 스티커를 이용하게 해도 좋다.

13. 화산 그리기-분노 표현

활동목표 ① 내적 화 표현

② 내면의 감정 표출

준비물 8절도화지(검정색, 흰색), 드로잉 재료, 콜라주 재료, 풀, 아크릴물감

활동 과정

1. 지금의 감정 중 화가 나는 상황을 떠올린다.

1-1. 좋아하는 색도화지를 가져온다.

2. 분노를 화산이라고 생각하고 각자 느낀 화산을 그리고 원하는 재료로 꾸민다.

2-1. 아동은 점토를 활용해서 실제 화산을 만든다.

3. 잡지에서 분노라고 느끼는 그림을 오려서 엽서 크기로 감정 카드를 만들어 볼 수도 있다.

4. 감정(분노) 화산이 어떻게 표현되었는지 느낌을 간단히 쓴다.

5. 집단원의 화산 그림을 벽에 붙이고, 다른 집단원의 화, 분노에 대해 서로 이야기를 나눈다.

6. 서로 다른 방법으로 감정 해소하는 것을 이해한다.

14. 집단 감정 볼 만들기

활동목표 ① 협동심
② 감정 표출
③ 감정 인식 및 해소

준비물 천사점토, 유성매직, 파스넷, 이쑤시개, 스티로폼공, 오아시스

활동 과정

1. 천사점토를 손으로 만진다.
2. 지금의 감정을 천사점토에 색을 입히면서 감정의 볼을 5개 이상 만든다.
3. 다양한 감정을 만들면서 감정이 해소되었는지 집단원과 이야기한다.
4. 이쑤시개를 가지고 연결해서 집단원이 입체 작품을 만든다.
4-1. 집단원끼리 작품의 균형을 위해 기울기를 조정하여 입체작품을 완성한다.
5. 작품의 제목을 붙인다.
6. 그늘에 말리고 각자 희망의 메시지를 쓴다.

15. 나의 어린 시절

활동목표 ① 퇴행을 통한 어린 시절을 표현
② 부정적 경험이나 과거의 기억을 긍정적으로 재경험

준비물 도예점토, 도예칼, 점토판(광목천으로 대체 가능)

활동 과정

1. 점토를 만져보고 주물러 보면서 자연스럽게 어린 시절을 회상한다.
2. 어린 시절을 생각해 보고, 어린 시절 중 가장 기억에 남는 것 세 가지를 골라 만든다.
3. 만들기가 끝나면 작품을 보고 어린 시절을 소개한다.
   ※ 내담자가 설명을 마친 뒤 작품을 다른 형태로 바꾸고 싶다면, 물을 좀 더 묻혀 반죽하고 다른 것을 만들어 보게 해도 좋다.
4. 부정적인 이미지는 하나의 점토 덩어리로 만들어 마무리한다.
5. 주변을 정리하고, 작품을 감상한다.

16. 나의 수호동물 만들기

활동목표 ① 감정 표현, 신체 에너지 및 즐거움 경험

② 자아상 형성 및 자존감 향상

준비물 신문지, 마스킹테이프, 매직, 아크릴물감, 점토, 점토 도구, 붓

활동 과정

1. 신문지를 구겨 보고 찢어 보며 신체 에너지를 충분히 사용해 몸놀이를 하여 즐거움을 느끼고 긴장감을 완화한다.

2. 내가 위험할 때, 도움이 필요할 때, 위로가 필요한 순간에 함께해 줄 수호동물을 떠올린다.

※ 부드럽고 약해 보이는 신문지가 단단한 수호동물로 변신할 것이라고 말해 준다.

3. 신문지로 만들 수호동물을 간단히 스케치하고, 신문지를 뭉친 다음 그 위에 마스킹테이프를 붙여 수호동물의 형태를 만든다.

4. 아크릴물감, 매직으로 채색하여 수호동물을 완성한다.

5. 수호동물이 필요했던 순간에 대해 이야기 나눈다.

5-1. 이야기 나누는 것을 힘들어하는 집단원은 수호동물에게 쓸 카드를 만들고, 편지를 쓴다.

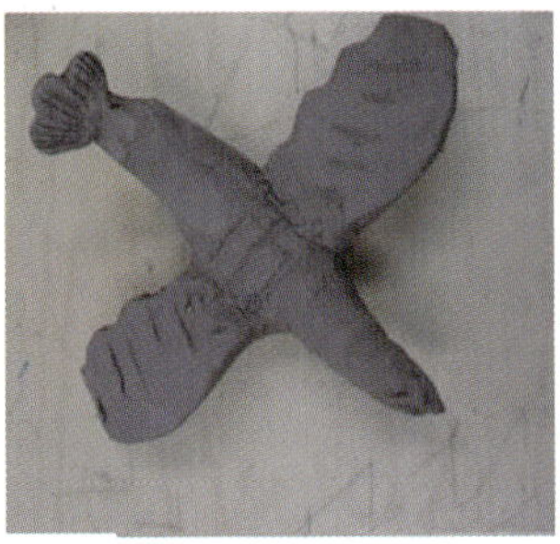

17. 나를 힘들게 하는 것/나에게 힘을 주는 것

활동목표 ① 부정적 감정 해소
② 부정적 감정의 긍정적 재경험

준비물 광목천, 수채화물감, 섬유물감, 다리미, 실, 바늘, 리본, 솜 방울 등 꾸미기 재료

활동 과정

1. 요즘 힘들게 하는 것들에 대해 생각해 보고 광목천에 수채화물감으로 그린다.
2. 나를 힘들게 하는 것들에 대해 이야기를 나눈다.
3 나에게 힘을 주는 것들을 다시 생각해 보고 작업 결과물 위에 힘이 나는 것들을 다시 그린다.
4. 다림질한다. (대부분의 섬유물감은 다림질을 해주어야 고정된다.)
5. 빨래한다.
6. 빨아 놓은 광목천을 보고 소감을 나눈다.
6-1. 후속 작업으로 천으로 다양한 것을 만들어 본다. (쿠션, 인형 등 필요한 물건을 만들어 사용한다.)

※ 광목천을 대신하여 삼합 장지를 이용해도 좋다.

18. 알록달록 오너먼트

활동목표 ① 창의력 향상

② 감정 다스리기

③ 내면의 소망 표현

준비물 마끈, 지끈, 풍선, 오공풀, 낚싯줄, 양면테이프, 작은 카드

활동 과정

1. 빈 플라스틱 병에 오공풀과 물을 1:1 정도로 희석한다.

2. 지끈 및 마끈을 희석해 놓은 풀에 잠시 동안 담가 부들부들해질 정도로 적신다.

2-1. 자신의 감각을 경험하며 재료의 변화를 느낀다.

3. 풍선을 원하는 크기로 바람을 넣어 볼 모양을 정한다.

4. 만든 원형의 풍선에 미리 적셔 놓았던 지끈을 감아 서로 얽히게 하여 볼 모양을 만들어 건조시킨다.

5. 자신의 작품과 집단원의 작품이 다름을 경험한다.

5-1. 미래의 꿈이나 소망을 적어 볼 안에 넣는다.

19. 집단 콜라주

활동목표 ① 목표를 사회 속에서 확립 및 의식화
② 내면과 긍정적인 미래 탐색

준비물 4절도화지, 잡지, 가위, 풀, 드로잉 재료

활동 과정

1. 활동에 대한 안내와 주의사항에 대해 인지한다.
1-1. 콜라주에 대한 치료사의 설명을 듣고 이해한다.
2. 꿈이 무엇인지 생각한다.
3. 잡지에서 나의 꿈 또는 미래의 모습이 표현된 이미지를 찾아서 붙인다.
4. 잡지 이미지 외에 글이나 그림으로 자유롭게 표현한다.
5. 작품 제목을 적고 '왜 이 사진을 붙였는가?', '어떤 의미가 있는가?' 등의 질문에 대한 대답을 한다.
6. 집단원에게 발표한다.

20. 인생 곡선 그리기

활동목표 ① 인생에 대한 회상과 미래에 대한 비전

② 자신을 인식하는 방법

준비물 4절도화지, 다양한 스티커, 연필

활동 과정

1. 4절도화지를 가로로 반을 접는다. 가운데에 나이를 적고 반에서 위는 긍정적인 면, 아래는 부정적인 면을 숫자로 기록한다.

※ 부정적인 선 아래는 끝에서 2cm 정도 점선으로 표시해 놓는다. 점선은 완충 장치로 점선 위로 표현하도록 유도하여 현재 살아 존재하고 있다는 것을 인식하게 한다.

2. 어린 시절의 기억나는 시점부터 나이를 쓰고 제일 기억나는 부분에 말풍선으로 이유를 쓴다.

3. 기억에 대해 긍정적인 면에는 칭찬 스티커를, 부정적인 면에는 보상 스티커를 붙인다. (이 스티커는 반창고 역할을 의미한다.)

4. 자신의 미래에 대한 (약 10년 정도) 부분도 미리 한다.

4-1. 자신의 긍정적인 부분에 대한 미래의 희망을 볼 수 있다.

5. 작품을 벽에 붙이고, 자신에 대해 설명한다.

6. 사인을 하고 미래에 대한 긍정적인 피드백을 받는다.

7. 후속 작업으로 미래에 대한 꿈, 직업에 대한 명함을 만든다.

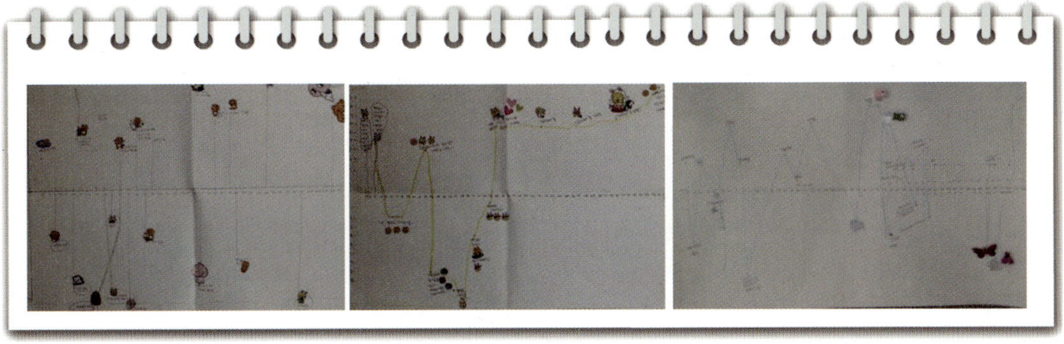

21. 몬드리안 따라 하기

활동목표 ① 화가의 작품을 통해 느끼는 감정 표현
② 직선과 곡선에 따른 표현의 차이점 이해
③ 작품 활동을 통한 심리적 만족감과 자신감 향상
④ 집단원의 응집력과 협동심 함양

준비물 소포지 전지, 색마스킹테이프, OHP 필름지, 매직, 네임펜, 가위

활동 과정

1. 몬드리안의 작품을 감상한다.

1-1. 같은 그림이지만 다르게 표현된 예시 작품을 본다.

2. 집단 몬드리안 작업으로 바닥 중앙에 5~6명의 소집단을 만든다.

3. 치료사의 설명에 따라 집단원들과 함께 작업을 준비한다.

4. 각 집단별로 전지 크기의 소포지, 마스킹테이프(빨, 노, 파, 초, 검 등)와 가위를 이용해 자유롭게 표현한다.

4-1. 서로 도와주고 배려하여 잘못 붙여진 부분에 대해서는 떼어내고 수정이 가능하며, 직선뿐만 아니라 곡선의 표현이 가능한 협동 작업을 한다.

5. 개인 몬드리안 작업을 한다.

5-1. 개인별로 OHP 필름지를 이용해 개인 작업을 한다.

6. 마스킹테이프를 이용하여 필름지에 자유롭게 붙이고 매직이나 네임펜 등의 재료를 활용하여 색을 칠하거나 그림을 그려 자유롭게 작품 활동을 한다.

7. 집단 작업 위에 개인 작업을 놓아보고 서로 작품의 위치를 바꾼다.

8. 작품을 감상하고, 집단 작품의 제목을 정한다.

22. 다양한 끈을 활용한 작업

활동목표 ① 집단 정체감 찾기
② 자아영역 확장
③ 자신의 비전 탐색

준비물 다양한 끈(평소에 모아두기), 캔버스천 또한 다양한 색도화지, 아크릴물감, 글루건, 오공본드, 다양한 채색 도구

활동 과정

1. 집단원이 가지고 온 끈을 서로 탐색한다.
2. 맘에 드는 끈을 가지고 감각적으로 느낀다,
2-1. 끈을 좋아하는 모양으로 만든다.
3. 캔버스천(50×50cm)의 크기에 각자 집단원이 붙이고 싶은 곳에 붙인다.
3-1. 글루건이나 본드를 사용하여 끈이 고정되도록 붙인다.
4. 고정을 한 후에는 만든 영역을 좋아하는 색으로 칠한다.
4-1. 색은 아크릴물감과 다양한 재료를 사용한다.
5. 작업을 한 후 자신의 영역에 제목을 붙이고 다른 집단원과 함께 작품의 전체적인 제목을 붙인다.
6. 집단원이 모여서 같이 들고 사진을 찍거나, 벽에 고정하여 거리를 두고 감상한다.

23. 잡지를 통한 확장 작업

활동목표 ① 사고의 확장

② 자신의 세계에 대한 인식

준비물 잡지 이미지, 매직과 다양한 재료, 검정 네임펜, 도화지

활동 과정

1. 잡지에서 눈에 들어오는 이미지를 자른다.
2. 자른 이미지를 도화지의 붙이고 싶은 곳에 붙인다.
3. 이미지를 선으로 연장해서 연결한다.
4. 연장선을 이용하여 그림을 그린다.
5. 그린 그림에 제목을 붙인다.
6. 집단원들에게 그림에 대해 설명한다.
7. 긍정적인 피드백을 받고, 첨가하고 싶은 부분에 작업한다.
8. 작품을 감상한다.

24. 다양한 재료를 이용한 집단 작업

활동목표 ① 다양한 재료에 대한 집단의 응집력
② 재료에 대한 감정 이해

준비물 끈, 수수깡, 빽업, 조화, 한복천, 다양한 조형재료, 글루건과 본드

활동 과정

1. 집단원이 선호하는 다양한 재료를 준비하고, 만들고 싶거나 꾸미고 싶은 것을 한다.
2. 종이의 크기와 작품의 바닥면 재료를 자유롭게 선택한다.
3. 꾸미는 동안 재료가 주는 의미를 탐색한다.
4. 중간에 자신의 작업과 같은 작업이 있는지 주변을 돌아본다.

4-1. 같은 종류의 작업을 하는 집단원의 작품을 거리를 두고 바라보고, 다시 자신의 작업으로 돌아와 마무리한다.

5. 작업을 마무리한 후 제목을 붙이고 주변을 정리한다.

5-1. 각자의 작품을 놓고 싶은 곳에 두고, 집단원이 돌아가며 작품을 감상하고 피드백을 준다.

25. 동화 듣고 그리기

활동목표 ① 아동기의 기억과 정서 환기
② 무의식의 의식화
③ 현재 상황 투영

준비물 8절 또는 4절도화지, 색연필, 드로잉 재료

활동 과정

1. 조용한 분위기에서 각자 호흡을 고르고 이야기를 듣는다.
   (동화책을 눈으로 읽게 하는 것보다 듣게 하는 것이 동화에 더 집중할 수 있다.)
   ※ 치료사는 동화를 읽어 주거나 이야기 식으로 말해 준다.
2. 각자 인상적인 장면을 그림으로 그린다.
3. 각자 그린 장면에 대한 이야기를 나눈다.
4. 집단원의 이야기를 통해 지금의 상황에 대한 긍정적인 피드백을 준다.

26. 철사인형

활동목표 ① 다양한 감정 표출 및 이완 작용
② 감정의 신체화 표현

준비물 마음대로 철사, 마끈 또는 색끈, 글루건, 하드보드지, 감정단어 표

활동 과정

1. 감정단어 표에서 감정단어를 보고 최근에 느낀 감정들을 찾아본다.
2. 몸으로 표현한다면 어떤 동작으로 표현할지 생각한다.
2-1. 집단원끼리 몸동작으로 해 보고, 서로 몸동작을 사진 찍는다.
3. 사진 찍은 동작을 철사로 형태를 만든다.
4. 형태를 잡은 철사를 좋아하는 실로 감는다.
5. 자신이 만든 작업을 어디에 놓을 것인지 색을 선택하고 바탕지에 붙인다.
5-1. 상자를 준비해서 상자에 고정할 수도 있다.
6. 작품을 통해 감정 해소를 경험했는지 이야기를 나눈다.

27. 습식수채화 1(먹물 작업으로 자유 연상 그리기)

활동목표 ① 자유의지 표현
② 감정 이완 및 감정 해소

준비물 먹물, 스프레이, 4절도화지, 신문지, 평붓

활동 과정

1. 먼저 도화지를 신문지 위에 놓는다.
2. 도화지에 평붓으로 앞뒤로 물을 묻힌다.
2-1. 물이 많을수록 먹물의 번짐이 크게 나타나는 것을 볼 수 있다.
3. 먹물의 번짐에 도구를 사용하여 선 그림을 확장하여 그린다.
4. 여러 장을 그리면서 감정을 해소한 작업이 무엇인지 생각한다.
5. 집단원이 모여서 그림에 대해 이야기 나눈다.
6. 마른 다음에는 2차 작업을 한다.

28. 습식수채화 2

활동목표 ① 정서적 이완
② 심리적 문제와 감정 해소

준비물 머메이드지 4장(4절도화지 2장, 정사각형 2장), 수채화물감, 평붓, 납작 붓, 가는 붓, 채색 도구

활동 과정

1. 신문지 위에 직사각형 머메이드지를 놓고 양면을 평붓으로 물을 묻힌다. (호흡을 크게 내쉬고 들이마시면서, 자신의 호흡에 집중하며 물을 묻힌다.)

2. 젖은 종이에 첫 번째 색을 짜서 농도조절을 해서 칠한다. (현재, 자신의 감정이 느끼는 색을 선택한다.)

2-1. 한 번 색을 칠한 곳에 다시 칠하지 않고 번짐을 즐긴다.

3. 1과 같은 방법 후에 두 번째 색도 같은 방법으로 색을 칠한다.

4. 1과 같은 방법 후에 정사각형에 원을 그리는 데, 안쪽에서 바깥쪽으로 파란색이나 빨간색(맘에 드는 색)으로 나선형을 그린다,

5. 1과 같은 방법 후에 정사각형에 원을 그리는 데, 바깥쪽에서 안쪽으로 빨간색이나 파란색으로 나선형을 그린다. (이때 4에서 빨간색을 사용한 경우 5의 작업에서는 파란색을 사용해야 한다.)

6. 감정 변화를 집단원끼리 이야기한다. 나선형을 그린 것에 대한 것도 어떤 것이 더 편안했는지 이야기 나눈다.

7. 마른 다음 다양하게 2차 작업을 한다. (책을 만드는 기본이 되기도 하고, 작품을 만들 수도 있다.)

29. 나만의 불안은? 부정적 나르시시즘 인식

활동목표 ① 자기 인식에 대한 감각
② 자기 수용 촉진 및 긍정적 자아상 확립

준비물

활동 과정

1. 불안이란? 질문에 연상을 떠올린다.

1-1. 불안이란 어떤 의미가 있는지 탐색한다.

2. 삶에 불안을 주는 세 가지의 물건이나 사람을 적는다.
3. 불안이란? 질문에 창의적으로 글을 쓴다.
4. 글쓰기를 통해 얻은 영감을 그림으로 그린다.
5. 작업 과정에서 얻은 것과 삶에 적용해 볼 수 있는 것은 무엇인가를 생각한다.

※ 충분한 시간을 가지고 안전한 심리적 공간을 조성해 무엇이든 자연스럽게 일어나도록 한다.

30. 흙으로 내 마음을 표현하기

활동목표 ① 자기표현
② 경청과 공감 능력 향상
③ 집단 간 친밀감 형성

준비물 찰흙 또는 색칠이 가능한 지점토, 명상음악, 신문지, 도화지, 사인펜, 카세트플레이어, 채색 도구

활동 과정

1. 상상 여행을 위해 모두 눈을 감고 약 2분 정도 명상을 한다. 어떤 생각이 드는지 상상의 나래를 편다.
2. 찰흙으로 만들고 싶은 것을 만든다.
3. 현재 자기가 느끼고 있는 기분, 느낌, 생각 등을 찰흙으로 자유롭게 표현한다.

[응용프로그램]

1. 한 사람의 작품을 가지고 집단원 모두 돌아가면서 느낌을 말한다.
2. 집단원의 소감을 다 이야기 나눈 다음 작품을 만든 사람이 표현한 것은 무엇이며 왜 만들었는지를 설명한다.
3. 같은 방법으로 집단원 모두에게 기회를 준다.

31. 꿈 작업

활동목표 ① 꿈의 상징성 및 의미 파악
② 꿈의 시각화
③ 상상력과 창의력 향상
④ 집단 간 유대감 형성

준비물 흰색과 검정색 도화지, 드로잉 재료

활동 과정

1. 긴장을 푼 각성상태에서 꿈을 생각한다.
2. 꿈속의 이미지와 형상과의 상호 작용, 또는 상징이나 의미 있는 이미지를 글로 쓴다.
3. 그 상징을 그림으로 그리거나 만든다.
4. 활동 과정에서 나타난 상징의 의미를 공유한다.
5. 공유한 후 꿈을 원하는 방향으로 그려보고, 그것을 표현할 때 어떻게 느꼈는지에 대한 이야기를 나눈다.
6. 다른 사람의 경험을 듣는 것도 도움이 된다.

※ 각 단계를 서두르지 말고 천천히 진행한다.

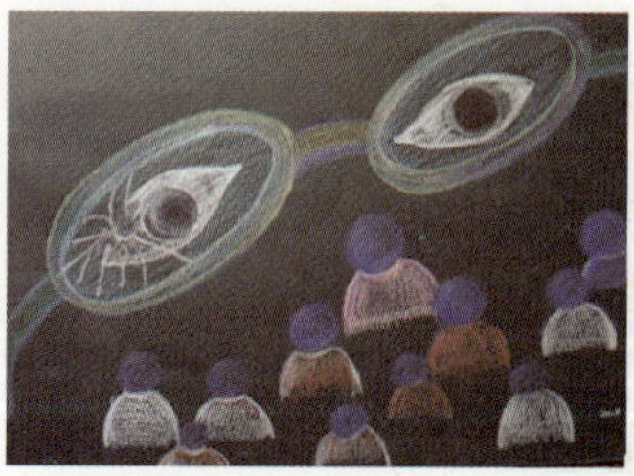
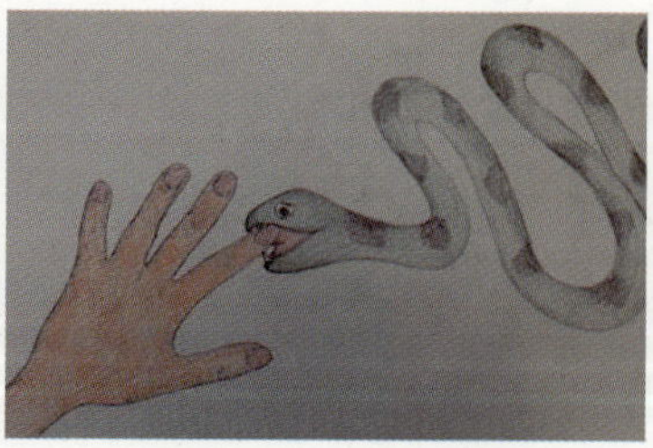

32. 사진(그림)을 이용한 이미지 연상 작업

활동목표 ① 그림에 나타난 이미지 탐색

② 상상력, 심리적 문제 해결

준비물 복사된 그림, 8절도화지, 드로잉 재료, 글쓰기

활동 과정

1. 준비된 그림을 각자 선택해서 그림의 이미지를 이야기한다.

2. 그림의 이미지가 집단원에서 다름을 인지하고 그에 대한 감정을 이미지로 표현한다.

3. 그림의 이미지가 다음에 어떻게 되는지를 상상한다.

3-1. 제시한 그림 속 주인공의 열망이 무엇인지를 탐색한다.

4. 탐색한 열망을 그림으로 표현한다.

4-1. 그리기를 두려워하는 사람은 글을 쓴다.

5. 그림에 감정이 잘 표현되었는지 집단원에게 자신의 그림을 발표한다.

33. 가면 만들기

활동목표 ① 긍정적인 자아상, 자기 이해
② 자아의 다양성 수용

준비물 여러 종류의 가면, 다양한 드로잉 재료 및 조형 재료, 폼클레이, 석고붕대

활동 과정

1. 지금 자신의 모습을 거울에 비추어 본다.
2. 미래에 되고 싶은 얼굴이나 이미지를 생각한다. (아동은 변신하고 싶은 캐릭터나 인물을 탐색한다.)
3. 생각하는 이미지의 특징을 조형 재료로 만든다.
4. 완성된 가면을 쓰고 거울에 비추어 보고 어떤 모습으로 변신하고 싶은지 글을 써 본다.
5. 집단원의 다양한 가면을 서로 탐색한다. 관심 있는 가면을 쓴다.
5. 각자 가면을 쓰고 단체사진을 찍는다.

※ 사전 사후 프로그램의 변화를 가면 또는 자화상으로 탐색해 볼 수 있다.

34. 신체의 은유적 표현 작업

활동목표 ① 나의 신체의 긍정적 탐색
② 나의 신체 이미지 확장

준비물 점토(백자, 청자, 옹기토) 도예 도구, 색도화지, 색종이, 자연물

활동 과정

1. 자신의 신체에 가장 소중한 부분이 어디인지에 대해 심상을 한다.

1-1. 그 신체가 자신에게 소중한지를 집단원과 이야기를 나눈다.

2. 신체 부분을 다른 이미지로 전환해서 작업하거나 실제를 보면서 만든다.

2-1. 만든 부분을 크게 부각하고, 다른 이미지로 전환을 과감하게 시도한다.

3. 작업을 확장하기 위해 밖으로 나가 주변의 자연물을 가져 오는 시간을 갖는다.

4. 자연의 재료를 탐색하면서 자신의 신체 이미지를 확장할 수 있는 재료를 시간을 두고 구한다.

4-1. 자연의 재료가 없다면 미술 재료를 활용하여 작업을 확장한다.

5. 작품을 도화지 위에 올려놓고 제목을 붙이고 사인한다.

6. 집단원이 돌아가면서 자신의 작업을 소개하고 신체의 몸짓을 함께한다.

35. 색모래 작업(몬드리안 변형)

활동목표 ① 색상징의 이해
② 촉감 경험
③ 성취감, 자아존중감 향상

준비물 여러 색의 색모래, 접착우드락, 투명시트지, 네임펜, 칼, 자

활동 과정

1. 집단원에게 원하는 크기의 접착우드락을 자른다.
※ 집단원이 하나 되는 작업을 원하면 크기나 형태를 같은 크기로 자른다.
2. 우드락에 그릴 무늬를 네임펜으로 그리고 칼집을 낸다.
3. 칼집을 낸 곳을 하나씩 떼어 내면서 색모래 작업을 한다.
3-1. 색모래를 접착 면에 뿌리고, 잘 붙도록 손으로 누른다.
4. 다른 색의 색모래가 묻지 않도록, 접착면을 하나씩 떼어내면서 작업을 한다.
4-1. 이때 각각 다른 색을 배열하도록 하는 규칙을 지킨다.
5. 각자 작업을 끝낸 후에 집단원끼리 바닥에 두고 감상한다.
6. 보관을 하기 위해 투명 시트지를 붙인다.
7. 후속 작업으로 투명 시트지 위에 유성매직으로 2차 작업을 한다.

3. 미술치료 후기 프로그램

1. 단단한 바위

활동목표 ① 자기 반영
② 자기 수용
③ 집단의 응집력 강화

준비물 적당한 크기 또는 손바닥 크기의 돌, 아크릴물감, 붓, 네임펜

활동 과정

1. 맘에 드는 돌을 구해서 깨끗이 씻어서 말린다.
2. 말린 돌들을 탁자 위에 놓고 돌을 가져오게 된 이유를 말한다.
2-1. 돌을 가까이서 만져보고 무게를 느끼고 돌의 무늬와 외형 선을 관찰한다.
2-2. 원탁에 올려놓고 집단원들의 돌을 관찰한다.
3. 돌이 만들어지기까지 얼마나 오랜 시간이 걸렸는지 생각하면서 '살아온 시간'의 경험을 돌을 통해 돌에 금이 간 부분, 구멍, 균열과 패인 곳, 그리고 자신의 삶의 모습이 돌에 반영되었는지 보고 글을 쓴다. (예: 이 돌은 나의 ㅇㅇㅇ와 닮았고 ㅇㅇㅇ가 나의 모습이다.)
4. 그 감정을 가지고 돌에 실이나, 직물, 물감을 사용하여 작업한다.
4-1. 천으로 싸서 실로 매듭을 지을 수도 있다.
4-2. 실로 감고 다시 색을 칠한다.
5. 처음의 돌이 새로운 돌로 변화한 것을 거리를 두고 본다.
5-1. 변화에 대한 느낌이 어떠한지, 처음의 돌과 변화의 돌이 같은지를 탐색한다.

2. 나의 로고 만들기(평면, 입체)

활동목표 ① 긍정적 자아상 확립
② 집단원의 응집력 강화
③ 로고의 상징적 의미 탐색

준비물 도화지, 아트펜(혹은 만년필), 마커, 기타 채색 도구

활동 과정

1. 집단원이 모여서 집단의 로고에 대한 이야기를 나눈다.
1-1. 여러 사람의 이야기를 긍정적으로 듣고, 공감한다.
2. 의견들을 함축해서 하나의 로고를 만든다.
2-1. 로고에서 나타내고자 하는 부분을 표현한다.
3. 각자의 트레이드마크, 특징, 별칭, 애칭에 대해 탐색한다.
3-1. 집단의 로고에 대한 각자의 생각을 로고 주변에 쓴다.
4. 로고가 완성되면 집단원이 로고의 이미지에 대한 생각을 나눈다.

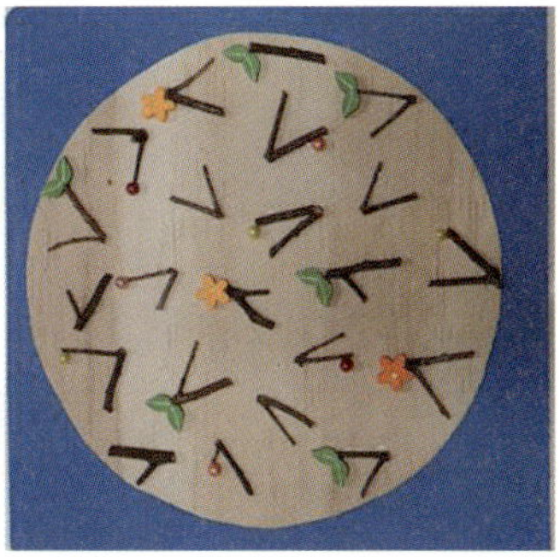

3. 나의 나무 만들기

활동목표 ① 자신의 장점 탐색
② 자아정체감 향상

준비물 한지(나무 갈색, 녹색), 풀, 가위, 색지, 드로잉 재료, 자연물 및 다양한 조형 재료

활동 과정

1. 자신의 장점, 단점을 다섯 가지씩 생각해서 A4 용지에 적는다.

2. 준비된 색지 위에 다양한 형태의 나뭇잎을 만들어 자신의 장점과 단점을 각각 쓴다.

2-1. 단점을 어떻게 장점으로 바꿀 수 있을지 생각한다.

3. 집단원이 하나의 나무를 만들고 각자의 장점과 단점을 적은 나뭇잎으로 장식하고 이야기한다.

3-1. 나의 단점이 타인에게는 장점이 될 수 있다는 것을 알 수 있고, 나의 장점이 타인에게는 단점이 될 수 있다는 것을 알 수 있다.

4. 큰 나뭇가지에 만든 것을 전시하고 집단원끼리 피드백과 함께 각자 사인을 한다. (나는 ㅇㅇㅇ이다. 나는 ㅇㅇㅇ가 최고다.)

4. 콜라주 작업(자신의 이미지 찾기)

활동목표 ① 자신의 이미지 탐색
② 내면의 욕구 탐색
③ 스트레스 해소

준비물 선호하는 잡지, 가위, 풀, 좋아하는 색상지

활동 과정

1. 작업을 위해 관심 있는 이미지를 잡지에서 찾는다.
1-1. 눈에 들어오는 이미지가 있는 잡지의 페이지를 찢는다.
1-2. 찢는 것을 통해 스트레스를 해소할 수 있다.
2. 찢은 잡지 페이지 중 마음에 드는 이미지만을 가위나 손으로 찢는다. 찢은 이미지를 잘 모아둔다.
2-1. 잘 찢은 이미지에 중에 필요 없는 부분은 버린다. (생각을 덜어내는 작업으로 볼 수 있다.)
3. 오리거나 찢은 이미지를 선호하는 도화지에 배치한다.
3-1. 일정한 규칙을 가지고 붙이거나 생각나는 대로 붙인다.
4. 배치한 이미지가 마음에 들면 풀로 고정한다.
4-1. 풀로 고정할 때 이미지가 필요 없으면 버릴 수도 있다.
5. 작업을 마친 후에 작품을 가지고 이야기를 만든다.
5-1. 자신의 이야기가 부끄러우면 (그녀/그/그 여자/그 남자 등 3인칭)으로 표현하거나 스토리텔링을 이용해도 된다.
6. 사인을 하고 집단에서 이야기를 발표한다.
6-1. 발표는 자유롭게 한다. 집단원이 한 사람을 지정할 수 있다.

5. 자연물 작업(나뭇가지 탐색)

활동목표 ① 자아 인식과 타인 인식
② 긍정적 감정 표현(경험한 삶, 안전, 보호에 대한 것 , 자아 성장 탐구
③ 계절 인식과 계절 감각

준비물 크고 작은 곧은 나뭇가지 4개, 다양한 형태의 흥미로운 형태 나뭇가지, 다양한 끈(노끈, 천끈, 털실), 글루건, 가위

활동 과정

1. 나무에 관한 각자의 감정을 나누고 나무에 대한 연상을 이야기한다.
1-1. 나에게 나무란? 어떤 의미가 있는지 탐색한다.
2. 자신이 가지고 온 나무를 훑어보고 집단원이 가져온 여러 가지의 나뭇가지 중 관심을 끄는 모양 한 개를 고른다.
2-1. 고른 나뭇가지를 예술적 관점에서 자세히 살펴보고 다른 집단원과 이야기를 나눈다.
3. 집단원이 차례로 돌아가면서 자신의 나뭇가지를 묘사한다.
3-1. 선으로 직접 그린다.
3-2. 글로 쓴다.
4. 한 사람이 말하고 나면, 말한 사람의 나뭇가지를 틀 위에 놓고 나뭇가지를 여러 다양한 끈이나 노끈, 철사, 끈 테이프 등으로 묶고 글루건으로 고정시킨다.
※ 글루건을 사용할 때에는 어린 아동일 경우 화상에 주의를 기울인다.
5. 모든 사람이 나뭇가지들을 틀 위에 놓고 다른 나뭇가지들과 함께 조형물을 형성하기 위해 서로에게 보완되었는지 탐색한다.

6. 집단의 상자 만들기

활동목표 ① 집단 관계 형성
② 집단 내의 집단원 탐색
③ 타인과 공유
④ 자기 존중감 향상

준비물 큰 크기의 선물 상자 패턴, 크레파스, 스카치테이프

활동 과정

1. 제시된 납작한 상자 모양을 준비한다. 종이를 4등분하여 가로와 세로 방향으로 네 번 접는다.
2. 종이에 참가자들의 이름을 적고 집단원으로 하여금 이름을 선택하게 한다.
   ※ 집단원이 긍정적이지 않다면, 즉 초기라면 선택한 이름을 서로 교환하여 보는 자유를 준다.
3. 선택한 집단원에 대해 생각하고 이미지나 감정을 표현한다.
   ※ 그 사람에게 해줄 수 있는 말과 주고 싶은 선물에 대해 생각한다.
4. 20~30분 정도 작업을 유도한다.
5. 상자의 안팎을 정해서 상자를 완성한다.
6. 작업 의도와 작품에 대해 설명한다.
   ※ 강제성은 없어야 한다.
7. 상자에 감사의 표시로 글을 써서 넣고 작은 선물을 준비한다.
   ※ 치료 종결 시점에 하면 치료사가 집단원의 회복력을 파악하기가 쉽다.

7. 색소금 만다라 1

활동목표 ① 삶의 회상
② 자신의 감정 변화
③ 자신 안의 색의 변화 인식
④ 소근육 활동
⑤ 자신의 소망에 대한 긍정적 의미

준비물 뚜껑이 있는 빈 병, 소금이나 설탕, 사각파스텔, 칼(빵칼), 이면지(어린 아이에게는 깔때기, 노인이나 어린 아동에게는 미리 파스텔을 갈아놓는다.)

활동 과정

1. 각자 빈 병을 준비한다.
※ 어린 아동이나 노인은 투명한 플라스틱으로 준비하게 한다.
2. 먼저 A4 용지에 자신의 삶을 회상, 또는 지금의 감정을 순서대로 적는다.
2-1. 구체적인 시점의 색을 적는다. (예: 유아기-노랑, 청소년기-초록)
3. 이면지에 파스텔을 갈아서 소금에 색을 섞는다.
※ 색의 선명도를 높이려면 꽃소금(물기가 약간 있는)을 사용하면 좋다.
(노인에게는 발색도가 높은 것이 중요하다.)
4. 기울여서 담아도 된다.
5. 용기의 끝까지 담고 뚜껑을 닫는다.
6. 집단원끼리 다 만든 후, 원 모양으로 배치하여 함께 보고, 집단원이 위치를 서로 바꾸어가며 본다.

8. 집단 피자 만다라

활동목표 ① 집단원의 감정 표현

② 감정 표현의 다양성과 일치성 탐색

③ 집단원의 응집력 향상

준비물 전지, 드로잉 재료, 한지, 다양한 재료

활동 과정

1. 집단원이 지금의 감정을 돌아가면서 한 가지씩 이야기하게 한다. (예: 기쁨, 슬픔, 우울, 무기력 등)

1-1. 집단원의 감정에서 8개를 선정해서 8명이 하나씩, 혹은 각각 8개의 감정을 표현하게 한다.

2. 그리기가 어려운 대상은 콜라주를 사용한다.

3. 작업에 몰입할 수 있는 시간을 30분 정도로 하여 8개의 감정을 이 시간 안에 표현한다.

※ 청소년이 이모티콘을 사용하여 빨리 작업했을 경우 색을 쓰도록 하는 것이 좋다.

4. 감정을 표현한 후 뒷면에 감정을 글로 쓴다. (감정의 이유를 쓰는 것도 중요하다.)

5. 감정을 오리고 각각의 감정을 피자판 모양에 붙인다.

5-1. 행복 피자, 불행 피자, 기쁨 피자를 모아놓고 서로의 감정을 공유한다.

※ 이 작업은 집단미술치료의 초기와 종결에 나름을 인정할 수 있어 사전 사후를 볼 수 있다.

6. 서로의 감정 색이 일치할 수 있다는 것을 느낀다.

7. 각각의 감정을 감상한다.

9. 색소금 만다라 2(지금의 자신과 마주하기)

활동목표 ① 자신의 삶의 회상
② 자아통합
③ 자존감 향상

준비물 좋아하는 빈 병, 24색 이상 파스텔, 이면지, 커터칼, 꽃소금 또는 구운 소금

활동 과정

1. A4 용지에 12달을 적은 후, 각각 그 달의 느낌에 맞는 색깔의 이름을 적는다.
2. 1월부터 12월까지의 색의 변화를 파스텔을 갈아서 색을 만든다.
3. 중간에 색을 바꿀 수도 있다.
4. 만든 색을 1월부터 차곡차곡 준비한 병에 담는다.
5. A4 용지에 쓴 달의 색의 느낌을 적는다.

5-1. 색이 중간에 바뀔 경우 느낌도 달라짐을 인식한다.

6. 작품을 만다라 형태로 놓고 감상한다.

10. 백색도시

활동목표 ① 협동심
② 자존감 향상
③ 집단원의 응집력

준비물 머메이드지, 칼, 지우개, 연필, 받침대, 스카치테이프, 초나 전구 등의 조명 도구

활동 과정

1. 만들고 싶은 건물의 모양을 A4 용지에 그려보고, 형태를 어떻게 할지 구상한다.
2. 구상이 끝나면 모양을 먼저 접어보고 그 안에 창문이나 건물의 이미지를 그린다.
3. 그린 이미지를 칼을 이용하여 투각한다.
4. 건물을 하나로 만들기 위해 풀이나 스카치테이프로 붙인다.
5. 각자 놓고 싶은 곳에 놓고 준비된 초를 하나씩 켜서 건물과 건물에 비친 그림자를 공유한다.
6. 작업한 것을 집단원에게 보여주고 하나의 도시 형태를 구성한 것을 감상한다.

11. 문 만들기

활동목표 ① 자신과 외부와의 관계 인식

② 내향적 면과 외향적 면 탐색

③ 미래의 자신의 비전 탐색

준비물 도화지, 여러 가지 드로잉 재료, 스카치테이프, 가위, 칼

활동 과정

1. 자신이 어떤 문 앞에 서 있다는 상상을 한다.
2. 종이를 반으로 접거나 양쪽 가장자리가 중앙에 오도록 접어 자유롭게 문의 형태를 만든다.
3. 접은 종이의 바깥쪽에 생각한 문을 그린다.
4. 문의 모양을 만들고 나서 문의 겉을 꾸민다.
5. 문을 그린 후 종이의 안쪽에 문을 열면 볼 수 있는 광경을 그림으로 묘사한다.

5-1. 문을 열고 보고 싶은 광경이나 풍경을 잡지에서 찾아 붙인다.

6. 완성 후 감상하며 작품에 대한 소감을 나눈다.

6-1. 문을 보고 자신의 미래에 대한 긍정적인 피드백을 받는다.

12. 나만의 책 만들기(정체성 작업)

활동목표 ① 정체성 및 자원 분석
② 자신의 정체성 확립
③ 자아상 인식

준비물 여러 종류의 도화지, 채색 도구, 소묘 재료, 잡지, 책을 묶을 끈이나 테이프, 풀, 가위

활동 과정

1. 심상을 통한 5가지의 영역을 하나씩 그리거나, 오려서 작업한다.
2. 첫 번째 단계인 육체성을 마치면, 작업한 것을 글로 쓴다.
3. 두 번째 단계는 사회적 관계의 작업을 하고 2와 같은 방법으로 한다.
4. 세 번째 단계는 일과 여가, 네 번째 단계는 물질, 다섯 번째는 삶의 가치를 한다.
5. 작업을 마치면 책의 겉표지를 만들어 꾸미고, 뒷면에는 출판사와 바코드도 만든다.
6. 작업하는 중에 제일 어려운 영역을 집단원과 이야기를 나눈다.
6-1. 제일 좋았던 영역도 집단원과 이야기를 나눈다.
7. 만든 책을 소중히 여기고 자신의 꿈과 비전에 대한 긍정적인 피드백을 집단원들에게 받는다.

13. 자연물 만다라

활동목표 ① 자연의 이미지 탐색
② 기억 회상
③ 오감 자극
④ 정서적 감정 표현
⑤ 성취감과 만족감

준비물 다양한 가을 나뭇잎, 접착우드락, 투명시트지, 가위, 스카치테이프, 매직

활동 과정

1. 자연에서 가져온 자연물을 꺼내 놓는다.

1-1. 미리 한 주 전에 준비할 수도 있고, 집단 작업하고 오는 길에 주변에서 준비해도 좋다.

2. 계절에 대해 이야기를 나누고, 서로 가져온 나뭇잎을 관찰한다.

3. 나뭇잎을 만지고, 나뭇잎의 냄새를 맡는다.

4. 작업을 구상하여 표현한다.

4-1. 나뭇잎을 가위로 잘라 변형해서 사용한다.

5. 다양한 모양의 나뭇잎을 접착우드락에 자유롭게 구성한다.

5-1. 각자 작업하거나, 우드락에 집단 작업을 할 수 있다.

※ 작업을 편안하게 하기 위해서는 각자 한 후 다시 모으는 것이 편리하다.

6. 작품을 감상하고 소감을 나눈다.

14. 꽃잎 만다라

활동목표 ① 자연의 이미지 탐색
② 기억 회상
③ 오감 자극

준비물 접착우드락, 자연물(여러 가지 꽃과 잎 등), 투명시트지

활동 과정

1. 꽃과 나뭇잎을 미리 준비한다.
2. 단면 우드락을 정사각형과 원형으로 자른다. (어린 아동에게는 미리 치료사가 준비한다.)
3. 단면을 그대로 사용하거나 접착면에 검정 시트지를 붙인다. (이유는 꽃잎의 선명도를 위함이다.)
4. 꽃과 나뭇잎을 하고 싶은 대로 자연스럽게 배치한다. (장소를 자연에서 할 경우에는 편안한 곳에서 작업하도록 미리 환경을 만든다.)
5. 만든 작품을 보고 제목을 붙인다.
6. 다 함께 놓고 감상한다.
7. 작품을 고정하기 위해 투명시트지를 붙인다.

15. 곡식 만다라

활동목표 ① 기억 회상
② 촉감 자극
③ 소근육 운동
④ 집단의 응집력

준비물 다양한 종류의 곡식, 접착우드락, 오공본드, 글루건, 색 접시

활동 과정

1. 다양한 곡식의 종류에 대해 이야기를 나눈다.
2. 우드락을 집단원의 인원수대로 자른다.
2-1. 우드락이 아닌 색깔 접시를 사용해도 좋다.
3. 각자 선호하는 곡식을 붙인다.
4. 작업을 마치며 나눈 우드락을 서로 맞추어 본다.
4-1. 맞춘 우드락의 모양을 보고 전체적으로 이야기를 나눈다.
5. 작품을 고정하기 위해 오공본드를 물에 1:1로 희석해서 큰 붓으로 전체를 칠한다.
6. 마른 후에 전시한다.
7. 작품을 감상하고 이야기를 나눈다.

16. 가족의 희망 나무 그리기

활동목표 ① 긍정적인 미래상과 자아상 확립
② 가족의 내적 열망 탐색

준비물 2M 크기의 벽지(한 가족당), 다양한 시트지, 드로잉 재료, 유성매직, 가위

활동 과정

1. 가족 모두가 어떤 나무를 만들 것인지 상의한다.
2. 가족의 나무가 결정되면 각자의 위치에서 작업한다.
2-1. 나뭇잎 모양틀을 대고 그릴 수도 있고, 손을 대고 그릴 수도 있다.
3. 작업 과정에서 가족의 희망의 메시지를 생각한다.
4. 완성된 나무에 부족한 부분을 함께 상의해서 꾸민다.
5. 각자 생각한 나뭇잎이나 열매에 가족에게 원하는 메시지를 유성매직으로 쓴다.
5-1. 쓴 메시지에 다른 가족이 긍정적인 메시지를 쓴다.
6. 집단원들에게 가족 나무를 소개한다.
7. 벽에 붙이고 집단원들이 함께 감상한다.

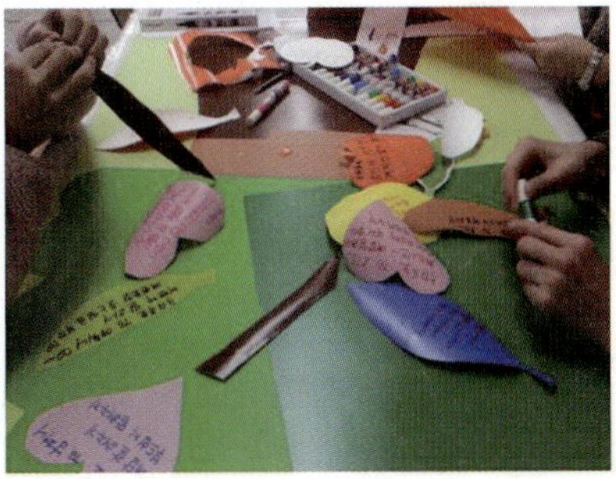

17. 나의 미래의 공간 만들기

활동목표 ① 나의 미래의 공간에 대한 이해
② 공간이 주는 안정감에 대한 인식
③ 미래의 꿈 탐색

준비물 공간을 만들 수 있는 다양한 건축물 재료, 아크릴물감, 오공본드, 가위, 칼, 붓

활동 과정

1. 미래의 자신의 공간에 대해 이야기한다.
2. 다양한 가구나 필요한 것을 만든다.
3. 공간을 배치하고, 좋아하는 색으로 칠한다.
4. 작품에 사인을 한다,
5. 그 공간에 자신의 꿈이 무엇인지를 집단원에게 이야기하고, 피드백을 받는다.
6. 모든 작품을 배치하고 서로의 공간을 방문한다.

18. 명화를 통한 집단 작업

활동목표 ① 타인의 작업을 자신의 이미지로 전환

② 명화가 주는 심리적인 의미 탐색

준비물 좋아하는 명화, 캔버스, 아크릴물감, 붓, 팔레트

활동 과정

1. 좋아하는 명화를 선정한다.
2. 선정한 명화가 주는 의미를 탐색한다.
3. 명화를 보고 그리면서 자신만의 그림으로 전환한다.
4. 그린 그림이 자신에게 주는 의미를 탐색한다.
5. 제목을 붙이고, 실제 이미지와 그린 이미지의 변화를 발표한다.
6. 집단원과 함께 전시한다.

19. 폴로네시아의 하늘 1, 2

활동목표 ① 명화를 감상하고 재해석

② 희망 메시지 탐색

준비물 명화 사진, 머메이드지, 우드락 조각, 오공본드, 색연필, 아크릴물감, 평붓

활동 과정

1. 마티스의 폴로네시아의 하늘 그림에 대해 설명을 듣고 감상한다.
2. 바탕에 아크릴물감을 칠한다.

2-1. 바탕의 하늘색 이미지는 각자 선택해서 칠한다.

3. 복사한 그림을 오려서 배치한다.
4. 완성한 작품에 사인한다.
5. 자신만의 플로네시아의 하늘은 어떤지 이야기 나눈다.
6. 다 함께 전시하고 감상한다.

20. 드림캐처 원형틀 만들기 1

활동목표 ① 드림캐처의 의미 탐색
② 점토가 주는 신체적 안정감
③ 집중력 향상

준비물 꽃 지점토, 철사고리, 모양 틀, 오공본드

활동 과정

1. 드림캐처의 유래에 대해 설명한다.
2. 꽃 지점토로 줄을 만들고 원형으로 붙인다.
3. 철사로 만든 고리에 본드를 붙이고 틀 안쪽에 일정한 간격으로 끼운다.
4. 남은 재료로 틀을 사용해서 모양을 찍는다.
5. 그늘에서 말린다.

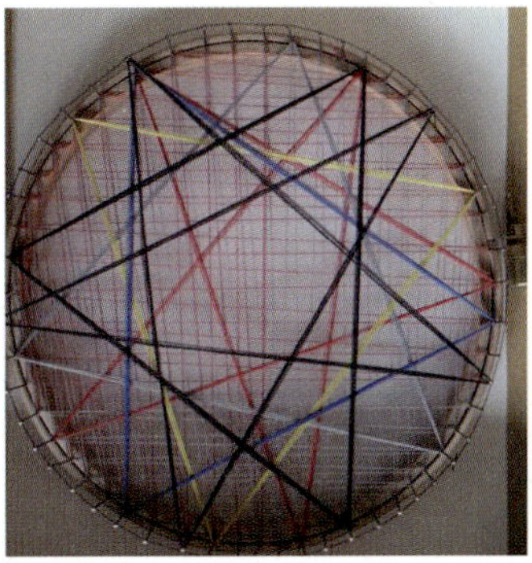

21. 드림 캐쳐 만들기 2

활동목표 ① 다양한 감정 탐색
② 꿈에 대한 긍정적 피드백
③ 작품에 대한 자부심

준비물 마른 원형틀, 아크릴물감, 붓, 팔레트, 자수실, 낚싯줄, 한지, 다양한 구슬, 가위, 양면테이프

활동 과정

1. 마른 원형틀에 좋아하는 물감을 칠한다.
2. 한지에 양면테이프를 붙이고 마끈을 붙인다.
3. 깃털 모양으로 자르고 가윗밥을 낸다.
4. 줄에 구슬을 넣는다.
5. 원형틀 안쪽에 실로 문양을 만든다.
6. 깃털을 묶고 끈을 단다.

22. 감정 집단 만다라

활동목표 ① 감정 표출, 카타르시스를 느끼고 억제된 감정을 수용하여 정신적 이완

② 타인의 감정 표현 이해

준비물 머메이드지 혹은 두꺼운 종이, 드로잉 재료

활동 과정

1. 인원수대로 원형을 오리고, 피자 모양으로 8조각으로 나눈다.
2. 각 조각에 감정 표현을 다르게 해서 그림을 그린다.
3. 같은 감정에 대해 다른 내담자의 표현을 보고, 나의 감정만 모아서 하나의 감정 만다라를 만든다.
4. 같은 감정의 조각을 모아 집단원끼리 비슷한 감정을 공유한다.

4-1. 집단원이 가진 감정의 이해와 해소 방법을 나눈다.

5. 다양한 감정 표현을 탐색하고 전시한다.

23. 색종이 협동화(조각보 만들기)

활동목표 ① 통합, 재구성
② 인지기능 향상

준비물 다양한 색종이, 검정색 도화지, 풀, 칼, 핑킹가위

활동 과정

1. 색종이를 자르고 싶은 대로 자유롭게 자른다.
※ 노인이나 아동은 치료사가 적당한 크기로 잘라 제시한다.
2. 자른 색종이를 검정색 도화지 위에 배치하고 싶은 대로 놓고 맘에 들었을 때 풀로 고정한다.
※ 인지가 떨어지는 집단은 바로 붙이면서 같은 색의 색종이를 옆에 붙이지 않는 규칙을 제시한다.
3. 작업을 하면서 감정이 색에 의해 변하는 것을 느낀다.
3-1. 작업 중에 감정 변화를 메모한다.
4. 작품에 제목을 붙이고 사인을 한다.
5. 작품을 한곳에 붙여 집단 작업을 완성한다.
6. 집단 작품에 제목을 붙인다.

24. 음식 만다라(과자로 만든 작업)

활동목표 ① 음식에 대한 긍정적 피드백
② 협동심 향상
③ 집단의 응집력 향상

준비물 다양한 뻥튀기 재료와 과자류, 물엿(조청 종류), 종이 호일, 지퍼팩

활동 과정

1. 다양한 재료를 준비하고, 물엿도 그릇에 담는다.
2. 집단원이 무엇을 만들지를 상의한다. (생일상이나, 제사상, 기념일을 위한 작업을 토론한다.)
3. 무엇을 만들지에 대한 역할분담을 한다.
4. 만든 음식을 준비한 공간에 배치한다.
5. 누구를 위한 음식인지를 정하고 축하한다.
6. 음식을 나누어 먹으면서 음식에 대해 이야기한다.

25. 짝에게 주는 선물 만들기

활동목표 ① 점토 매체를 통해 이완
② 자연스러운 표현하기
③ 관계 증진 및 의사소통 방법 개선

준비물 테라코타 점토, 점토칼, 물통, 점토판

활동 과정

1. 두 명이 짝이 되어 서로에게 다양한 도움의 방식에 대해 이야기한다.
2. 상대방에게 어떤 것이 필요할지 생각해 보고 스케치한 뒤 만든다.
3. 완성된 작품을 보며 상대에게 선물이 필요한 이유를 말하고 선물한다.
4. 선물을 받은 사람에게 선물을 받은 뒤의 느낌에 대해 물어보고 서로 느낌을 이야기 나눈다.
5. 작품을 감상한다.

26. 나를 꽃으로 표현하기

활동목표 ① 긍정적 자아상 형성
② 자존감 향상
③ 집단원 간 친밀감 향상

준비물 종이, 한지, 펠트지, 한복 천, 솜 방울 등 다양한 만들기 재료 및 그리기 재료

활동 과정

1. 세상에 단 하나뿐인 소중한 꽃에 대해 이야기해 보고, 꽃을 구상해 보고 스케치 한다.
2. 꽃을 그리거나 만들어 완성한다.
3. 작업이 끝나면 한 사람씩 만든 꽃을 소개한다.
3-1. 작품을 설명하는 시간을 잘 조율한다.
4. 한 사람씩 소개가 끝나면 다른 집단구성원이 꽃에서 받은 느낌을 이야기한다.
4-1. 부정적인 말이 아닌 긍정적인 이야기를 한다.
5. 작품에 대한 소감을 나눈다.

27. 액자 만들기

활동목표 ① 작품에 대한 성취감
② 창의력과 표현력 증진
③ 긍정적 자아상

준비물 접착우드락, 다양한 색의 타공지, 한지, 다양한 나무스틱, 자신의 사진

활동 과정

1. 액자에 붙일 자신의 사진을 준비한다.
2. 접착우드락을 적당한 크기로 자른다.
3. 사진을 가운데에 붙일 공간의 접착면은 그대로 두고, 나머지 부분은 타공지로 꾸밀 프레임을 구상한다.
4. 구상한 액자의 프레임이 맘에 들면 접착 면을 떼어낸 후에 타공지를 붙인다.
5. 붙인 타공지에 다양한 조형 재료나 한지를 붙여서 완성한다.
6. 고리를 만들거나 세울 수 있는 거치대를 준비하여 각자 액자를 전시한다.

28. 선물 만들기

활동목표 ① 소망의 형상화
② 긍정적인 피드백과 자아존중감 향상

준비물 도자기점토, 다양한 도자기 도구, 손 물레

활동 과정

1. 선물에 대해 이야기 나눈다.
2. 자기가 준 선물이나 받은 선물 중에 의미 있는 선물에 대해 이야기를 나눈다.
3. 선물을 줄 대상을 떠올리며, 줄 선물의 이미지를 그린다.
4. 점토를 이용하여 다양한 형태로 선물을 만든다.
5. 시간을 두고 작업을 한다.
6. 만든 후 집단원에게 자신의 작업에 대해 이야기한다.
7. 편지를 쓰고 선물을 전달한다.

29. 집단화 작업

활동목표 ① 집단 응집력

② 집단원의 공감 나누기

준비물 2절전지, 드로잉 재료, 물감, 붓, 자연물

활동 과정

1. 집단원이 지금의 상황에 맞는 주제를 정한다.
   ※ 집단원에게 주제를 제시할 수도 있다.
2. 대화를 나눈 뒤 주제가 정해지면 작업을 어떻게 할 것인지에 대해 상의한다.
3. 서로 분담해서 작업한다.
4. 작업을 한 후에는 작품에 대한 느낌을 한 줄로 써 보고 사인을 한다.
5. 다른 집단원의 작품에 대한 이야기를 듣는다.
6. 집단원의 특성을 탐색하고, 집단 작품의 제목을 정한다.

6-1. 작업하면서 집단원이 하나가 되는 것을 경험한다.

30. 나에게 중요한 사람 만들기

활동목표 ① 자신에게 긍정적인 영향 탐색
② 롤모델의 이미지 표현
③ 긍정적인 자아상

준비물 다양한 점토, 도자기 도구, 작품 보관

활동 과정

1. 살아오면서 가장 중요하다고 생각하는 사람을 떠올린다.
2. 그 사람의 이미지를 점토로 만든다.
   ※ 그림 그리기를 거부하거나 두려워하는 사람에게는 만드는 작업이 더 수월할 수도 있다.
3. 그 사람을 만들면서 그 사람에 대한 모습을 회상한다.
4. 본인에게 어떤 영향을 주고, 어떤 모습으로 다가왔는지 생각하면서 작업에 집중한다.
5. 만든 그 사람에게 글을 쓴다.
6. 만든 중요한 사람을 앞에 놓고 집단원에게 이야기를 들려준다.
7. 다 함께 작품을 감상한다.

31. 나의 희망 만들기(내가 원하는 것을 표현하기)

활동목표 ① 긍정적 자원
② 희망 찾기
③ 현실의 자아 탐색

준비물 천사점토, 유성매직 또는 사인펜, 다양한 점토

활동 과정

1. 현재 이루어지길 바라는 희망을 한 가지씩 이야기한다.
2. 말하면서 구체적인 희망의 이미지를 떠올린다.
3. 각자 원하는 만큼의 점토를 가지고 만든다.
4. 구체적인 작업을 위해 미술 도구로 도화지 위에 작업한다.
5. 작품을 앞에 두고, 집단원에게 보여주며 발표한다.
6. 발표를 통해 희망에 대한 긍정적인 피드백을 받는다.
7. 다른 집단원에게도 긍정적인 피드백을 준다.

32. 천을 이용한 작업

활동목표 ① 자신의 상징
② 시각적인 상징
③ 이미지 시각화
④ 집단 관계 형성

준비물 스텐실을 할 수 있는 광목천, 아크릴물감 또는 염색물감, 스텐실 모양의 글자나 이미지 판, 스텐실붓

활동 과정

1. 원하는 상징 또는 이미지를 구체화하여 그린다.
1-1. 집단의 이미지를 시각화할 수 있다.
2. 그린 이미지를 광목천에 먹지를 대고 그린다.
2-1. 두꺼운 도화지에 그린 후 칼로 도려낸다.
3. 그린 이미지를 채색한다.
3-1. 이미지의 색을 변형하여 작업한다.
4. 작업한 후에 작업의 변화를 살펴본다.
4-1. 짝이 되어 피드백을 나누고, 작업의 변화를 모색한다.
5. 작업의 변화에 대해 발표한다.

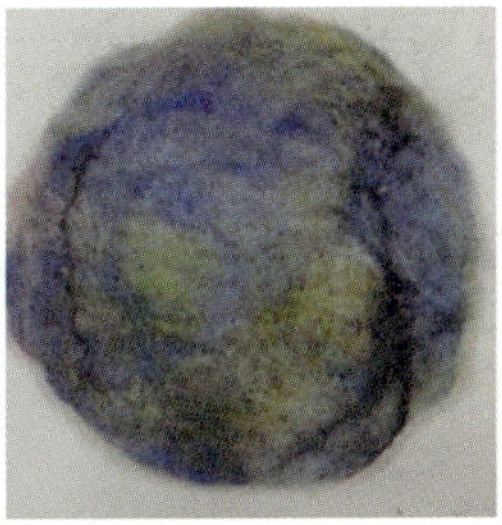

33. 나무를 활용한 집단작업

활동목표 ① 자신의 삶에 대한 회상
② 상징적 이미지 탐색
③ 감각적 통합

준비물 나이테가 있는 원형나무, 나무판, 각종 펜(잉크펜, 네임펜 등), 채색 도구

활동 과정

1. 눈에 들어오는 나무판을 고른다.
2. 나무판의 무늬와 나이테를 만져 본다.
2-1. 나무판의 무늬나 나이테를 염두에 두지 않고, 선호하는 색을 입힐 수도 있다.
3. 나무의 나이테나 무늬를 따라 펜으로 선을 그린다.
4. 나무의 무늬, 나이테를 따라 그리다가, 의도하는 이미지를 그린다.
5. 작품을 거리를 두고 바라보고, 집단원의 작품도 둘러본다.
6. 서로의 느낌을 나눈다.

Chapter 9

정서완화 집단미술치료 프로그램

1. 정서완화를 위한 집단미술치료 프로그램

인지, 정서, 행동에 있어서 미술치료가 모두 적절하게 접근할 수 있는 영역들이지만, 이 장에서는 정서에 한해 집단미술치료로 접근하기 위한 프로그램을 제시하였다.

정서라고 하는 분명한 목표가 있기에 따로 목표를 설정하여 제시하지 않았고, 다만 정서를 다루기 위해서는 Naumburg의 이론에 입각한 미술치료 결과물을 얻은 후에 언어적 접근의 미술치료가 유용하기 때문에 토론 내용이라는 부분을 넣어서 각 회기의 목표에 도달하도록 제시하였다.

인간이 살아가면서 심리적으로 가장 불편한 부분이 정서이다. 그러한 정서 영역은 어릴수록 변화가 가능하며, 굳어진 정서는 변화하는 데 많은 시간을 요한다. 몇 회기 만에 정서적 변화가 있기 위해서는 무엇보다 자신의 확고한 의지와 노력이 필요하다. 자신이 원해서 참여하느냐 주변의 권유에 의해 참여하느냐에 따라 변화의 정도가 크다는 것을 집단미술치료사는 임상현장에서 충분히 경험할 것이다.

준비된 내담자라면 변화의 속도를 느낄 수 있지만 그렇지 않은 내담자의 경우, 그 변화의 속도가 다소 느리게 나타나므로 집단미술치료사는 내담자를 믿고 프로그램을 진행하여야 할 것이다.

앞서 언급하였지만, 이후 제시된 미술치료의 프로그램들이 얼마든지 다양하게 변형·활용될 수 있으며, 치료의 의도가 분명하다면 초기, 중기, 말기에 국한되지 않고 얼마든지 변경이 가능하다.

미술치료 초기 프로그램

1. 나를 동물로 표현하기

준비물 클레이, 도예 도구, 도화지

활동 과정

1. 활동 시작 전 자신과 닮은 동물과 그 이유에 대해서 이야기한다.
2. 외적인 모습뿐만 아니라 특징이나 그 외의 것들을 표현한다.
3. 클레이를 사용하여 자신과 닮은 동물을 자유롭게 만든다.
4. 완성된 작품에 대한 설명과 활동 중 느낀 생각이나 감정에 대해 이야기한다.

※ 토론내용

동물을 통해 자신의 모습을 간접적으로 표현하게 함으로써 정서 표현이 어렵고 방어적인 내담자에게 효과적으로 접근할 수 있다. 또한 친근한 주제와 흥미로운 매체를 통해 미술치료에 대한 집단원의 흥미를 유도할 수 있으므로 초기 집단 프로그램으로 추천할 만하다.

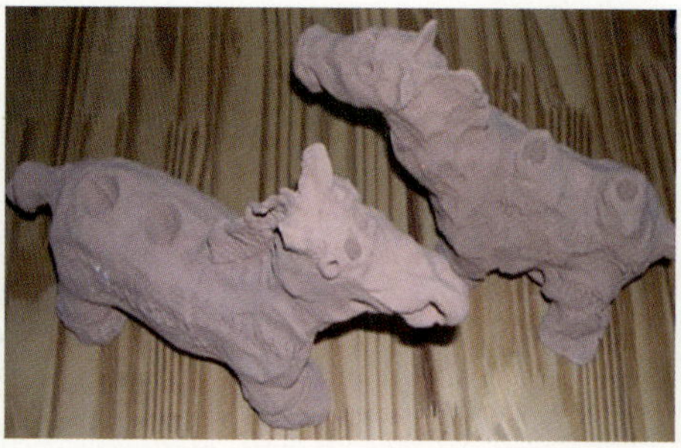

2. 가족을 동물로 표현하기

준비물 동물 도안, 드로잉 재료, 가위, 풀, 도화지

활동 과정

1. 동물 도안을 보고 가족구성원과 닮은 동물을 가위로 잘라 도화지에 붙인다.
2. 완성한 작품을 토대로 가족구성원에 대한 자신의 감정을 표현한다.
3. 서로의 작품에 대해 긍정적인 피드백을 해줌으로써 집단원의 표현에 대한 심리적 안정감을 향상시킨다.

※ 토론내용

가족구성원을 비유적으로 표현하는 것은 내담자의 직접적인 노출에 대한 부담감을 감소시킬 수 있다. 또한 아직까지 집단원이 서로 정보가 부족한 상황에서 하나의 주제 안에서 비슷한 표현을 통해 공감대를 형성할 수 있다.

3. 내가 좋아하는 것과 싫어하는 것

준비물 4절도화지, 잡지 콜라주, 가위, 풀, 드로잉 재료

활동 과정

1. 제시된 이미지 중 자신이 좋아하는 것과 싫어하는 것들을 도화지에 구분하여 가위로 잘라 붙인다.
2. 완성된 작품을 통해 자신이 좋아하고 싫어하는 이미지와 그에 대한 이유에 대해서 언어적으로 표현한다.
3. 표현된 이미지에 대한 생각과 감정에 대해서 이야기하며 자신의 감정에 대해 이해한다.

※ 토론내용

콜라주 작업은 내담자가 자신을 표현하고 통찰할 수 있도록 도와준다. 또한 콜라주 기법의 조형적 표현 활동의 특성은 집단의 감정과 욕구를 외부로 나타낼 수 있도록 해줌으로써 정신적 긴장을 해소하고 불안과 스트레스를 해소시키는 데 도움을 준다.

4. 난화 스토리

준비물 도화지, 드로잉 재료

활동 과정

1. 2명씩 짝을 지은 다음 도화지를 8칸으로 나눈다.
2. 칸마다 점, 선, 면을 하나씩 제시한 다음 짝이 이를 이용하여 자유롭게 이미지를 완성한다.
3. 완성된 8가지의 이미지를 토대로 하나의 이야기를 만든다.
4. 역할을 바꿔 똑같이 진행한다.
5. 활동 과정에서 느낀 감정에 대해서 자유롭게 이야기한다.

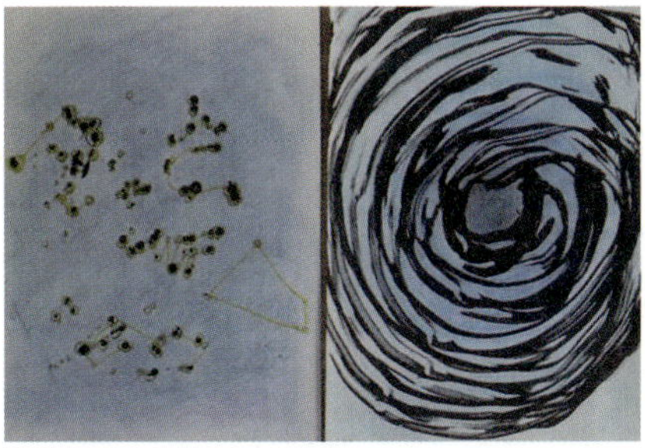

5. 나의 장점, 단점

준비물 색지, 가위, 풀, 전지, 색연필, 사인펜

활동 과정

1. 각자 색지를 선택하여 자신의 손을 본뜨고 장점 5가지를 적는다.
2. 자신이 적은 장점 5가지를 집단원에게 이야기하며 피드백을 자유롭게 나눈다.
3. 서로 짝을 지어 손을 본떠 준 다음 각자 오려 전지에 구성한다.
4. 각자 손에 사인을 하고 작품과 활동 과정에 대해 느낀 감정을 서로 이야기한다.

6. 자화상 그리기

준비물 거울, 도화지, 연필, 지우개, 드로잉 재료, OHP 필름지

활동 과정

1. 거울을 보고 자신의 얼굴, 표정을 자세히 관찰하고 탐색한다.
2. 탐색 후 자신의 얼굴을 관찰하며 최대한 세부적으로 묘사하여 그림을 그린다.
3. 완성 후 거울 속 모습을 처음 봤을 때의 느낌과 관찰하며 그릴 때의 느낌, 완성 후 표현된 그림에 대한 감정에 대해 집단원과 이야기 나눈다.
4. 다른 집단원이 느낀 감정과 비교하며 서로의 감정을 자유롭게 나눈다.

※ 토론내용

자신의 얼굴과 표정을 일정 시간 동안 탐색하고 관찰하여 표현함으로써 자신에 대한 생각이나 감정을 인지하고 확장시킬 수 있는 기회를 제공하는 데 도움을 준다.

7. 자유화

준비물 도화지, 드로잉 및 페인팅 재료

활동 과정

1. 눈을 감고 긴장을 이완한다.
2. 머릿속에 떠오르는 이미지를 자유로운 형태로 표현한다.
3. 이미지만 나타내도 좋고 눈을 감고 느꼈던 감정에 대한 이미지를 표현한다.
이 외에도 생각나는 사건이나 형체 등 드로잉하고 싶은 주제를 자유롭게 표현한다.
4. 완성 후 자신의 작품에 대한 설명과 함께 집단원끼리 돌아가며 피드백을 해주며 다양한 시각을 경험한다.

※ 토론내용

어떠한 구조적인 틀 없이 자유롭게 표현할 수 있도록 하는 것은 내담자가 말하고 싶은 내용을 치료 시간 내에 표현하고 수용할 수 있도록 돕는다. 또한 표현된 그림을 집단원과 자유롭게 피드백을 주고받는 과정에서 자신이 인지하지 못한 감정에 대해 자극받을 수 있으며 새로운 시각을 공유할 수 있다.

미술치료 중기 프로그램

1. 감정 색 표현하기

준비물 도화지, 드로잉 및 페인팅 재료

활동 과정

1. 감정의 종류에 대해 자유롭게 이야기 나눈다.
2. 대표적인 감정을 2~3가지 선택하여 그러한 감정을 느끼는 상황과 이유에 대해 언어적으로 표현한다.
3. 드로잉 및 페인팅 재료 중 해당 감정을 잘 표현할 수 있는 재료를 선택하여 감정을 자유로운 형태로 표현한다.
4. 집단원 내 같은 감정의 그림끼리 비교하여 이에 대한 이야기를 나눈다.
5. 활동 전 감정과 그림으로 표현한 후의 감정을 비교하여 이야기한다.

※ 토론내용

같은 색으로 표현한 집단원끼리 느낀 다양한 감정들에 대해 토론해 볼 수 있으며, 이 과정을 통해 서로의 다양성을 인정하고 자신의 감정에 대한 탐색을 시도해 볼 수 있다. 또한 감정을 색으로 식섭 표현함으로써 자신의 감정을 세분화하는 데 도움이 될 수 있다.

2. 내가 가장 좋아하는 사람 그리기

준비물 도화지, 마커, 페인팅 재료

활동 과정

1. 내가 가장 편안해하는 사람들을 생각한다.
2. 과거와 현재를 제한하지 않고 자신의 인생에서 가장 가까운 사람을 표현한다.
3. 떠오르는 여러 사람 중 한 명을 선택하여 드로잉한다.
4. 완성 후 표현한 사람에 대한 설명과 함께 당시에 느꼈던 자신의 감정에 대해 이야기를 나눈다.

※ 토론내용

자신에게 있어 가장 가깝고 편안한 사람을 표현하는 것은 내담자로 하여금 심리적 안정감을 경험할 수 있도록 하며, 한 개인의 삶에 있어 심리적인 지지를 할 수 있는 가까운 관계의 중요성에 대해 상기시킬 수 있다.

3. 타인을 위한 선물

준비물 아이클레이, 조각칼, 다양한 꾸미기 재료

활동 과정

1. 자신이 선물하고 싶은 대상을 한 명 정한다.
2. 생각한 대상에게 자신이 주고 싶은 선물을 만들기 재료로 표현한다.
3. 완성 후 선물을 주고 싶었던 이유와 만든 선물에 대해 설명한다.

※ 토론내용

'선물'에 대한 주제는 상대방에게 주고 싶은 선물을 표현하는 동시에 자신의 내재된 욕구가 투사된 경우가 많다. 그렇기 때문에 눈에 보이는 작품을 통해 자신의 내재된 감정에 대해 인지할 수 있으며, 작품을 이야기하는 과정에서 감정 표현에 대한 도움을 줄 수 있다.

4. 나를 스트레스 받게 하는 것

준비물 도화지, 드로잉 재료

활동 과정

1. 나에게 스트레스 주는 것에 대해 생각한다.
2. 형체 또는 추상적인 것들을 포함하여도 된다.
3. 일상생활에서 느끼는 부정적인 감정이나 나를 힘들게 만드는 고민을 자유로운 형태의 이미지로 표현한다.
4. 각자 표현한 이미지를 설명한 다음 비슷한 스트레스를 표현한 집단원끼리 피드백을 주고받는다.

※ 토론내용

자신의 스트레스나 고민을 집단 안에서 표현함으로써 집단이 주는 보편성, 응집력을 향상시키는 데 도움을 줄 수 있다. 또한 비슷한 스트레스를 공유하면서 서로에게 피드백을 자연스럽게 주고받을 수 있게 되고, 이에 따라 집단원들의 감정 해소에도 긍정적인 영향을 줄 수 있다.

5. 나에게 힘이 되는 것

준비물 도화지, 드로잉 재료

활동 과정

1. 나에게 힘을 주는 것들에 대해 생각한다.
2. 고민에 빠졌을 때 혹은 힘든 일을 경험하였을 때 어떠한 것들에 의해 힘을 얻게 되는지에 대해 이야기 나눈다.
3. 힘을 얻게 되는 요소들을 자유로운 형태의 이미지로 표현한다.

※ 토론내용

'나를 스트레스 받게 하는 것'을 주제로 한 활동과 연이어 진행하는 것도 좋다. 스트레스 요인과 에너지를 얻는 요인들을 스스로 비교해 볼 수 있으며, 이 과정을 통해 현실적으로 해결될 수 있는 문제 혹은 해소될 수 있는 감정이 있기 때문이다.

6. 꿈 그리기

준비물 도화지, 오일파스텔

활동 과정

1. 자신이 꿨던 꿈이나 가장 기억에 남는 꿈을 표현한다.
2. 구체적인 장면이 기억나지 않을 때에는 추상적인 느낌을 표현한다.
3. 그림으로 표현한 다음 꿈에 대한 감정을 자유롭게 이야기한다.

※ 토론내용

자신의 꿈에 관한 이야기를 집단원과 나눔으로써 다양한 의견을 들을 수 있으며, 꿈을 통해 자기감정에 대한 탐색이 더욱 깊이 있게 이루어질 수 있다.

미술치료 후기 프로그램

1. 데칼코마니

준비물 수채화물감, 도화지, 드로잉 재료

활동 과정

1. 도화지를 반으로 접어 한쪽 면에 물감을 짠 다음 다시 접는다.
2. 양쪽 면에 표현된 데칼코마니 형태를 보고 연상되는 이미지를 그린다.
3. 물감을 사용하는 과정에서 느끼는 감정이나 연상된 이미지를 스스로 탐색하고 표현한다.

※ 토론내용

후기 과정에서는 자신의 정서에 대한 탐색, 이해, 해소 과정이 자발적으로 이루어질 수 있도록 도와야 한다. 채색 작업은 어떠한 구체적인 형태 표현에서 벗어나 감정에 따라 이미지를 표현할 수 있도록 하기 때문에 정서문제를 가진 내담자에게 적절하다.

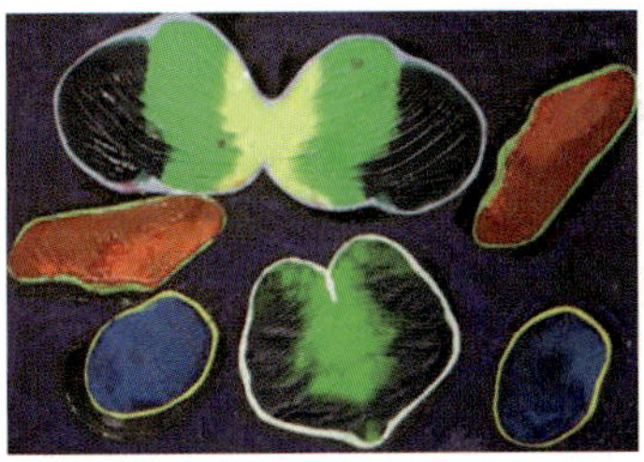
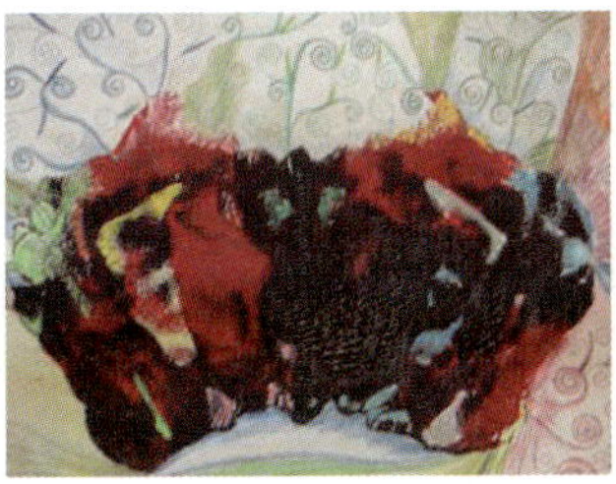

2. 10년 후 내 모습

준비물 도화지, 드로잉 재료

활동 과정

1. 10년 후 원하는 내 모습을 생각한다.
2. 사회적인 모습이든, 가정 속의 모습이든 '자신이 되고 싶은 모습'에 집중하여 표현한다.
3. 완성 후 내 모습이 어떠한 환경 속에서 성장한 모습인지 성장하기 위해 어떤 노력을 해야 하는가에 대해 이야기 나눈다.

※ 토론내용

미래에 원하는 내 모습을 상상하고 표현함으로써 현재 내가 원하는 것이 무엇인지에 대해 파악할 수 있으며 희망을 고취시킬 수 있다. 내담자 특성에 따라 구체적인 이미지 표현이 어려우면 콜라주 작업으로 대체하여 프로그램을 진행하여도 좋다.

3. 과거의 내 모습과 현재의 내 모습

준비물 도화지, 드로잉 재료 혹은 점토

활동 과정

1. 개인이 생각하는 기준을 따라 과거와 현재의 내 모습을 표현한다.
2. 과거와 현재의 주된 감정을 표현하고 상징적인 이미지 혹은 외적인 모습으로 표현한다.
3. 표현된 작품을 통해 과거와 현재의 상황, 주된 감정, 감정의 원인에 대한 이야기를 나눠 자신의 모습에 대해 통찰한다.

※ 토론내용

과거와 현재를 구분하는 기준점이 어떠한 내용인지에 따라 내담자가 현재 중요하게 생각하는 삶의 우선순위를 알 수 있다. 또한 다른 집단원의 그림과 이야기를 통해서 자신이 생각하는 삶의 기준점 외에도 다양한 관점으로 자신의 삶을 돌아볼 수 있으며, 이러한 과정을 통해 자신을 통찰할 수 있다.

4. 버리고 싶은 나의 모습과 가지고 싶은 나의 모습

준비물 도화지, 콜라주 재료, 가위, 풀, 드로잉 재료

활동 과정

1. 현재 나의 모습 중에 미래를 위해 버리고 싶은 모습과 이후 가지고 싶은 모습을 콜라주 작업으로 표현한다.
2. 적절한 이미지를 찾기 어려울 때에는 드로잉 재료를 사용하여 표현한다.
3. 완성한 작품을 통해 내 모습 중 버리고 싶은 이유에 대해 스스로 탐색하고, 가지고 싶은 나의 모습을 위해 어떠한 노력을 하여야 하는가에 대해 이야기 나눈다.

※ 토론내용

반복적인 자기 탐색 과정을 통해 자신의 모습을 객관화할 수 있으며 초기, 중기 단계에서 경험한 현재 정서 상태에 대한 내용도 수용할 수 있다. 이를 토대로 성장을 위한 노력이 이루어지며 희망적인 의미를 담은 프로그램을 통해 내담자의 자아탄력성을 회복할 수 있다.

5. 타임캡슐

준비물 상자, 타임캡슐에 담고 싶은 것, 장식 재료, 색지, 가위, 풀, 드로잉 재료

활동 과정

1. 타임캡슐의 의미에 대해 이야기한다.
2. 상자를 색지와 장식 재료를 사용하여 꾸민다.
3. 꾸민 상자 속에 자신이 넣고 싶은 것들을 넣는다.
4. 타임캡슐에 넣은 물건에 대한 추억과 감정을 자유롭게 이야기한다.
5. 미래에 다시 타임캡슐을 열어보았을 때 어떠한 기분이 들 것인지에 대해서도 이야기 나눈다.

※ 토론내용

자신의 미래의 모습을 반복해서 상상하도록 하는 것은 내담자에게 긍정적인 자극을 줄 수 있다. 또한 다른 집단원과 희망적인 이야기를 공유함으로써 서로에게 정서적인 지지를 줄 수 있으며, 심리적으로도 안정감을 줄 수 있다. 중요한 무언가를 집단원과 나누고 미래의 약속을 함께하면서 자신의 삶에 대한 긍정적인 희망을 더욱 향상시킬 수 있다.

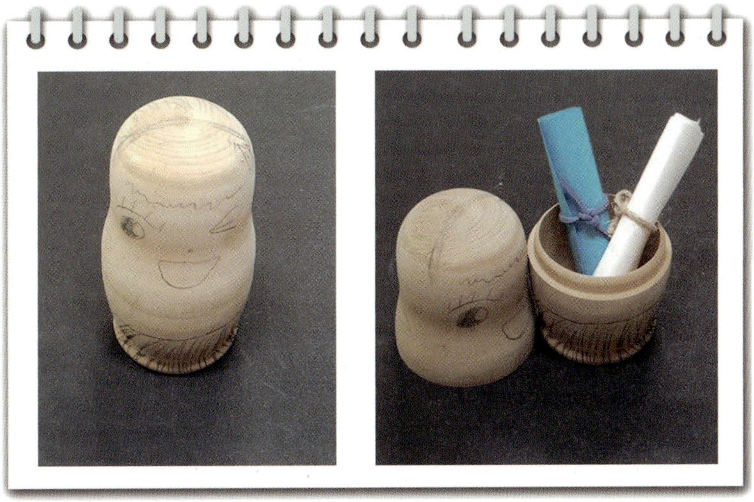

6. 앨범 만들기

준비물 집단원의 활동 및 작품 사진, 앨범, 드로잉 및 장식 재료

활동 과정

1. 자신의 작품 사진과 활동 사진들을 고른다.
2. 고른 사진들을 앨범에 붙인 다음, 앨범의 표지를 자신만의 방식으로 자유롭게 장식한다.
2. 각각의 사진에 느낀 감정을 적는다.
3. 자신이 만든 작품들 중 가장 마음에 드는 작품과 아쉬운 작품을 선정하여 집단원과 이야기를 나눈다.

※ 토론내용

자신이 만든 작품들을 돌아봄으로써 작품에 투사된 자신의 모습을 넓은 시야로 비교해 볼 수 있다. 또한 작품마다 느끼는 감정을 글로 적어 표현하는 것은 시간이 흘러도 내담자가 자신의 감정을 이해하고 전체적으로 통찰하는 데 도움을 줄 수 있다.

2. 사회성, 대인 관계 향상을 위한 집단미술치료 프로그램

옛말에 "절이 싫으면 중이 떠난다."는 말이 있다. 하지만, 절이라는 사물은 사람에게 말을 하지 않는다. 절에 있는 또 다른 사람이 자신의 심리적 불편감을 초래하기에 말하지 않는 절에 비유해서 합리화한 것이다.

살아가면서 부모의 초기 양육 이후에 가장 많이 관계해야 하는 것이 사람이다. 초기 양육에서 건강한 대인 관계, 사회성을 학습하였다면 초기 양육 이후에 별 불편감 없이 살아갈 수 있지만, 그렇지 않을 경우 우리는 다양한 사회관계를 하면서 살아가야 하므로 그 사회 안에서 불편감을 안고 살아가야 하기 때문에 이를 스트레스로 지각하는 사람들이 대부분이다. 이러한 스트레스는 주관적 경험이다. 같은 자극임에도 불구하고 어떤 사람은 스트레스로 지각하지만, 또 어떤 사람은 그 자극을 스트레스로 지각하지 않는다. 따라서 스트레스로 지각한 사람에게 '왜 스트레스로 받아들이냐?'고 반문할 것이 아니라, 그 자체를 인정하고 수용하여야 한다.

치료는 이러한 내담자를 있는 그대로 수용하며 진행할 경우 효과적인 결과가 도출될 것이다.

여기서 제시된 프로그램은 집단미술치료의 장점을 최대한 살려 심리적 불편감을 최소화할 수 있도록 접근한 프로그램으로 제시하였다.

미술치료 초기 프로그램

1. 집단 규칙 정하기

준비물 큰 사이즈의 도화지, 드로잉 재료

활동 과정

1. 치료를 시작하기 전 집단원끼리 치료시간 내 지켜야 할 규칙에 대해서 자유롭게 이야기를 나눈다.
2. 자유롭게 나눈 이야기를 도화지에 순서대로 작성한다.
3. 드로잉 재료를 사용하여 집단원끼리 도화지에 자유롭게 꾸민다.
4. 완성 후에는 규칙이 반드시 지켜질 수 있도록 적절한 보상과 처벌을 위한 이야기를 자유롭게 나눈다.

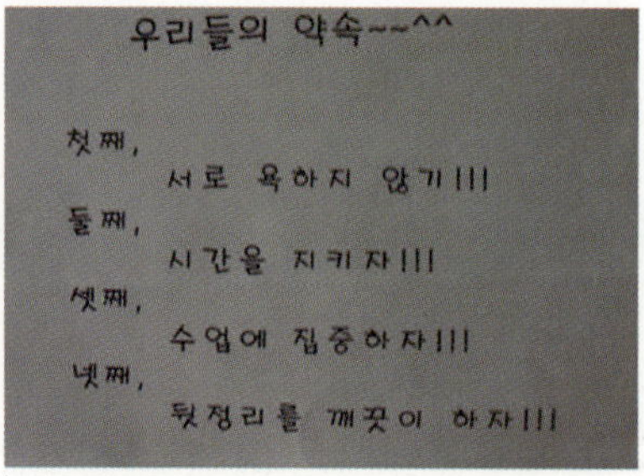

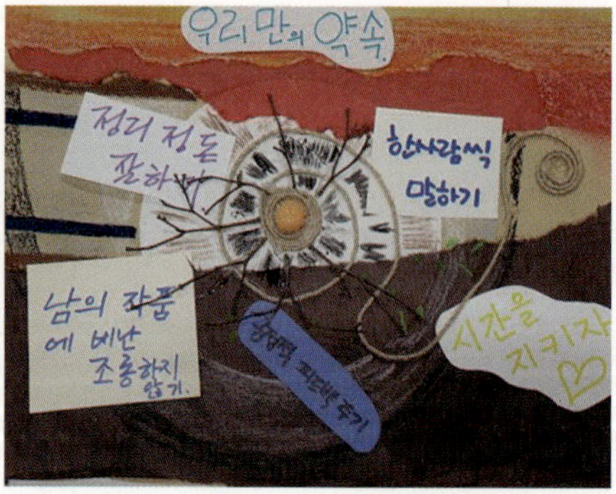

2. 석고 손 본뜨기

준비물 석고붕대, 가위, 물통, 드라이기, 핸드크림

활동 과정

1. 손과 관련된 경험들을 자유롭게 이야기 나누고 각자 손의 중요성에 대해 말한다.
2. 2명씩 짝을 지은 다음 순서를 정해 먼저 손 본뜰 사람을 정한 후 핸드크림을 바른다.
3. 석고붕대를 손 크기에 맞춰 자른 후 물에 적셔 짝이 된 집단원 손에 얹어 문지른다.
4. 완성 후에는 드라이기로 석고를 건조시켜 완성한다.
5. 활동 중 경험한 촉감에 대한 감정과 집단원과의 활동에 대한 이야기를 자유롭게 나눈다.

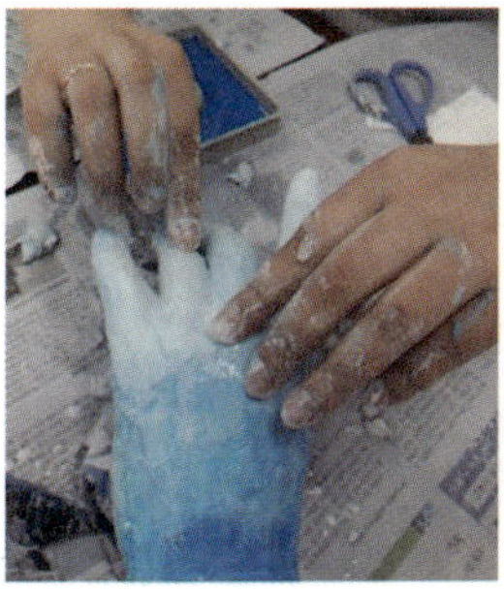
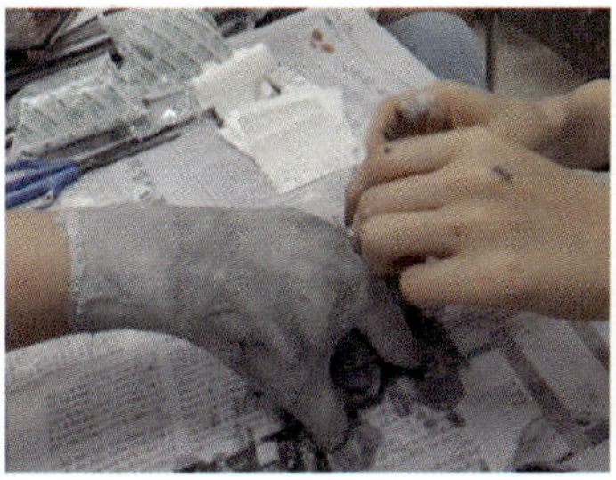

3. 석고 손 꾸미기

준비물 본뜬 석고 손, 페인팅 및 드로잉 재료, 목공용 풀, 장식 재료

활동 과정

1. 완성된 석고 손에 대한 느낀 점을 나눈 후 어떻게 장식하고 싶은지 이야기한다.
2. 각 개인마다 원하는 형태로 석고 손을 장식한다.
3. 집단원끼리 완성된 석고 손을 모아 하나의 작품을 완성한다.
4. 개별 활동 및 집단 활동 시 느낀 감정에 대해 자유롭게 이야기 나눈다.

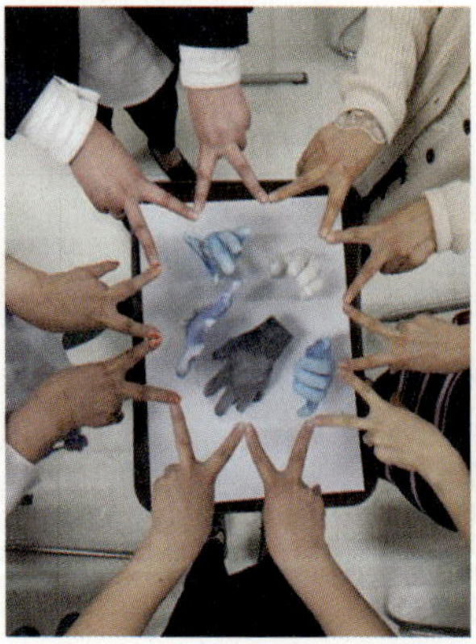

4. 친구 얼굴 그리기

준비물 도화지, 드로잉 재료

활동 과정

1. 2명씩 짝을 지은 다음 눈을 감고 친구의 얼굴을 만져 탐색한다.
2. 친구의 이목구비를 가리키며 눈, 코, 입 게임을 하며 긴장을 이완시킨다.
3. 드로잉 재료를 사용하여 친구의 얼굴을 자세하게 관찰하여 도화지에 표현한다.
4. 완성된 작품을 통해 친구의 표정, 기분에 대해 이야기해 보거나 활동 도중 느낀 감정에 대해 이야기한다.

5. 신체 본뜨기(협동화)

준비물 전지, 드로잉 및 페인팅 재료, 색종이, 잡지, 가위, 풀

활동 과정

1. 집단원 중 한 사람을 뽑아 전지에 누워 자유롭게 포즈를 취한다.
2. 다른 집단원이 드로잉 매체를 사용하여 신체를 따라 그린다.
3. 매체를 자유롭게 사용하여 본뜬 신체 안을 꾸며 친구의 형태를 완성한다.
4. 완성 후 활동 중 느낀 생각과 감정에 대해서 이야기한다.

6. 그림 이어 그리기

준비물 도화지, 드로잉 재료

활동 과정

1. 집단원 각각 서로 다른 색의 드로잉 재료를 선택한다.
2. 약 3분 정도의 시간을 정한 다음 집단원 각각의 도화지에 그림을 자유롭게 그린다.
3. 3분이 지난 다음 오른 방향에 있는 집단원에게 자신의 그림을 건네주고 연결하여 그림을 그린다.
4. 자신의 그림이 되돌아오면 완성된 그림의 제목을 붙인다.
5. 완성된 그림에 대해 느낀 점을 자유롭게 이야기 나눈다.

미술치료 중기 프로그램

1. 나만의 집 만들기

준비물 과자 상자, 하드보드지, 전지, 목공용 풀, 색종이, 색지, 가위, 풀, 페인팅 및 꾸미기 재료

활동 과정

1. 자신이 살고 싶은 집의 형태를 생각한다.
2. 재료를 자유롭게 사용하여 자신의 집을 조형물 형태로 만든다.
3. 하드보드지를 적당한 크기로 잘라 지붕을 만들거나, 과자 상자로 만든다.
4. 집단원마다 완성한 집을 전지 위에 놓고 싶은 곳에 올려놓는다.

※ 토론내용

자신만의 안전한 공간을 만드는 것은 내담자로 하여금 심리적으로 안정감을 느낄 수 있도록 한다. 또 집단원이 만든 집과 자신이 만든 집을 비교해 보며 자신의 집에 대한 객관적 성찰을 할 수 있으며, 이는 집단 활동이 주는 가장 큰 이점이라 할 수 있다.

2. 마을 만들기

준비물 자신의 집 작품, 전지, 드로잉 및 페인팅 재료

활동 과정

1. 지난 시간 완성한 집 작품을 전지에 위치하고 싶은 곳에 붙인다.
2. 제시된 재료를 사용하여 집주변을 꾸며 하나의 마을을 만든다.
3. 집단원끼리 소통하며 다리나 공원도 만든다.
4. 완성된 마을에 대해 느낀 점을 자유롭게 이야기 나눈다. 또한 지난 회기(집 만들기)에 느꼈던 점과 마을을 만들고 난 후의 느낀 점을 비교하여 토론한다.

※ 토론내용

개별 작업을 확장시켜 협동 작업을 진행함으로써 집단원이 집단에 대한 소속감을 느낄 수 있게 한다. 또한 협동화 과정에서 집단원끼리 소통할 수 있도록 하며 각 개개인의 소통방식에 대해서도 피드백 받을 수 있다.

3. 따로 또 같이(협동화)

준비물 8절 혹은 4절도화지, 캔버스, 드로잉 및 페인팅 재료, 명화그림

활동 과정

1. 명화 한 장을 정하여 집단원수대로 조각을 나눈다. 드로잉 재료로 스케치한 다음 페인팅 재료를 사용하여 자신만의 방법대로 명화를 완성한다.
2. 각 집단원이 완성한 명화 조각을 하나의 캔버스에 모아 명화를 완성한다.
   ※ 집단원 수와 명화의 난이도, 사용 재료에 따라 프로그램의 기간이 길어질 수 있음을 설명한다.
4. 개인이 완성한 작품을 모아 완성한 집단 작품이 주는 느낌을 비교하여 이야기 나눈다.

※ 토론내용

하나의 그림을 완성하기 위해 자연스럽게 다른 집단원과 소통할 수 있으며 이를 통해 작품을 완성함으로써 매우 높은 성취감을 느낄 수 있다. 또한 관계 속에서 습관처럼 행하는 소통방식을 파악할 수 있다.

4. 집단화

준비물 캔버스 혹은 전지, 드로잉 및 페인팅 재료

활동 과정

1. 캔버스를 제시한 다음 집단원끼리 상의하여 자유롭게 하나의 작품을 완성한다.
2. 활동 과정 중 집단 속에서 자신의 의견을 말하고 다른 집단원의 의견을 수용할 수 있도록 연습한다.

※ 토론내용

집단 작업을 통해 자신의 관계 형성 문제를 탐색하고 이해할 수 있다. 또한 다른 집단원의 관계 방식을 통해서도 자신의 문제를 성찰하고 긍정적으로 행동을 변화시킬 수 있도록 자극한다. 직접적인 표현 없이도 집단원끼리 서로의 장점을 자유롭게 공유하고 자극받을 수 있다.

5. 나의 장점, 단점

준비물 도화지, 드로잉 재료

활동 과정

1. 도화지를 반으로 접어 나의 장점과 단점을 구분하여 적어 본다.
2. 나의 장점, 단점이 사회관계에 미치는 긍정적, 부정적 영향들에 대해 생각하고 이야기 나눈다.
3. 또한 관계 형성 시 나의 단점을 소거시킬 수 있는 방법에 대해 집단원과 자유롭게 이야기 나눈다.

※ 토론내용

내담자 스스로 자신의 문제점을 탐색하고 수용할 수 있도록 한다. 또한 자신의 문제점을 다른 집단원과 공유함으로써 해결책을 위한 현실방안을 다양한 시각으로 생각해 볼 수 있는 기회를 만들어 준다.

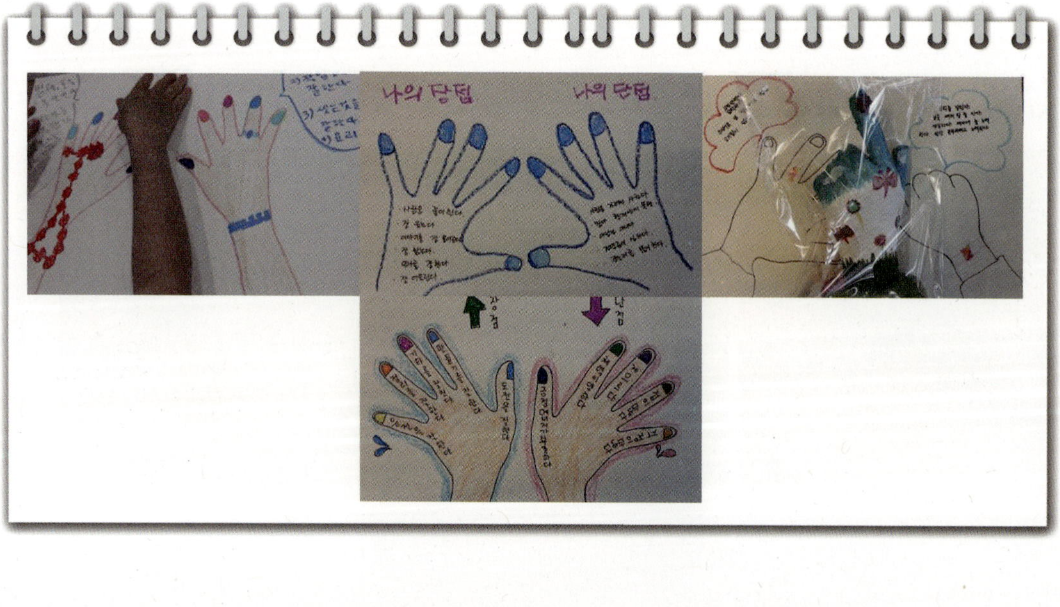

6. 내가 생각하는 나의 모습과 타인이 보는 나의 모습

준비물 도화지, 상자, 잡지, 가위, 풀

활동 과정

1. 상자의 겉면에는 타인이 보는 나의 모습을 잡지 속 이미지를 찾아 콜라주한다.
2. 상자의 내면에는 내가 생각하는 나의 모습을 잡지 속 이미지를 찾아 콜라주한다.
3. 표현된 작품에 대해 내가 느끼는 감정들을 이야기하고 이미지에 대한 탐색작업을 한다.
4. 또한 집단원끼리 서로의 모습에 대한 이야기를 자유롭게 나눈다.

※ 토론내용

자신이 생각하는 모습과 타인이 생각하는 자신의 모습의 차이에서 오는 불편한 감정을 많이 경험한다. 또한 이러한 생각들에 의해 관계 형성에 문제를 겪는 내담자들이 많을 수 있다. 집단을 통해 자신의 왜곡된 모습을 올바르게 인지할 수 있도록 하며, 이를 통해 내재된 부정적인 감정들이 해소될 수 있도록 한다.

7. 안전한 장소 만들기

준비물 점토 재료, 페인팅 재료

활동 과정

1. 자신이 생각하는 가장 안전한 장소를 점토로 자유롭게 만든다.
2. 구체적인 장소를 만들어도 좋고, 장소 외 안정감을 느끼는 분위기, 상징적인 의미를 표현하여도 좋다.
3. 안정감을 느끼는 이유에 대해 스스로 탐색하고 표현한다.
4. 자신의 안전한 장소에 대해 집단원에게 설명한다.

미술치료 후기 프로그램

1. 집단원 그리기

준비물 OHP 필름지, 네임펜, 글라스칼라, 캔버스, 가위, 양면테이프

활동 과정

1. 그리고 싶은 집단원을 정한다.
2. 네임펜을 사용하여 서로의 얼굴을 관찰하며 OHP 필름지에 최대한 세부적으로 묘사한다.
3. 묘사가 끝난 다음 인물이 표현된 OHP 필름지 뒷장에 글라스칼라를 사용하여 채색한다.
4. 완성된 각각의 집단원 그림을 가위로 잘라 캔버스에 배치하여 작품을 완성한다.

※ 토론내용

치료를 마무리하기 위한 후기단계에서 집단이 힘을 합쳐 완성시킬 수 있는 협동화 프로그램은 집단원에게 더욱 높은 성취감과 집단에 대한 소속감을 줄 수 있다.

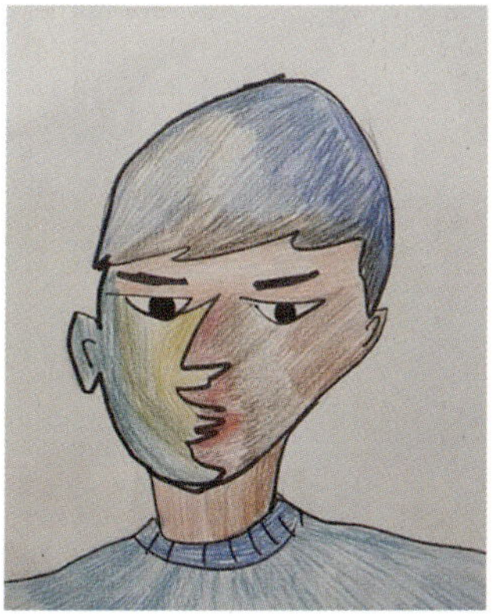

2. 듣고 싶은 말, 해주고 싶은 말

준비물 도화지, 사인펜, 다양한 카드

활동 과정

1. 도화지를 반으로 나눠 집단원에게 듣고 싶은 말과 해 주고 싶은 말을 각각 적는다.
2. 해 주고 싶은 말과 듣고 싶은 말 대신 집단원에게 주고 싶거나 받고 싶은 선물을 표현한다.
3. 각 집단원이 1에서 적었던 것을 바탕으로 대화를 나눈다.

※ 토론내용

미술 활동을 토대로 대인 관계가 어려운 내담자의 경우 집단 속에서 작은 사회를 경험하도록 하여 자신의 사회적 관계를 맺는 모습을 객관화하고 사회적 기술을 학습할 수 있다. 평소 사회 속에서 자신이 듣고 싶고 해 주고 싶은 위로의 말을 집단원에게 듣기도 하고 해 주기도 하면서 조금 더 나은 사회관계 기술을 위한 피드백을 주고받을 수 있다.

3. 집단 만다라

준비물 전지 사이즈 캔버스, 드로잉 및 페인팅, 다양한 재료

활동 과정

1. 만다라 문양을 선택한 다음 캔버스에 연필로 밑그림을 그린다.
2. 만다라 문양은 집단원 특성에 따라 적절한 재료를 사용하여 작품을 완성한다.
3. 간단한 드로잉, 페인팅 재료, 곡물, 색모래 등의 재료를 사용한다.

※ 토론내용

협동화는 집단원끼리 소통하는 방법을 간접적으로 학습하게 한다. 활동 도중 어려움에 처했을 때 집단원과 함께 극복할 수 있는 방법을 찾을 수도 있으며, 자신이 사회 속에서 느끼는 감정에 직면하게 되어 자기 탐색의 기회를 가질 수 있다.

4. 작품 전시회

준비물 액자, 집단원의 작품, 이젤, 도화지, 드로잉 재료

활동 과정

1. 집단원이 선정한 작품을 액자에 넣어 장식한다.
2. 이젤 위에 작품을 디스플레이하고 집단원을 위한 전시회 공간을 꾸민다.
   ※ 최대한 집단원이 활동을 이끌어 갈 수 있도록 비구조적인 접근으로 프로그램을 진행하는 것이 좋다.

※ 토론내용

후기단계에 마지막 회기에서 치료를 마무리할 때 적절한 프로그램이다. 집단원 개개인의 작품을 회상할 수 있는 기회가 되고, 집단원이 힘을 합쳐 하나의 활동을 계획하고 이끌어 나가는 과정은 집단원의 사회성 향상에 긍정적인 영향을 줄 수 있다.

참 고 문 헌

참고문헌

강경선(2014). 무드조절 전략을 기반으로 한 음악치료가 학교 부적응 청소년의 학교 적응과 부정적 무드조절에 미치는 영향. 예술심리치료연구, 10(4), pp. 97-119.

강지예(2013). 놀이 중심의 정서지능 프로그램 개발 및 효과: 청소년 스트레스를 중심으로. 대구대학교 재활과학과 재활심리전공 박사논문.

강차연(2010). 청소년 심리 및 상담. 경기: 교문사.

구본용·구혜영·이명우(1994). 또래상담자 훈련프로그램 개발연구. 청소년상담연구(총서), 1.

김경남(2013). 집단미술치료가 중년여성의 화병 감소에 미치는 효과. 평택대학교 석사학위논문.

김경숙(1995). 자폐아의 체격과 체력에 관한 연구. 한국특수체육학회지, 3(1).

김대제(2007). 표상매체를 활용한 미술치료가 청소년의 우울증에 미치는 효과. 대전대학교 보건스포츠대학원 석사논문.

김동연 역(2001). 아동미술심리이해. 서울: 학지사.

김동연·문혜숙(1999). 집단미술치료가 청소년의 정서지능에 미치는 효과. 미술치료연구, 6(1).

김동연·윤종호(2003). 집단미술치료와 치매노인의 행동 및 정서. 재활심리연구, 9(1). pp. 143-167.

김미숙(2013). 미술치료가 비행청소년의 소년원 수용생활에 미치는 효과. 광운대학교대학원 박사학위논문.

김민정(2016). 인지행동 집단미술치료가 우울성향대학생의 우울과 대인 관계능력에 미치는 효과. 경성대학교 교육대학원 상담심리전공 석사학위논문.

김병철(2017). 개인심리학적 집단미술치료가 중학생의 자기효능감, 학교생활적응 및 심리적 부적응에 미치는 효과. 대구가톨릭대학교 일반대학원 박사논문.

김서안(2013). 자기표현과 사회성 향상을 위한 미술치료 연구: 한 부모 가정 아동을 대상으로. 목포대학교 교육대학원 석사논문.

김소형(2018). 치매노인의 정서적 안정과 사회적 행동 증진을 위한 통합예술치료 프로그램 개발 및 효과. 동덕여자대학교 대학원 박사학위논문.

김승희(2017). 집단미술치료가 주간보호시설 노인의 우울에 미치는 효과. 동국 대학교 예술치료학과 석사학위논문.

김안젤라(2003). 회상을 주제로 한 집단미술치료가 노인의 자아존중감과 자아통합감에 미치는 영향. 원광대학교 보건환경대학원 석사논문.

김애순(2004). 여자가 겪는 인생의 사계절. 서울: 이화여자대학교 출판부.

김연재(2016). 성인남성과 미술치료사의 재양육 경험에 관한 존재론적 탐구. 영남대학교 대학원 박사학위논문.

김영비(2003). 운동 교육 프로그램이 발달 장애아의 사회적 기능 향상에 미치는 효과. 대구대학교 교육대학원 석사학위논문.

김영희(2005). 발달지체유아를 위한 진단·평가연계 활동중심 프로그램의 개발방향. 언어치료연구, 14(4).

김옥기(2011). 미술치료 프로그램 참여가 요양시설 노인의 우울과 행복감에 미치는 영향. 경희대학교 행정대학원 석사논문.

김정원(2000). 집단 따돌림 가해-피해에 따른 청소년의 자아존중감과 대인관계 성향에 관한 연구. 숙명여자대학교 대학원 석사논문.

김정희·이혜숙(2007). 집단미술치료가 노인성 질환 환자의 우울 및 인지기능, 자아 존중감에 미치는 효과. 조형미술논문집, 7(2), pp. 195-210.

김주영(2013). 음식테라피 프로그램의 학교생활 적응 및 학교폭력에 대한 인식 차이. 동국대학교 호텔관광경영학과 박사논문.

김준형·유순덕(2016). 사진치료의 기법과 실제. 경기: 비커밍.

김진연·최재영(2008). 미술치료. 서울: 조형교육.

김태희(2015). 청소년의 정서조절과 정신건강을 위한 정서중심 집단미술치료 프로그 램의 개발 및 적용. 영남대학교 대학원 박사논문.

김향미·김덕선(2015). 유아기 발달 특성에 따른 인성교육덕목에 관한 연구. 한국 복지실천학회지, 7(2), 55-84.

나삼진(1999). 교사의 영성계발의 방향. 교육교회, 1.

류승원(2017). 영화를 활용한 청소년 코칭 사례 연구: GROW 코칭 모델을 기반 으로. 서강대학교 영상대학원 영상예술전공 박사논문.

류정자(1997). 정서 학습장애아의 집단미술치료 사례. 부산교육연구, 10(1).

민성길(2006). 최신정신의학. 서울: 일조각.

박동순(2011). 현실치료를 적용한 집단미술치료가 만성질환 고령노인의 감사성향과 자아통합감 에 미치는 효과. 영남대학교 대학원 박사학위논문.

박신욱(2007). 정신장애를 가진 아동의 자기표현에 관한 집단미술치료 사례연구. 동국대학교 문화예술대학원 석사학위논문.

박윤지(2008). 미술치료가 발달장애 유아의 사회적 행동에 미치는 효과. 영남대 학교 환경보건대학원 석사논문.

박인숙·이현림(2008). 집단미술치료 프로그램이 고립아동의 우울성향, 또래관계 및 학교적응에 미치는 효과. 미술치료연구, 15(3).

박재현(2013). 집단미술치료가 원가족 분리에서 오는 우울과 정서 안정성에 미치는 영향: 대학 신입생 대상으로. 대구한의대학교 보건대학원 석사학위논문.

박정민(2015). 미술치료가 전반적 발달장애 유아의 자기표현력 증진과 눈-손협응력 발달에 미치는 영향. 동국대학교 문화예술대학원 석사학위논문.

박주영(2001). 아동발달단계에 따른 표현재료 및 도구의 적절성에 관한 연구: 초등학교 판화영역을 중심으로. 춘천교육대학교 석사학위논문.

박채진·권명옥·배내윤(2006). 게임 놀이가 전반적 발달장애아동의 친사회적 행동에 미치는 영향. 정서·행동장애연구, 22(4), 343-365.

박현주·서명옥(2009). 미술치료의 매체활용법. 서울: 학지사.

박현철(2011). 회상요법을 활용한 집단미술치료가 시설입소 노인의 삶의 질과 자아통합에 미치는 효과. 원광대학교 일반대학원 석사학위논문.

박현화(2016). 집단미술치료가 어린이집 만 5세 유아의 자아존중감과 사회성 향상에 미치는 영향. 원광대학교 보건보완의학대학원 석사학위논문.

방명애(1998). 기능적 접근에 의한 자폐아동의 행동장애 교정. 교육과학연구, 28.

방명애(1999). 특수학급 아동의 교육적 통합을 위한 방법론. 특수교육연구, 6.

배재남(2002). 노년 우울증. 대한내과학회지, 63(5). pp. 602-608.

서유진(2006). 성인 초기 여성을 위한 집단미술치료 사례연구: 자아정체성 확립을 중심으로. 명지대학교 사회교육대학원 석사학위논문.

서인균·이연실·서태균(2015). 선후배 간 생활지도 멘토링 프로그램이 학교생활 적응에 미치는 영향: 학교생활 부적응 학생을 대상으로 한 또래멘토링 프로그램 개발 예비연구. 청소년복지연구, 17(2), pp. 1-29..

손미리(2015). 원예치료가 청소년의 학교생활 적응과 스트레스에 미치는 영향. 원광대학교 원예학과 박사논문.

손유림(2015). 청소년을 위한 동기강화 집단상담 프로그램 개발 및 효과. 동국대학교 가정학과 아동가족학전공 박사논문.

손이진(2017). 콜라주를 적용한 집단미술치료가 대학생의 진로정체감과 진로결정. 건국대학교 대학원 석사학위논문.

손홍숙(2011). 노인상담론. 경기: 공동체.

손희경(2011). 발달장애아동의 사회성 향상을 위한 미술치료 연구. 수원대학교 미술대학원 석사학위 논문.

송민경(2005). 집단미술치료가 발달장애아동의 사회.정서발달 증진에 미치는 효과. 원광대학교 보건환경대학원 석사학위논문.

송아름(2017). 자서전 만들기 중심 집단미술치료가 저소득 노인의 삶의 만족도와 자아통합에 미치는 영향. 명지대학교 사회교육대학원 석사학위논문.

송지선(2016). 미술치료학 석사학위 과정 실습생의 우울증 진단을 받은 청소년 미술치료 현장실습 체험연구. 서울여자대학교 특수치료전문대학원 석사학위논문.

신명희(2013). 발달심리학. 서울: 학지사.

안현철(2010). 특수체육 프로그램을 통한 발달장애아동에 관한 사례연구. 남서울대학교 대학원 석사학위논문.

엄기란·조용선(2015). 청소년 교류분석 프로그램이 중학교 여학생의 학교적응에 미치는 영향. 학습자 중심교과교육연구, 15(9). pp. 289-309.

오금숙(2003). 중년기 여성의 자아분화와 결혼만족도 향상을 위한 집단미술치료 사례. 영남대학교 석사학위논문.

오종은(2001). 정서장애아동의 대인 관계증진을 위한 집단미술치료 사례연구–인천시 한 지역의 초등학교 아동들을 대상으로. 경희대학교 교육대학원 석사학위논문.

옥금자(2005). 청소년 임상미술치료 방법론. 서울: 하나의학사.

옥금자(2007). 집단미술치료 방법론 1. 서울: 하나의학사.

유정희·장연집(2004). 집단미술치료 활동을 통해서 본 갱년기 여성의 신체 변화에 대한 체험 연구. 여성건강, 5(1), 1-17.

윤나라(2010). 회상을 통한 콜라주 집단미술치료가 시설거주 노인의 자아통합감에 미치는 효과. 대구대학교 석사학위논문.

윤지현 외(2005) 발달지연 환아의 진단적 접근과 원인 분석. 대한소아신경학회지, 13(2).

원세정(2014). 중학생의 학교 무용수업 재미요인이 수업몰입, 심리적 행복감 및 학교생활적응에 미치는 영향. 동덕여자대학교 대학원 무용학과 무용전공 박사논문.

이경남·김경호·류기형·문선화·홍봉선(2000). 아동의 삶의 질: 과거, 현재, 미래. 한국아동복지학, 9.

이근매·장성숙(2015). 콜라주 집단미술치료 프로그램이 대학생의 진로정체감 형성에 미치는 효과. 미술치료연구, 22(5), 1439-1456.

이명숙(2003). 뇌졸중 노인환자 부양자의 부양부담 요인에 따른 대처방안 연구. 대구대학교 사회복지대학원 석사논문.

이명은(2005). 미술치료가 중복장애를 가진 아동의 정서발달에 미치는 영향. 동국대학교 대학원 석사학위논문.

이명희(2010). 아동의 욕구좌절 및 분노표현에 따른 나무그림 반응측정. 영남대학교 대학원 박사학위논문.

이미애(2005). 집단미술치료를 위한 실제적 안내. 서울: 양서원.

이미옥(2010). 자기표현훈련 프로그램이 고등부 특수학급 장애학생의 자기표현능력, 사회성 및 교우 관계에 미치는 영향. 이화여자대학교 교육대학원 석사논문.

이상미(1998). 자폐아동을 대상으로 한 미술활동 사례연구. 이화여자대학교 교육대학원 석사논문.

이상복·홍강의·전보인(1999). 정서 학습장애 아동의 교육적 대처: 자폐아 부모용 컴퓨터 학습교재의 적용과 검증. 한국정서·행동장애아교육학회 학술대회논문집.

이영례(2004). 몬테소리 감각훈련 프로그램이 발달지체유아의 주의집중과 운동발달에 미치는 효과. 대구대학교 특수교육대학원 석사논문.

이영희(2012). 미술을 매개로 한 집단상담이 중년여성의 위기감과 삶의 만족감에 미치는 효과. 미술치료연구, 19(5).

이용진(2016). 발달장애 영·유아의 기초체력 증진을 위한 특수체육 프로그램의 개발과 적용효과. 고신대학교 교육대학원 석사학위논문.

이은지·장선철(2007). 미술치료. 서울: 동문사.

이은화·조은진(1995). 교육 현장에서 본 아동 발달 연구. 서울: 이화여자대학교 출판부.

이인영(2005). 미술치료를 통한 자폐성 청소년의 행동변화에 관한 연구. 한양대학교 교육대학원 석사논문.

이정현(2008). 정서적 학대를 받은 아동을 위한 아동중심 미술치료 사례연구. 한국예술치료학회지, 8(2).

이혜숙(2013). 집단미술치료가 대학생의 취업스트레스, 대처방식, 사회적 지지, 삶의 목적과 질에 미치는 효과. 원광대학교 일반대학원 보건학과 예술치료전공 박사학위논문.

이혜승(2004). 부모의 이혼과 양육형태에 따른 초기 청소년의 우울증상과 학교적응. 청소년학연구, 11(1).

이혜연·김양태(2014). 조현병 환자에서 감정자각의 결함. 대한생물질정신의학회.

이황은(2009). 또래집단미술치료 프로그램이 고등학생의 의사소통기술과 대인 관계에 미치는 효과. 영남대학교 대학원 박사학위논문.

임영미(2002). 율동적 동작이 치매노인의 신체적 기능 및 정서상태에 미치는 효과. 한국노년학, 21(3). pp. 197-211.

임은실(2017). 청소년의 학교생활 적응을 위한 집단미술치료 프로그램 개발 및 효과: 희망, 사회적 지지를 중심으로. 전주대학교 대학원 박사학위논문.

임지효(2016). 조현병 성인과 일반 성인의 음악 정서 규명 및 강도 인식에 대한 비교: 영화음악의 의도된 정서를 중심으로. 이화여자대학교 대학원 석사학위논문.

장상근(2004). 치매. 서울: 신원문화사.

장선숙·김향숙·홍상황(2005). 초등학생용 교우관계 용서프로그램의 효과검증. 한국심리학회지, 2(2), 199-220.

장혜임(2014). 오감자극 집단미술치료가 시설노인의 인지기능과 우울에 미치는 영향. 한서대학교 교육대학원 석사논문.

전미향(1997). 집단미술치료가 청소년의 자기존중감과 사회적응력에 미치는 효과. 영남대학교 대학원 가정학과 가족학 전공 박사논문.

전민정(2007). 분노를 억제하는 성인여성의 집단미술치료 체험연구. 서울여자대학교 특수치료 전문대학원 석사학위논문.

전순영(2011). 미술치료의 치유요인과 매체. 서울: 하나의학사.

정면선(2009). 청소년의 주의집중 및 공감 향상을 위한 주제제시 형식의 집단미술치료 효과. 대구 대학교 대학원 박사학위논문.

정빛나래(2015). 발달지연 영유아의 발달 양상, 양육환경 및 임상적 특징. 한신대학교 대학원 석사학위논문.

정수지(2011). ADHD 아동의 정서지능 향상과 문제행동 감소를 위한 신체활동을 활용한 집단 미술치료 사례연구. 대구대학교 대학원 석사학위논문.

정여주(2003). 미술치료 이론과 실제. 서울: 학지사.

______(2003). 노인미술치료. 서울: 학지사.

______(2014). 미술치료의 이해, 서울: 학지사.

______(2015). 어린왕자 미술치료: 내면의 샘을 찾아가는 치유여행. 서울: 학지사.

정옥분(2013). 아동발달의 이해. 서울: 학지사.

정유선(2003). 미술활동이 유아의 정서와 심리에 미치는 효과: 5~7세 유아 대상. 이화교육논총, 13.

정지현(2011). 콜라주 집단미술치료가 저소득층 아동의 우울과 자아존중감에 미치는 효과. 한양대학교 산업경영디자인대학원 석사학위논문.

정현미(2015). 영유아 발달선별 검사에 대한 어린이집 보육교사의 인식 및 요구. 광운대학교 교육 대학원 석사학위논문.

정현주(2005). 음악치료학의 이해와 적용. 서울: 이화여자대학교 출판부.

정현희·이은지(2007). 실제 적용 중심의 노인미술치료. 서울: 학지사.

정희정(2004). 마음이 자라요. 서울: 삼성당.

조영미(2015). 아동·청소년 대상 미술치료 프로그램의 사회성 증진 효과에 대한 메타분석. 가톨릭 관동대학교 대학원. 일반대학원 박사학위논문.

주리애(2014). 미술치료 요리책-요리처럼 배우는 미술치료레시피 130. 경기: 아트북스.

주리애·윤수현(2014). 청소년을 위한 미술치료: 사례를 통해 알아보는 미술치료 이론과 기법. 경기: 아트북스.

중앙치매센터(2017). 보고서 NIDR-1704-0019, 대한민국 치매현황 2017.

진복수·전미연(2000). 집단회상요법이 치매노인의 심리적 요인에 미치는 영향, 한국노년학, 20(1), pp. 183-194.

천수업(2009). 집단미술치료가 시설보호정신지체아동의 정서발달에 미치는 영향: 정서지능의 관점으로. 명지대학교 사회교육대학원 석사학위논문.

최금란(2009). 자폐아의 인지·정서적 능력 향상을 위한 미술치료 프로그램 개발 및 효과 연구. 관동 대학교 대학원 박사논문.

최미심(2010). 자아정체감 형성 과정에 나타난 무의식적 상징변화에 대한 고찰. 영남대학교 환경보건대학원 석사학위논문.

최석임(2015). 저소득층 아동의 부모 자녀 의사소통 향상을 위한 집단미술치료프로그램의 효과. 웨스트민스터 신학대학원대학교 사회문화교육학 미술치료교육학 박사학위논문.

최선남·박지현(2011). 위축아동의 위축행동 감소 및 자아개념 향상을 위한 인간중심미술치료 사례연구, 미술치료연구, 18(2).

최선남·김갑숙·전종국(2007). 집단미술치료. 서울: 학지사.

최영석(2017). 원대형을 강조한 무용/동작심리치료가 주간보호시설 내 경증 치매노인의 정서표현과 대인 관계에 미치는 효과. 서울여자대학교 특수치료 전문대학원 석사학위논문.

최외선(2010). 창의성과 사회적 기술향상을 위한 미술치료 열두 달 프로그램 1. 서울: 학지사.

______(2012). 창의성과 사회적 기술향상을 위한 미술치료 열두 달 프로그램 2. 서울: 학지사.

최외선·김갑숙·최선남·이미옥(2006). 미술치료기법 I. 서울: 학지사.

최외선·김갑숙(2013). 미술치료기법 II. 서울: 학지사.

최외선·김갑숙·전종국(2013). 집단미술치료-주제와 활동 안내서. 서울: 학지사.

최해연·최종안(2016). 한국인의 정서 구조와 측정. 한국심리학회지 사회 및 성격, 30(2).

편행자(2006). 가정과 연계한 장애이해 동화 들려주기 활동이 비장애 유아의 장애유아에 대한 태도 및 어머니의 통합교육에 대한 인식에 미치는 효과. 여수대학교 교육대학원 석사학위 논문.

하재연(2002). 치료레크리에이션이 치매노인의 인지기능, 우울, 일상생활 수행능력에 미치는 효과. 이화 여자대학교 간호학과 석사 논문.

한상철(2014). 청소년심리학. 서울: 교육과학사.

홍명희(2012). 영어노래와 게임을 활용한 초등학생 영어능력 향상방안 연구: 초등학교 6학년 영어 교과서를 중심으로. 우석대학교 석사논문.

홍연희(2007). 공예활동이 발달장애아동의 사회·정서발달에 미치는 영향. 대전대학교 경영행정·사회 복지대학원 석사학위논문.

황유경(2002). 집단미술치료 프로그램이 아동의 학교 부적응 행동에 미치는 효과. 동아대학교 대학원 석사학위논문.

황혜자·박현주(2004). 미술치료를 적용한 진로집단상담프로그램이 대학생의 자아정체감 및 진로 결정수준에 미치는 효과. 학생연구, 32, 77-102.

Corey, M. S. & Corey, C.(2012). 집단상담 과정과 실제. 김진숙·김창대·박애선 역(2012). 서울: 센게이지러닝코리아.

Diane Fausek(2005). 집단미술치료를 위한 실제적 안내. 이미애 역(2005). 서울: 양서원.

Dies(1983). *Advances in group psychotherapy : Integrating research and practice*. International Universities Press.

Dorothy, Anna, & Mara(2001). The relations between friendship quality, ranked-friendship preference, and adolescents' behavior with their friends. *Merrill - Palmer Quarterly , 47*(3).

Dykeman(1996). Psychological Predictors of School-Based Violence: Implications for School Counselors, *The School Counselor, 44*(1).

Gerry Mc Neilly(2012). 집단미술치료. 서울: 시그마프레스.

Hoing & Mccarron(1988). Prosocial Behaviors of Handicapped and Typical Peers in an Integrated Preschool. *Early Child Development and Care, 33,* 1-4.

Hulse-Killacky, Diana Donigian, & Jeremiah(1999). *Critical incidents in group therapy*. New York: WadsworthPublishingCompany.

Illingworth(1987). *The development of the infant and young child : Normal and abnormal. Edinburgh*. New York: Churchill Livingstone.

Izard(1991). Emotional determinants of infant-mother attachment. *Developmental Psychology, 13.*

John Bradshaw(1987). 상처받은 내면아이 치유. 오제은 역(2008). 서울: 학지사.

Johnny L. & Matson(1994). Autism in children and Adults: Etiology, Assessment, and Intervention. Brooks/Cole Publishing Company.

Kephart(1971). *The slow learner in the classroom*. Ohio: Merrill.

Kinfants(2016). 대한영유아 검진 연구회. [blog post]. Message posted. https://m.blog.naver.com/kinfants/220610032813

Kramer(1971). *Art as therapy with children*. New York: Schocken Books.

Liebmann, M. F.(1979). 'A study of structured art therapy groups', unpublishied MA thesis, Birmingham Polytechnic.

Lucia Capacchione(2006). 감정치유-상처받은 감정을 돌보는 통합적 미술치료. 오연주 역(2008). 서울: Project 409.

Malchiodi, C. A.(1998). *Understanding children's drawings*. 아동미술심리이해. 김동연·이재연 역(2010). 서울: 학지사.

Marian Libmann(2013). 집단미술치료-주제와 활동에 대한 안내서. 서울: 학지사.

Morganett(1994). *Skills for living: Group counseling activities for elementary students*. New York: Research press.

Rubin, J. A. (1999). *Art therapy: An introduction*. 미술치료학 개론. 김진숙 역(2006). 서울: 학지사.

Snyder, C. R, Lopez, & Shane J(2002). *Handbook of positive psychology*. New York: Oxford University Press.

Susan I. Buchalter(2004). *A practical art therapy*. 집단미술치료 프로그램 핸드북. 김소율 역(2017). 서울: 교육과학사.

Susan I. Buchalter(2011). 미술치료 기법과 적용. 서울: 시그마프레스.

Volkmar & Cohen(1985). Compliance, 'Negativism', and the Effects of Treatment Structure in Autism: A Naturalistic, Behavioral Study. *Journal of Child Psychology and Psychiatry and All, 26*(6).

Wadeson, Harriet (1980). *Art psychotherapy*. New York: Wiley.

Yalom(1995). *The theory and practice of group psychotherapy*. New York: Basic Books.

저 자 소 개

한 영 희

- 이화여자대학교 미술대학 도예과
- 이화여자대학교 미술대학원 도예 석사
- 원광대학교 보건환경대학원 미술치료 석사
- 원광대학교 일반대학원 보건학 박사
- 2002년부터 다양한 임상 및 발달장애미술치료
- 징검다리미술심리센터 소장
- 순천향대학교 건강과학대학원 심리치료학과 미술치료전공 겸임교수
- 예술치료 NGO 마음길 이사
- 사) 한국 예술치료학회 특별이사 및 수련감독 전문가
- 전) 한양대, 백석대, 이화여대 미술치료학과 강의
- 저서: 『점토미술치료』(2011), 이담북스

김병철

- 영남대학교 미술대학 서양화과
- 영남대학교 교육대학원 미술교육전공 석사
- 원광대학교 보건환경대학원 예술치료 석사
- 대구가톨릭대학교 심리학 박사
- 예술치료 NGO 마음길 대표
- 능인대학원대학교 대우교수 역임
- 사) 한국예술치료학회 법인이사 및 수련감독 전문가
- 사) 한국예술치료 학회 부회장 역임
- 전) 대구한의대 미술치료학과 겸임 및 초빙교수 역임
- 저서: 『그림과 심리진단』(2014). 양서원(2015 세종도서 학술부분 우수도서 선정)
  『미술치료사를 위한 매체연구 및 기법실습』(2016). 양서원

집단미술치료의 이론과 실제

초판 1쇄 인쇄 2018년 7월 25일
초판 1쇄 발행 2018년 7월 31일

지 은 이 | 한영희·김병철
펴 낸 이 | 김기섭
책임편집 | 이윤미
펴 낸 곳 | 창지사 www.changjisa.com
우) 08589 서울시 금천구 가산디지털 1로 83 파트너스타워1차 9층
전화 (02) 719-2211~3
팩스 (02) 701-9386
등 록 | 1977년 4월 28일·제1-421호

ISBN 978-89-426-1133-1 (93370)

값 20,000원

「이 도서의 국립중앙도서관 출판예정도서목록(CIP)은 서지정보유통지원시스템 홈페이지 (http://seoji.nl.go.kr)와 국가자료공동목록시스템(http://www.nl.go.kr/kolisnet)에서 이용하실 수 있습니다.(CIP제어번호: CIP2018023848)